OS

Operating System

국내 최초 그림으로 배우는 OS 입문서

OS가 보이는 그림책

ANK Co., Ltd. 저 | 이영란 역

BM (주)도서출판 성안당

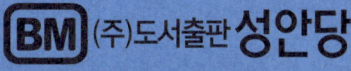

OS가 보이는 그림책

2012. 5. 30. 1판 1쇄 발행
2015. 4. 20. 1판 2쇄 발행
2018. 8. 31. 1판 3쇄 발행
2020. 7. 31. 1판 4쇄 발행

글쓴이 : ANK Co., Ltd.

번 역 : 이영란

펴낸이 : 이종춘

펴낸곳 : BM (주)도서출판 성안당

주 소 : 04032 서울시 마포구 양화로 127 첨단빌딩 3층(출판기획 R&D 센터)
       10881 경기도 파주시 문발로 112 출판문화정보산업단지(제작 및 물류)

전 화 : (02) 3142-0036
       (031) 950-6300

팩 스 : (031) 955-0510

등 록 : 1973. 2. 1. 제406-2005-000046호

홈페이지 : www.cyber.co.kr

도서 내용 문의 : hrcho@cyber.co.kr

ISBN : 978-89-315-5579-0 (13000)

정 가 : 17,000원

만든이

책임 | 최옥현

진행 | 조혜란

교정 · 교열 | 안종군

디자인 | Design :: Bugs

홍보 | 김계향, 유미나

국제부 | 이선민, 조혜란, 김혜숙

마케팅 | 구본철, 차정욱, 나진호, 이동후, 강호묵

마케팅 지원 | 장상범, 조광환

제작 | 김유석

이 책에서 사용된 모든 프로그램과 상표는 각 회사에 그 권리가 있습니다.

OS の絵本 (ISBN 978-4-7981-2462-9)
Copyright ⓒ 2011 by ANK Co., Ltd.
Original Japanese edition published by SHOEISHA Co., Ltd.
Korean translation rights arranged with SHOEISHA Co., Ltd. through Eric Yang Agency.

Korean translation copyright ⓒ 2012~2020 by Sung An Dang, Inc.

본 저작물의 한국어판 저작권은 에릭양 에이전시를 통한 SHOEISHA Co., Ltd. 와의 계약으로 한국어 판권을 BM (주)도서출판 성안당이 소유합니다.
저작권법에 의하여 한국 내에서 보호를 받는 저작물이므로 무단 전재와 무단 복제를 금합니다.

한국어판 판권 소유 : BM (주)도서출판 성안당
ⓒ 2012~2018 Sung An Dang, Inc. Printed in Korea

"추천의 말"

학생들에게 "컴퓨터공학을 전공한 사람과 전공하지 않은 사람의 차이는 무엇인가?"라고 물어보면 거의 대부분은 대답을 하지 못한다. 내 생각에는 운영체제를 아는 것과 모르는 것이 그 차이를 만드는 것이 아닐까 생각한다. 실제로 운영체제를 제작할 일은 없겠지만, 운영체제를 이해하는 것은 좋은 프로그램의 제작과 컴퓨터의 효율적인 운영에 반드시 필요하다. 5년 이상 운영체제 과목을 강의하면서 나름대로 불만을 가지고 있었던 점은 모두 하나같이 어렵고, 두껍다는 것이었다. 책을 보는 사람들이 모두 운영체제를 제작하는 것이 아니라는 측면에서 볼 때, 내용이 너무 깊다는 것은 오히려 전체 내용을 이해하는 데에 방해가 되기도 한다.

이번에 검토한 "OS가 보이는 그림책"은 이런 점에서 매우 적당한 책이다. 전체 운영체제에 대한 내용을 빠짐없이 다루면서, 핵심 개념을 이해하기 쉽도록 그림으로 표현한 점이 인상 깊었다. 특정 부분에 대한 깊이 있는 서술보다 전체적인 관점에서 접근하는 방식이 운영체제를 이해하고자 하는 많은 독자들에게 유용한 정보를 제공할 것이다. '이제야 드디어 운영체제를 쉽게 이해할 수 있는 길이 생겼구나'하는 마음이 들어 무척 기쁘다.

조민호 / 공학박사

처음 프로젝트를 수행하던 시절부터 운영체제에 대한 쉬운 책이 있었으면 하고 생각해 왔다. 학교에서 배운 교재는 내용이 너무 많고, 내용 또한 어려워서 지금 읽어도 이해가 안 되는 부분이 많다. 이번에 "OS가 보이는 그림책"을 검토하면서 개인적으로 많은 것을 배울 수 있었다. 독자가 운영체제에 대한 개념을 이해하고 컴퓨터에 대한 지식을 늘리기 원한다면 이 책이 가장 적당할 것 같다. 아마도 이 책에서 다루는 수준 이상의 지식은 거의 필요가 없을 것이다.

김남숙 과장 / 리얼 네트웍스

내비게이션 관련 프로그램과 아이폰 애플리케이션을 개발하면서 운영체제는 언제나 공부하고 싶은 대상이었다. 하지만 적당한 책을 발견하지 못해 차일피일 미루어 왔다. 이번에 "OS가 보이는 그림책"을 리뷰하면서 재미있고, 좋은 시간을 보냈다. 운영체제에 대한 전체 내용과 중요 개념을 한 번에 정리할 수 있게 해준 저자에게 감사하고 싶다. 오랜 시간 동안 왠지 멀게만 느껴졌던 운영체제에 대하여, 그리고 커널, 인터럽트, 메모리에 대하여 이해할 수 있게 되어 너무 기쁘다. 다른 분들도 나와 같은 즐거움을 발견하리라 믿는다.

이대식 차장 / SK C&C

지난 7년 동안 B2B, B2C 분야를 기반으로 한 JQuery를 중심으로 개발해 왔는데, 개발 경험이 점차 많아지면서 뭔가 부족하다고 느낀 것은 개발 능력이 아니라 컴퓨터에 대한 지식이었다. 이번에 "OS가 보이는 그림책"을 읽고 난 후 운영체제 관련 지식에 대한 갈증을 어느 정도 해소할 수 있었다. 책의 설명이 무척 간단하고, 개념이 그림으로 설명되어 있어서 업무를 하면서 잠깐씩 공부하는 입장에서는 이해도 잘되고 재미도 있었다. 이 책을 읽게 된 것을 계기로 그림책 시리즈의 다른 책도 구매하여 보게 되었다. 쉽고 재미있고 유익한 시간이었다.

최영재 / 프리랜서 개발자

FORWARD

:: 머리말_

우리가 보통 집이나 회사에서 사용하는 컴퓨터에서는 Windows나 Linux와 같은 운영체제(OS)를 사용합니다. OS는 컴퓨터가 작동하는 데 필요한 소프트웨어입니다. 이 책은 이런 OS의 구조에 대한 이해를 돕기 위한 입문서입니다.

보통 컴퓨터를 사용하고 있는 사람 중에도 'OS'라는 말을 들어본 적은 있어도 이것이 컴퓨터 안에서 어떤 역할을 하고 있는지 잘 모르는 분이 많습니다. 요즘의 OS는 사용이 편리한 인터페이스를 채택하고 있기 때문에, 특별한 지식은 그다지 필요없습니다. 그런데 OS가 어떻게 작동하는지와 같은 구조적인 부분은 사람 눈에는 보이지 않는 것이 특징입니다.

이 책은 OS의 구조를 쉽게 알 수 있도록 일러스트와 그림을 많이 사용하여 해설하고 있습니다. 추상적인 개념도 많이 있지만 OS의 역할을 이해하게 되면 컴퓨터를 다룰 때 OS가 보다 친숙하게 느껴질 것입니다.

2012년 ANK Co., Ltd.

역자의 말_

우리가 컴퓨터를 사용할 때 흔히 말하는 Windows 컴퓨터나 Mac 컴퓨터는 컴퓨터에 사용된 OS의 이름을 따서 부르는 것입니다. 컴퓨터로 문서를 작성하거나 인터넷을 사용할 때에는 OS의 존재를 의식하지 못하지만, OS는 컴퓨터를 작동시키는 데 있어 반드시 필요한 기본 소프트웨어입니다. 또한 OS는 컴퓨터 외에도 요즘 많이 사용하는 스마트폰이나 태블릿 PC, 심지어 가전 제품에도 사용됩니다.

OS에는 많은 종류가 있지만 그중에서도 윈도우 컴퓨터에 사용되는 Windows, Mac 컴퓨터에 사용되는 iOS, 명령 프롬프트 환경의 UNIX 등이 유명합니다.

이 책은 OS와 각 OS의 기본 구조를 이해하기 위한 입문서입니다. 일반인에게는 조금 어렵게 느껴졌던 OS를 풍부한 일러스트와 그림을 사용하여 알기 쉽게 설명하고 있습니다. 이 책을 통해 먼저 OS의 전반적인 내용을 이해한 후 컴퓨터를 사용하면서 각 OS의 차이와 장점을 느끼는 계기가 되기를 바랍니다.

역자 이영란

이 책을 쉽게 이해할 수 있는 지름길

꼭 알아야 할 Key Point

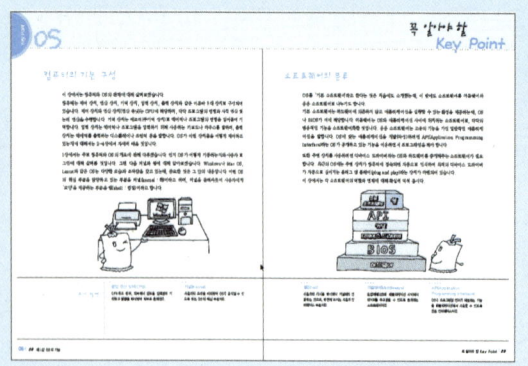

각 장에서 배워야 할 중요한 개념들을 미리 예습합니다. 각 개념들이 가지고 있는 관련성과 각 장에서 설명하는 OS의 구조를 한눈에 파악할 수 있도록 안내합니다.

본문

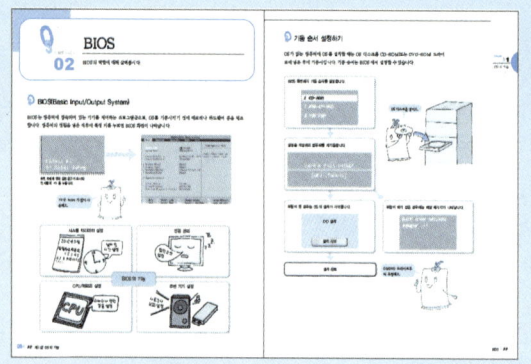

본문은 펼친 면에 하나의 주제만을 다루어 이미지가 산만하게 흩어지지 않도록 하였고, 나중에 필요한 부분을 찾을 때도 효과적으로 사용할 수 있도록 배려했습니다. 각 주제에 대한 난해한 설명은 최소한으로 하고, 어려운 개념이라도 일러스트로 이해할 수 있도록 하였습니다. 상세한 사항보다도 전체상을 파악한다는 점을 의식하면서 읽으면 좀 더 효과적으로 활용할 수 있습니다.

이 책은 특정 OS가 아니라 OS의 일반적인 내용을 설명하려고 노력하고 있지만, 내용에 따라서는 Microsoft Windows를 기준으로 소개하고 있는 부분도 있다는 점을 양해바랍니다.

How to...

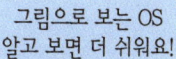

그림으로 보는 OS 알고 보면 더 쉬워요!

도전! OS

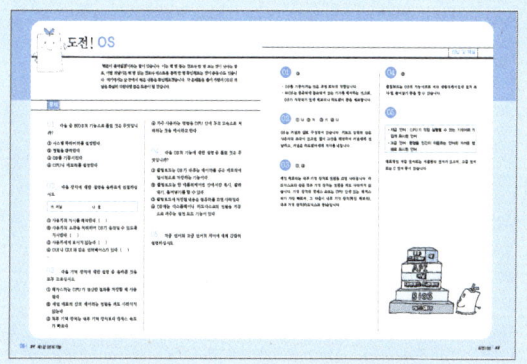

어떤 학습이든 여러 번의 반복과 확인을 통해야만 자기 지식으로 만들 수 있습니다. 도전! OS에서는 각 장에서 배운 내용을 바탕으로 연습 문제를 풀어 보면서 OS의 구조에 관한 지식을 익힐 수 있습니다.

알아 두면 도움이 되는 OS 상식

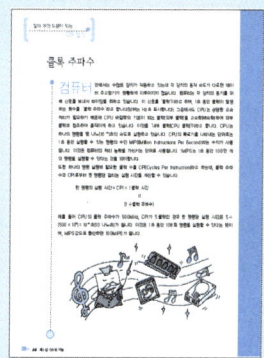

OS의 기본 개념을 공부하는 것도 중요하지만, 본문에서 다루지 못했던 OS에 관한 내용을 쉬어가면서 배워도 좋을 것입니다. '알아 두면 도움이 되는 OS 상식'은 OS에 대한 전반적인 지식을 한층 더 높여 줍니다.

>> 이 책의 독자는…

이 책은 OS의 구조를 처음 배우는 분은 물론 조금은 알고는 있지만 다시 한 번 기본을 배우고 싶은 분들에게 도움이 될 것입니다.

이 책의 목차_

제0장 OS 학습을 시작하기 전에

OS란?	14
대표적인 OS	15
하드웨어와 소프트웨어	17
OS의 역할	19
컴퓨터를 구성하는 부품	20
OS를 설치하지 않으면 어떻게 될까?	23
OS가 없으면 어떻게 되지?	25
컴퓨터의 아키텍처와 CS	26

제1장 OS의 기능

Key Point	컴퓨터의 기본 구성	28
	소프트웨어의 분류	29
Lesson 01	컴퓨터의 기동	30
Lesson 02	BIOS	32
Lesson 03	OS 로그인하기	34
Lesson 04	커널	36
Lesson 05	쉘	38
Lesson 06	디바이스	40
Lesson 07	디바이스 드라이버	42
Lesson 08	I/O 포트	44
Lesson 09	기억 장치	46
Lesson 10	OS의 대표적인 기능 ①	48
Lesson 11	OS의 대표적인 기능 ②	50
Lesson 12	프로그래밍	52
Exercise >>	도전! OS	54
OS 상식	클록 주파수	56

제2장

CPU와 프로세스

Key Point	OS가 프로그램을 실행하는 구조	58
	멀티태스킹	59
Lesson 01	잡과 태스크	60
Lesson 02	스루풋	62
Lesson 03	인터럽트 ①	64
Lesson 04	인터럽트 ②	66
Lesson 05	프로세스란?	68
Lesson 06	프로세스 관리	70
Lesson 07	멀티태스킹의 종류	72
Lesson 08	프로세스 제어	74
Lesson 09	스케줄링	76
Lesson 10	프로세스의 분기	78
Lesson 11	프로세스의 동기	80
Lesson 12	데드락	82
Lesson 13	프로세스 간 통신	84
Lesson 14	공유 메모리와 스레드	86
Exercise >>	도전! OS	88
OS 상식	멀티 프로세서	90

제3장

메모리 관리

Key Point	메모리의 역할	92
	메모리 주소	93
Lesson 01	메모리의 종류	94
Lesson 02	메모리 공간	96
Lesson 03	가상 기억	98
Lesson 04	메모리 확보와 해제	100
Lesson 05	데이터 저장 순서	102
Lesson 06	매핑	104
Lesson 07	메모리 맵(I/O)	106
Exercise >>	도전! OS	108
OS 상식	바이트와 비트	110

CONTENTS

제4장 디스크 관리

Key Point	하드디스크의 구조	112
	파일 시스템	113
Lesson 01	외부 기억 장치의 종류	114
Lesson 02	디스크 시스템	116
Lesson 03	파일과 디렉터리	118
Lesson 04	트랙과 섹터	120
Lesson 05	디스크 포맷	122
Lesson 06	파일 작성	124
Lesson 07	프래그먼테이션	126
Lesson 08	사용자별 파일 관리	128
Lesson 09	디스크 캐시	130
Lesson 10	압축	132
Lesson 11	검색	134
Lesson 12	리던던시	136
Exercise >>	도전! OS	138
OS 상식	백업과 복원	140

제5장 네트워크 관리

Key Point	네트워크 구성	142
	컴퓨터 보안	143
Lesson 01	OS와 네트워크	144
Lesson 02	서버	146
Lesson 03	서버 OS	148
Lesson 04	네트워크 연결 구조	150
Lesson 05	네트워크 보안	152
Exercise >>	도전! OS	154
OS 상식	다양한 서비스	156

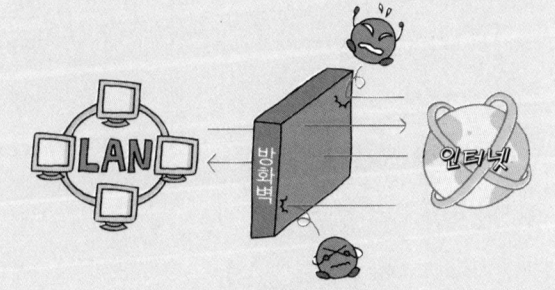

CONTENTS

제6장

Windows

Key Point	Windows에 대해	158
	Windows의 보급	159
Lesson 01	Windows의 개요	160
Lesson 02	Windows의 UI	162
Lesson 03	파일의 종류	164
Lesson 04	특별한 폴더	166
Lesson 05	사용자 관리	168
Lesson 06	.NET Framework	170
Lesson 07	Windows 서비스	172
Lesson 08	명령 프롬프트	174
Lesson 09	특징적인 기술	176
Exercise >>	도전! OS	178
OS 상식	안전 모드	180

제7장

Linux

Key Point	UNIX에 대해	182
	UNIX의 발전	183
Lesson 01	Linux의 개요	184
Lesson 02	Linux의 조작 환경	186
Lesson 03	파일의 종류	188
Lesson 04	파일 조작	190
Lesson 05	텍스트 에디터	192
Lesson 06	프로세스와 데몬	194
Lesson 07	Linux의 GUI	196
Exercise >>	도전! OS	198
OS 상식	쉘	200

CONTENTS

Mac OS와 기타 OS

Key Point	Mac OS에 대해	202
	스마트폰의 인기	203
Lesson 01	Macintosh와 Mac OS ①	204
Lesson 02	Macintosh와 Mac OS ②	206
Lesson 03	iPhone과 iOS	208
Lesson 04	Android	210
Lesson 05	임베디드 OS	212
Exercise >>	도전! OS	214
OS 상식	라이선스	216

좀 더 힘내 볼까요?

| 01 | OS의 가상화 | 218 |
| 02 | 기타 OS | 220 |

찾아보기   221

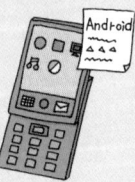

제0장

OS 학습을 시작하기 전에

OS란?
대표적인 OS
하드웨어와 소프트웨어
OS의 역할
컴퓨터를 구성하는 부품
OS를 설치하지 않으면 어떻게 될까?
OS가 없으면 어떻게 되지?
컴퓨터의 아키텍처와 CS

OS란?

OS란, 'Operating System'의 약자입니다.

OS는 컴퓨터(개인용뿐만 아니라 업무용 서버 등을 포함한 컴퓨터 전반을 일컬음)를 관리하고 제어하며, 컴퓨터를 작동시키기 위한 토대를 만드는 소프트웨어를 말합니다. 이를 '기본 소프트웨어'라고 부르기도 하는데, 이 명칭이 오히려 OS의 역할을 연상하는 데 도움이 될 수도 있습니다. 컴퓨터를 사용할 때 'Windows 컴퓨터'나 'Mac 컴퓨터'라는 말을 들어본 적이 있을 것입니다. 여기서 말하는 'Windows'나 'Mac'이 바로 OS이며, OS의 구체적인 종류를 나타냅니다.

요즘 전자 제품 매장에서 팔고 있는 대부분의 컴퓨터에는 구입하자마자 바로 사용할 수 있도록 OS 및 각종 소프트웨어가 설치되어 있습니다. 이러한 이유 때문에 OS의 존재를 특별히 의식하지 못하는 사람들도 많습니다. 하지만 우리가 보통 사용하고 있는 문서 작성 소프트웨어나 표 계산 소프트웨어, 음악 소프트웨어 등은 OS를 통해 컴퓨터와 연결되어 있으며, OS가 없으면 사용할 수 없습니다. 우리 주변에 있는 가전제품이나 은행 ATM, 휴대전화에도 전용 OS가 들어 있습니다.

OS는 우리가 컴퓨터를 사용할 때 없어서는 안 되는 매우 중요한 것입니다.

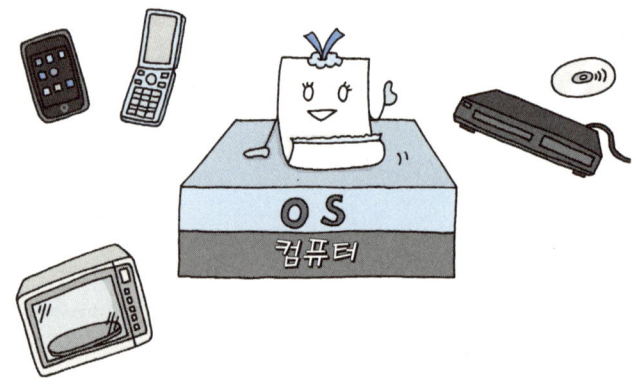

용어 설명

OS(Operating System)
운영체제라고도 하며, 컴퓨터를 관리하고 제어하기 위한 소프트웨어이다.

메모리
입력된 명령이나 프로그램, 데이터, 처리한 결과 등을 일시적으로 기억하는 장치이다.

대표적인 OS

OS에는 많은 종류가 있지만 대표적인 컴퓨터용 OS로는 Windows, UNIX, Mac OS가 있습니다. 각 OS에 대해서는 6장 이후부터 자세히 설명합니다.

 ## Windows

Microsoft사가 1985년부터 릴리즈한 OS로, PC용, 서버용, 임베디드 기기용 등이 있으며, 개인이나 비즈니스 이용자를 중심으로 널리 보급되어 있습니다. 이 책을 집필할 당시 PC용 시리즈의 최신 버전은 2009년에 발매된 Windows 7입니다.

BIOS
컴퓨터에 접속된 기기를 제어하는 프로그램군을 말한다.

마더보드(Motherboard)
메인보드라고도 하며, 컴퓨터를 작동하기 위한 부품 등을 꽂는 회로기판이다.

컴퓨터 아키텍처
주로 CPU의 종류를 가리키는 것으로, x86이나 x64 등을 말한다.

UNIX

미국의 AT&T사의 벨 연구소에서 개발한 OS로, OS를 판매하여 수익을 얻고자 하는 사람들과 무상으로 제공하자는 사람들로 나뉘어 꾸준히 개발되어 왔습니다. 일반 사용자에게 친숙한 UNIX로는 Linux가 있습니다.

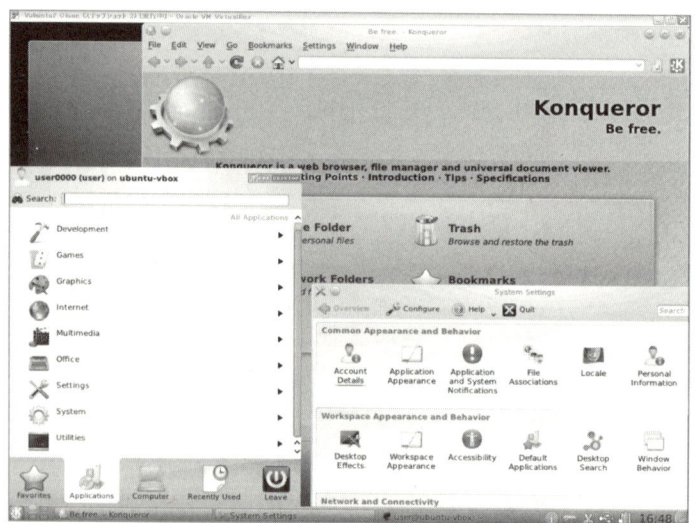

Mac OS

Apple사가 자사의 Macintosh 컴퓨터용으로 개발한 OS입니다. 컴퓨터 조작을 문자만으로 수행하던 CUI(Character User Interface) 시대에서 마우스로 조작할 수 있는 GUI(Graphical User Interface) 시대를 여는 데 많은 공헌을 했습니다(39쪽 참조). 현재 사용되고 있는 Mac OS X는 UNIX를 기반으로 개발되었습니다.

하드웨어와 소프트웨어

컴퓨터를 작동시키려면 하드웨어와 소프트웨어가 필요합니다.

하드웨어란, 컴퓨터에 사용되는 부품이나 그것들을 조합한 기기를 말합니다. 디스플레이, 키보드, 마우스, 마더보드, CPU 등이 하드웨어에 해당합니다. 하드웨어는 장치에 불과하므로 그 자체만으로는 작동하지 않습니다. 하드웨어가 작동하려면 하드웨어에게 어떤 처리를, 어떤 순서로 수행하게 할 것인지에 대한 명령을 내려야 합니다. 이런 명령들의 모음을 '프로그램' 또는 '소프트웨어'라고 합니다.

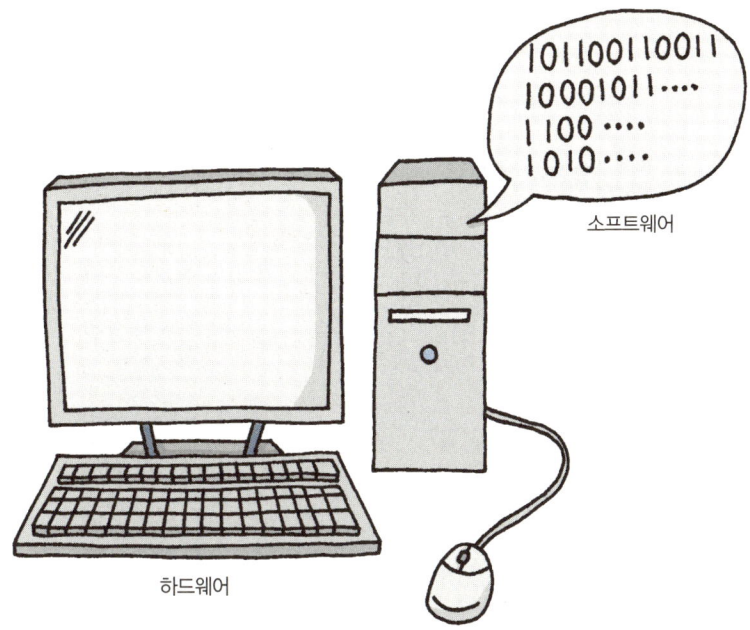

소프트웨어를 입수하는 방법에는 CD-ROM이나 DVD와 같은 미디어로 구입하는 방법과 인터넷으로 다운로드하는 방법이 있습니다. 소프트웨어는 소프트웨어를 개발한 회사나 개인의 웹 사이트, 소프트웨어 다운로드 전용 사이트 등을 통해 다운로드할 수 있습니다.

다운로드를 할 수 있는 소프트웨어에는 유료와 무료(프리웨어)가 있습니다. 유료 소프트웨어 중에는 일정 기간 동안 소프트웨어를 체험하게 한 후 체험 기간 이후에도 계속해서 사용하고 싶은 경우 요금을 지불하는 쉐어웨어라는 형태를 취하는 것도 있습니다.

소프트웨어는 역할에 따라 크게 두 종류로 나눌 수 있습니다.

그중 하나가 OS입니다. OS는 14쪽에서도 설명했듯이 컴퓨터 전체를 관리 및 제어하고 컴퓨터가 작동하기 위한 토대를 만드는 소프트웨어로, 가장 먼저 설치합니다.

다른 하나는 애플리케이션 소프트웨어입니다. OS를 '기본 소프트웨어'라고 한다면 애플리케이션 소프트웨어는 '응용 소프트웨어(응용 프로그램)'라고 합니다. 애플리케이션은 문서 작성이나 표 계산, 이미지 처리, 게임, 웹 사이트 보기, 메일 송·수신 등 특정 목적을 위해 만들어진 소프트웨어입니다. Microsoft 사의 Word나 Excel과 같이 시판되는 것이 있는가 하면, 어떤 기업의 특정 업무용으로 개발한 것이나 어떤 목적에 따라 뜻이 맞는 사람끼리 개발한 것도 있습니다.

컴퓨터를 사용할 때는 하드웨어와 소프트웨어, 즉 OS와 애플리케이션 모두를 사용해야 하는군요.

OS의 역할

앞에서 OS는 컴퓨터를 관리 및 제어하고 컴퓨터가 작동하기 위한 토대를 만드는 소프트웨어라고 설명했는데, 구체적으로는 어떤 일을 하고 있을까요? OS의 역할을 간단히 정리하면 아래와 같습니다.

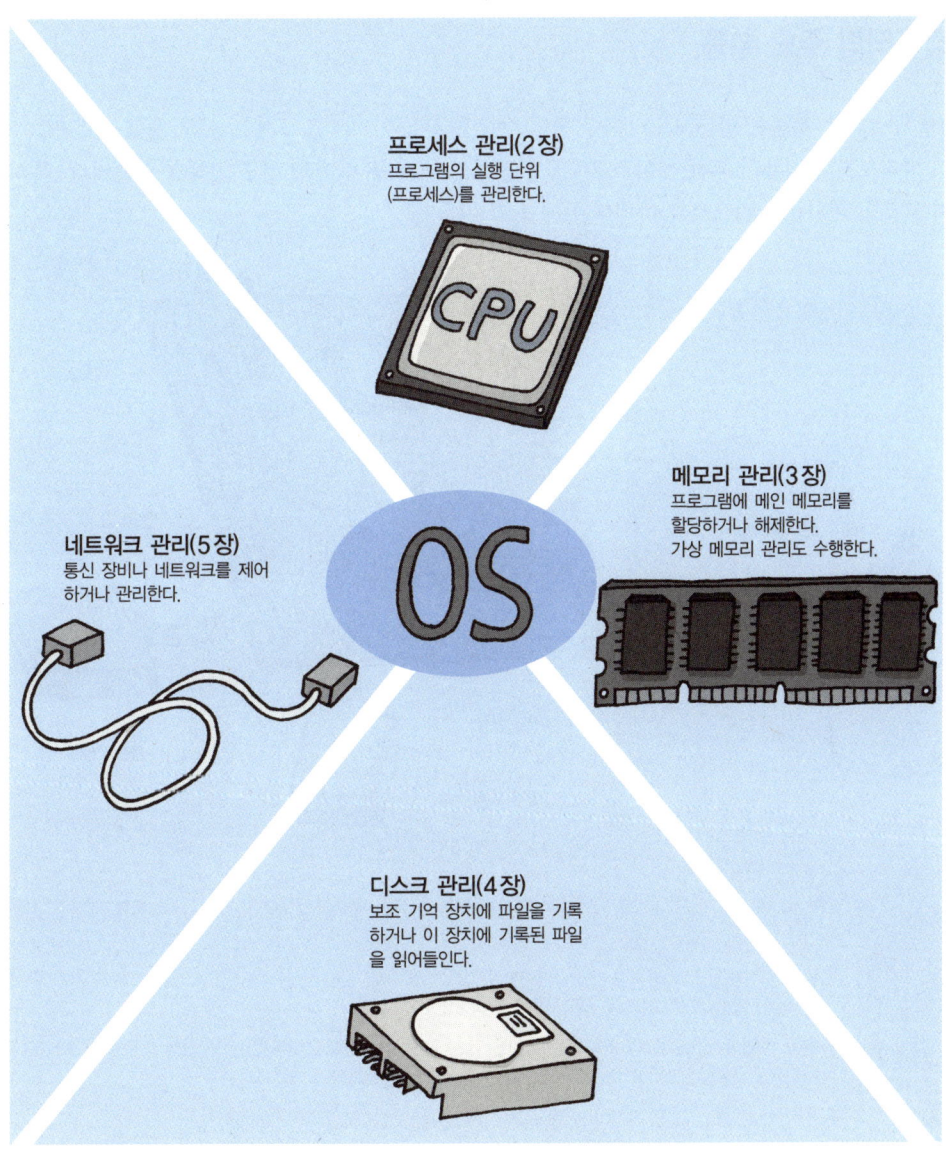

컴퓨터를 구성하는 부품

OS는 컴퓨터의 하드웨어와 소프트웨어(애플리케이션)를 모두 관리합니다. 여기서는 하드웨어에 대해 간단히 살펴보겠습니다.

컴퓨터의 주요 부품

컴퓨터를 구성하는 부품은 마더보드라는 기판에 장착합니다. 이 마더보드에는 ATX 등과 같은 몇 가지 규격이 있어 마더보드나 컴퓨터 본체(케이스)의 크기, 부품의 배치 등이 어느 정도 정해져 있습니다. 특히 중요한 몇 가지 부품의 배치를 그림으로 나타내면 아래와 같습니다.

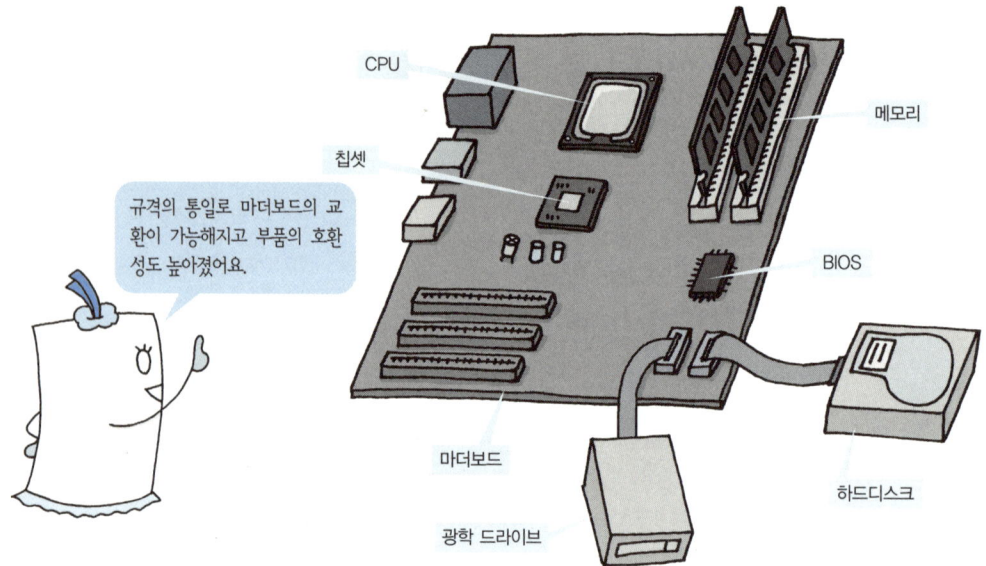

마더보드	CPU나 메모리, 하드디스크 등 컴퓨터를 구성하는 부품을 접속하고 데이터 처리와 부품의 제어를 수행하는 기판이다.
CPU	컴퓨터의 작동을 제어하거나 연산 처리를 수행하는 장치로, 중앙 연산 처리 장치라고도 하며 인간의 뇌에 해당한다. 열이 발생하므로 냉각용 쿨러 밑에 장착한다.
메모리	입력된 명령이나 프로그램, 데이터, 처리한 결과 등을 일시적으로 기억하는 장치로, 메인 메모리 또는 주기억 장치라고도 하며 메모리에 기억된 정보는 컴퓨터의 전원을 끄면 사라진다.
BIOS	컴퓨터에 접속된 기기를 제어하는 프로그램군이다.
칩셋	CPU나 메모리, 하드디스크 등과 같은 각 부품이 주고받는 데이터의 흐름을 관리한다.
하드디스크	대용량 기억 장치로, 보조 기억 장치 또는 외부 기억 장치라고도 한다. 메인 메모리와 달리 컴퓨터의 전원을 꺼도 정보가 사라지지 않는다.
광학 드라이브	DVD나 CD의 디스크를 읽고 쓰는 장치이다.

입출력 장치나 주변 기기를 접속하기 위한 인터페이스 또한 마더보드 위에 탑재되며, 컴퓨터 뒷면의 커넥터로도 확인할 수 있습니다.

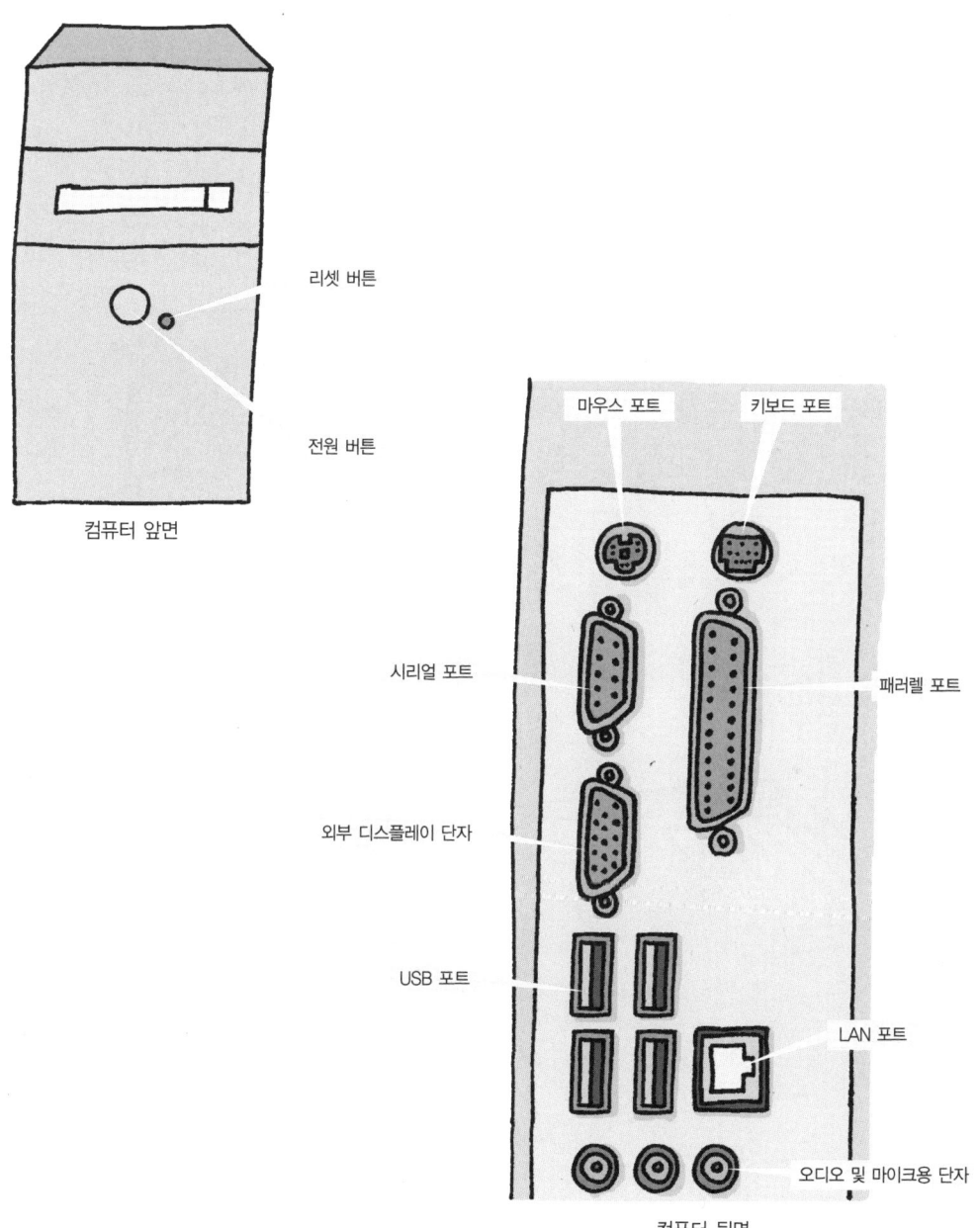

OS는 어디에 있는 것일까?

지금까지 컴퓨터의 하드웨어에 대해 살펴보았습니다. 그렇다면 이 책에서 다루고 있는 'OS'는 어디에 있는 것일까요?

기본적으로 OS는 하드디스크 안에 저장(설치)합니다. 외장형 하드디스크나 USB 메모리 등에 설치하여 사용하는 OS도 있지만 일반적으로는 컴퓨터에 내장된 하드디스크에 설치하여 사용합니다.

설치용 OS는 DVD나 CD와 같은 미디어 또는 다운로드 등으로 컴퓨터 외부에 별도로 준비하는 경우가 많습니다. 좀 특수한 경우이지만 하드디스크의 일부 영역에 OS를 통째로 백업해 두고, 이 백업(OS 이미지)을 이용하여 설치 작업을 수행하는 방법도 있습니다.

OS를 설치하지 않으면 어떻게 될까?

일반적으로 컴퓨터를 사용할 때 전원을 넣으면 먼저 컴퓨터 제조업체의 로고가 나타나고, 그후 Windows와 같은 OS가 기동되는 화면이 나타납니다. 그렇다면 OS를 설치하지 않은 컴퓨터는 어떻게 될까요?

자신이 직접 컴퓨터를 조립할 때처럼 아직 OS가 설치되지 않은 상태의 컴퓨터가 있다고 합시다. 이 컴퓨터의 전원을 켜면 마더보드에 내장된 BIOS(32쪽)가 POST(Power On Self Test)라는 동작 체크를 시작합니다. POST는 컴퓨터를 작동시키기 위한 자기 진단 기능으로 CPU와 메모리, 마더보드상의 칩셋이나 컨트롤러 등 접속되어 있는 다양한 기기를 체크합니다. POST 실행 중에는 화면에 체크한 부품명이나 버전, 스펙과 같은 상세 정보가 나타납니다.

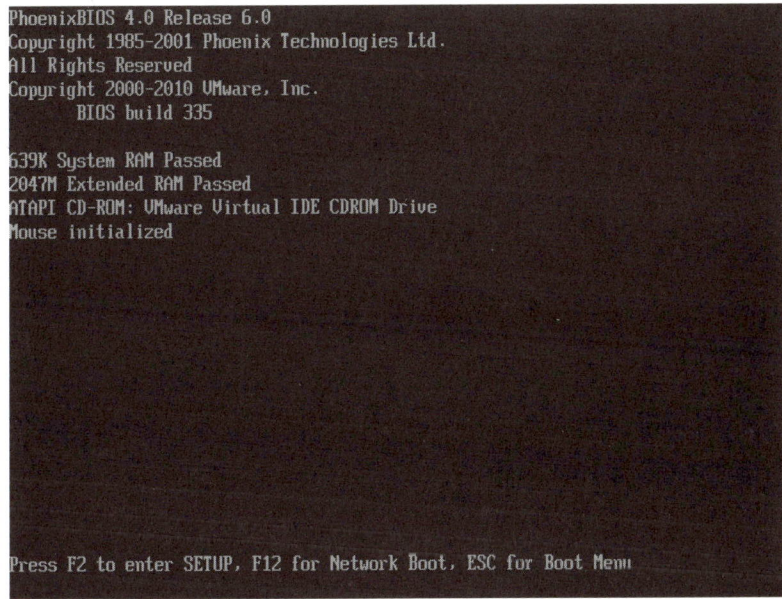

기기 체크 중에 문제가 발생하면 화면에 오류 메시지가 나타납니다. 이때 "삐"하는 신호음이 울리는 경우도 있습니다. 문제가 없으면 보통은 OS 기동으로 넘어가지만 지금은 OS가 없으므로 'Operating System Not Found'라는 메시지가 나타납니다. 또한 BIOS 설정에서 CD나 DVD로부터 OS를 기동시키도록 되어 있는 경우에는 'Press any key to boot from CD or DVD' 라는 메시지가 나타납니다.

이 POST는 OS가 들어 있는 컴퓨터에서도 OS가 기동되기 전에 수행되는데, 우리가 이용하는 컴퓨터에서 직접 볼 수 없었던 이유는 'POST 중에는 컴퓨터 제조업체의 로고를 표시한다'라는 설정이 되어 있기 때문입니다.

OS가 없으면 어떻게 되지?

현재 우리 주위에 있는 컴퓨터는 OS를 설치한 후에 이용하는 것을 전제로 하고 있지만, 이 OS가 일반적이지 않았던 시대도 있었습니다. 예를 들어 1980년대에는 컴퓨터를 기동시키면 BASIC이라는 프로그램 언어 개발 환경이 실행되는 것이 보통이었습니다. 사용자는 주로 자신이 만든 프로그램이나 잡지에 실린 프로그램을 입력하거나 게임을 즐기는 정도였습니다. 당시 컴퓨터에는 통일된 규격이 없었기 때문에 제조업체나 기종이 다르면 작동하는 프로그램도 달라서 매우 귀찮고 불편했습니다.

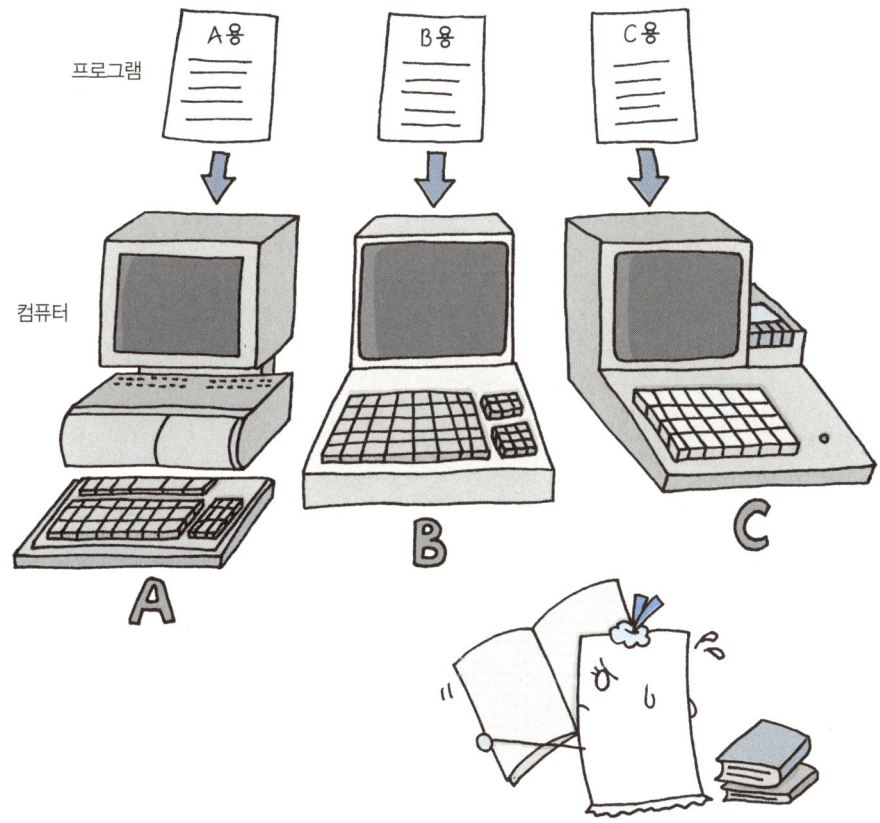

프로그램을 저장할 때는 카세트테이프를 사용했는데, 그후에 플로피디스크가 보급되면서 디스크 관리를 수행하는 OS(DOS)가 일반화되기 시작했습니다.

최근에는 컴퓨터별 기능이나 동작의 차이를 OS가 흡수해 주기 때문에 사용자는 그런 차이를 느끼지 못하고 손쉽게 컴퓨터를 조작할 수 있게 되었습니다.

컴퓨터의 아키텍처와 CS

OS는 컴퓨터의 아키텍처별로 만들어집니다. 여기서 말하는 아키텍처란, 주로 CPU의 종류를 가리키는 것으로, 그 종류에는 x86이나 x64 등이 있습니다. 그렇기 때문에 아래 그림처럼 동일한 아키텍처로 된 컴퓨터에 다른 OS가 사용되는 경우도 있습니다.

또한 현재 애플리케이션은 Windows용, Mac용, UNIX용과 같이 OS의 종류에 따라 개발되고 있습니다. 한 가지 OS용으로 만들어진 애플리케이션은 기본적으로 해당 OS가 작동하는 컴퓨터라면 제조업체나 기종에 상관없이 이용할 수 있습니다.

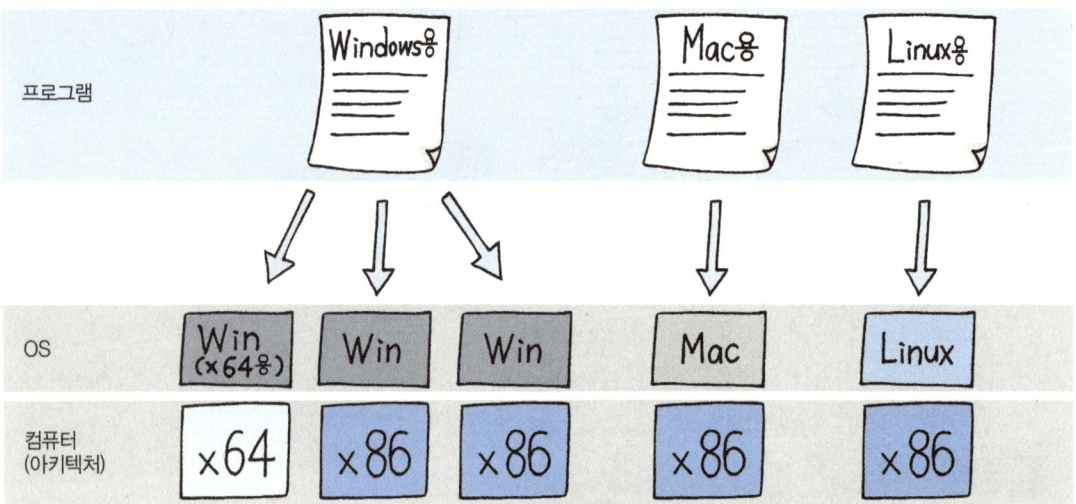

x86이나 x64는 컴퓨터의 두뇌인 CPU의 시리즈명입니다. x86은 주로 32비트 CPU, x64는 x86을 확장한 64비트 CPU를 가리키는 것으로, 컴퓨터의 구조(아키텍처)를 크게 구분할 때도 사용합니다.

제1장

OS의 기능

Key Point	컴퓨터의 기본 구성
	소프트웨어의 분류
Lesson 01	컴퓨터의 기동
Lesson 02	BIOS
Lesson 03	OS 로그인하기
Lesson 04	커널
Lesson 05	쉘
Lesson 06	디바이스
Lesson 07	디바이스 드라이버
Lesson 08	I/O 포트
Lesson 09	기억 장치
Lesson 10	OS의 대표적인 기능 ①
Lesson 11	OS의 대표적인 기능 ②
Lesson 12	프로그래밍
<< Exercise	도전! OS
OS 상식	클록 주파수

컴퓨터의 기본 구성

이 장에서는 컴퓨터와 OS의 관계에 대해 살펴보겠습니다.

컴퓨터는 제어 장치, 연산 장치, 기억 장치, 입력 장치, 출력 장치와 같은 이른바 5대 장치로 구성되어 있습니다. 제어 장치와 연산 장치(연산 유닛)는 CPU에 해당하며, 각각 프로그램의 명령과 사칙 연산 및 논리 연산을 수행합니다. 기억 장치는 메모리(주기억 장치)로 데이터나 프로그램의 명령을 읽어들여 기억합니다. 입력 장치는 데이터나 프로그램을 입력하기 위해 사용하는 키보드나 마우스를 말하며, 출력 장치는 데이터를 출력하는 디스플레이나 프린터 등을 말합니다. OS가 이런 장치들을 어떻게 제어하고 있는지에 대해서는 2~4장에서 자세히 배울 것입니다.

1장에서는 주로 컴퓨터와 OS의 개요에 관해 다루겠습니다. 먼저 OS가 어떻게 기동하는지와 사용자 로그인에 대해 살펴볼 것입니다. 그런 다음 커널과 쉘에 대해 알아보겠습니다. Windows나 Mac OS, Linux와 같은 OS는 다양한 모습과 조작감을 갖고 있는데, 중요한 것은 그 안의 내용입니다. 이런 OS의 핵심 부분을 담당하고 있는 부분을 커널(kernel : 핵)이라고 하며, 커널을 둘러싸듯이 사용자에게 '모양'을 제공하는 부분을 쉘(shell : 껍질)이라고 합니다.

▶ 중앙 연산 장치(CPU)
CPU라고 하며, 외부에서 정보를 입력받아 기억하고 명령을 해석하여 외부로 출력한다.

▶ 커널(Kernel)
사용자의 조작을 처리하여 OS가 움직일 수 있도록 하는 OS의 핵심 부분이다.

꼭 알아야 할 Key Point

소프트웨어의 분류

OS를 '기본 소프트웨어'라고 한다는 것은 처음에도 소개했는데, 이 밖에도 소프트웨어를 미들웨어와 응용 소프트웨어로 나누기도 합니다.

기본 소프트웨어는 하드웨어에 의존하지 않고 애플리케이션을 실행할 수 있는 환경을 제공하는데, OS나 BIOS가 이에 해당합니다. 미들웨어는 OS와 애플리케이션 사이에 위치하는 소프트웨어로, 각각의 범용적인 기능을 소프트웨어화한 것입니다. 응용 소프트웨어는 고유의 기능을 가진 일반적인 애플리케이션을 말합니다. OS에 맞는 애플리케이션을 개발(작성)하려면 API(Application Programming Interface)라는 OS가 공개하고 있는 기능을 이용하면서 프로그래밍을 해야 합니다.

또한 주변 장치를 사용하려면 디바이스 드라이버라는 OS와 하드웨어를 중개해주는 소프트웨어가 필요합니다. 최근의 OS에는 주변 장치가 컴퓨터에 접속되면 자동으로 인식하여 최적의 디바이스 드라이버가 자동으로 심어지는 플러그 앤 플레이(plug and play)라는 장치가 마련되어 있습니다.

이 장에서는 각 소프트웨어의 역할과 연계에 대해 확실히 익혀 둡시다.

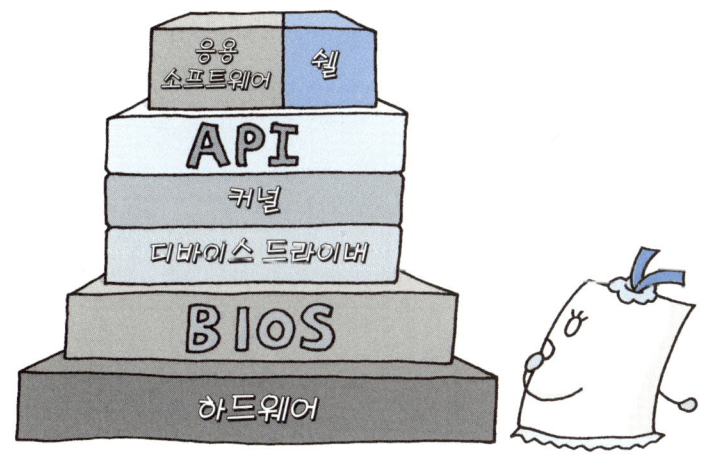

쉘(Shell)
사용자의 지시를 해석해서 커널에게 전달하는 것으로, 화면에 보이는 사용자 인터페이스 부분이다.

미들웨어(Middleware)
운영체제(OS)와 애플리케이션 사이에서 데이터를 주고받을 수 있도록 중개하는 소프트웨어이다.

API(Application Programming Interface)
OS나 프로그래밍 언어가 제공하는 기능을 애플리케이션에서 사용할 수 있도록 만든 인터페이스이다.

컴퓨터의 기동

Lesson 01

컴퓨터가 기동하는 모습에 대해 살펴봅시다.

 기동까지의 흐름

컴퓨터의 전원을 넣은 후부터 운영체제(이하 OS)가 기동되기까지 자동으로 처리되는 흐름을 부팅(Booting)라고 합니다. OS가 기동될 때까지의 흐름을 살펴봅시다.

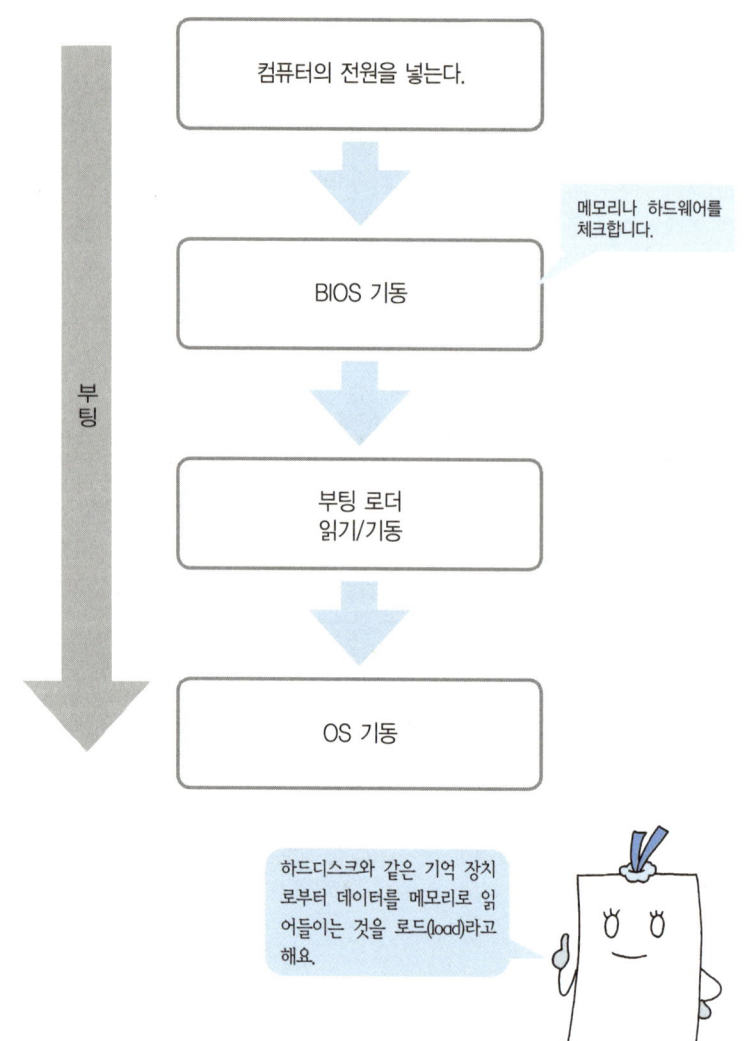

부팅 로더(Booting Loader)

부팅 로더는 하드디스크상에 있는 OS를 기동시키기 위한 프로그램으로, 하드디스크에 있는 MBR(Master Boot Record)이라는 특별한 영역으로부터 실행됩니다.

BIOS

Lesson 02   BIOS의 역할에 대해 살펴봅시다.

BIOS(Basic Input/Output System)

BIOS는 컴퓨터에 접속되어 있는 기기를 제어하는 프로그램군으로, OS를 기동시키기 전에 메모리나 하드웨어 등을 체크합니다. 컴퓨터의 전원을 넣은 직후에 특정 키를 누르면 BIOS 화면이 나타납니다.

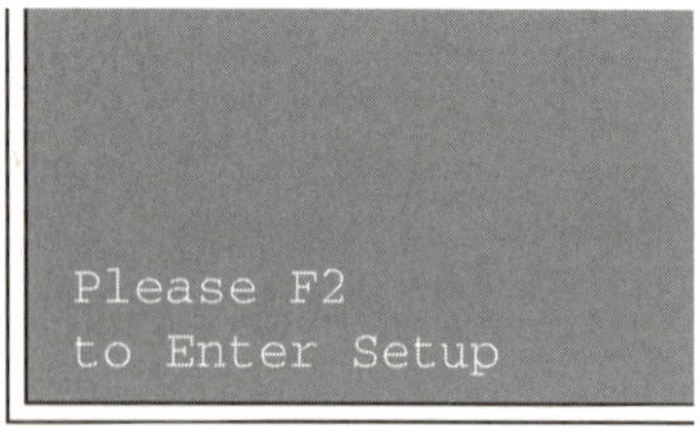

화면 아래에 위와 같은 문구가 표시되면 재빨리 를 누릅니다.

F2나 Delete가 많이 사용돼요.

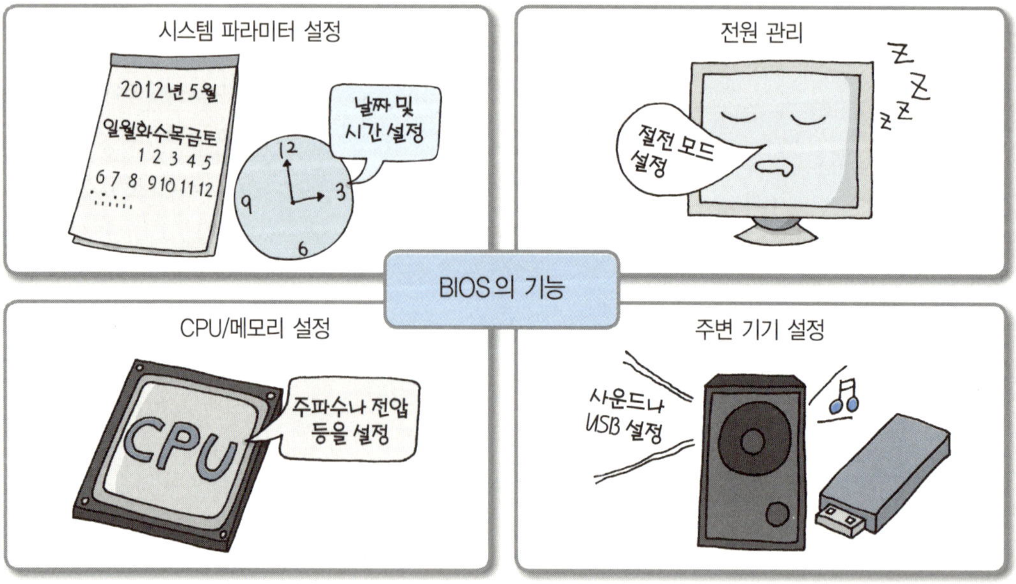

BIOS의 기능

- 시스템 파라미터 설정 — 날짜 및 시간 설정
- 전원 관리 — 절전 모드 설정
- CPU/메모리 설정 — 주파수나 전압 등을 설정
- 주변 기기 설정 — 사운드나 USB 설정

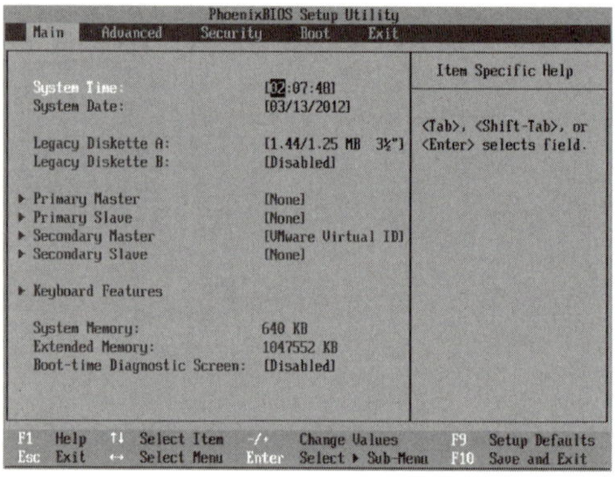

기동 순서 설정하기

OS가 없는 컴퓨터에 OS를 설치할 때는 OS 디스크를 CD-ROM(또는 DVD-ROM) 드라이브에 넣은 후에 기동시킵니다. 기동 순서는 BIOS에서 설정할 수 있습니다.

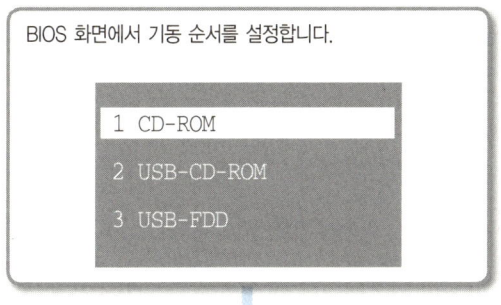

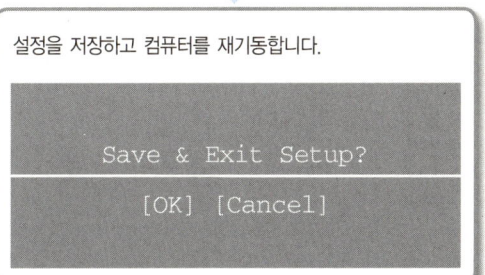

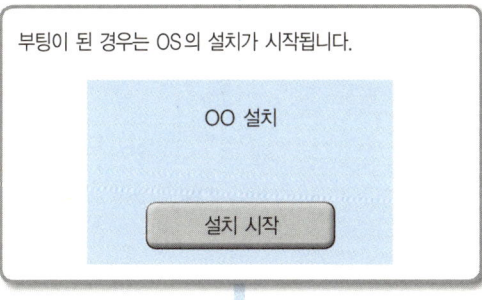

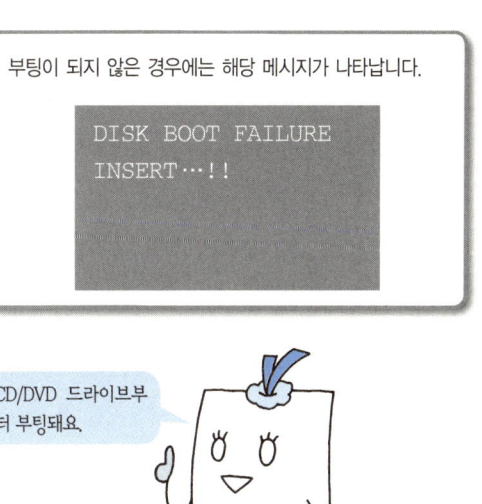

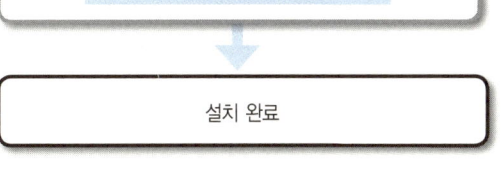

OS 로그인하기

Lesson 03

사용자를 식별하거나 컴퓨터의 다양한 기능에 액세스할 자격을 취득하는 OS 로그인에 대해 살펴봅시다.

로그인하기

사용자명과 비밀번호를 입력해서 OS나 네트워크 이용을 인증받는 것을 로그인(또는 로그온)이라고 합니다. OS에 설정되어 있는 암호와 일치해야 컴퓨터를 이용할 수 있습니다.

※ 비밀번호가 설정되어 있지 않은 경우도 있습니다.

로그아웃하기

사용자가 로그인되어 있는 OS나 네트워크에서 이용을 종료하는 것을 로그아웃(또는 로그오프)이라고 합니다.

다중 사용자

OS에는 한 대의 컴퓨터를 여러 명의 사용자가 공유할 수 있는 기능이 있습니다. 로그인한 후에 바탕화면 등과 같은 개인 설정을 변경해도 다른 사용자에게 영향을 주지 않습니다.

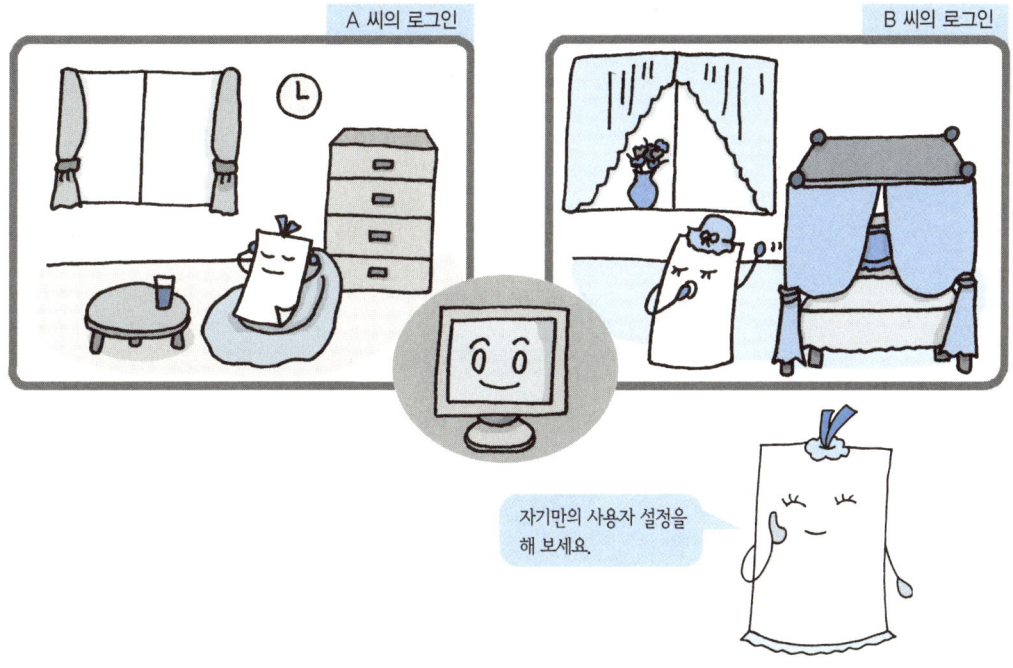

관리자와 권한

사용자는 크게 관리자와 일반 사용자로 나눌 수 있습니다. 관리자는 사용자 계정을 작성하거나 권한을 설정할 수 있습니다.

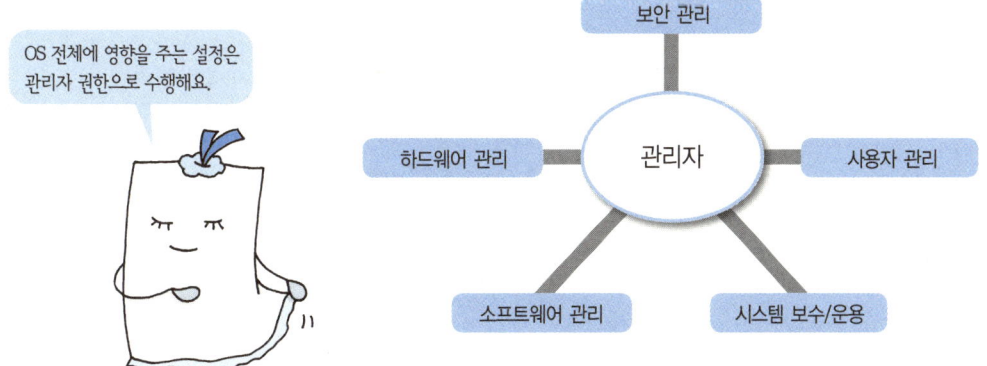

커널

Lesson 04

OS의 핵심 부분을 담당하고 있는 커널에 대해 살펴봅시다.

커널

커널(kernel)은 사용자의 조작을 처리하여 OS가 움직일 수 있도록 지시하는 부분을 말합니다. 커널은 사용자에게는 보이지 않습니다.

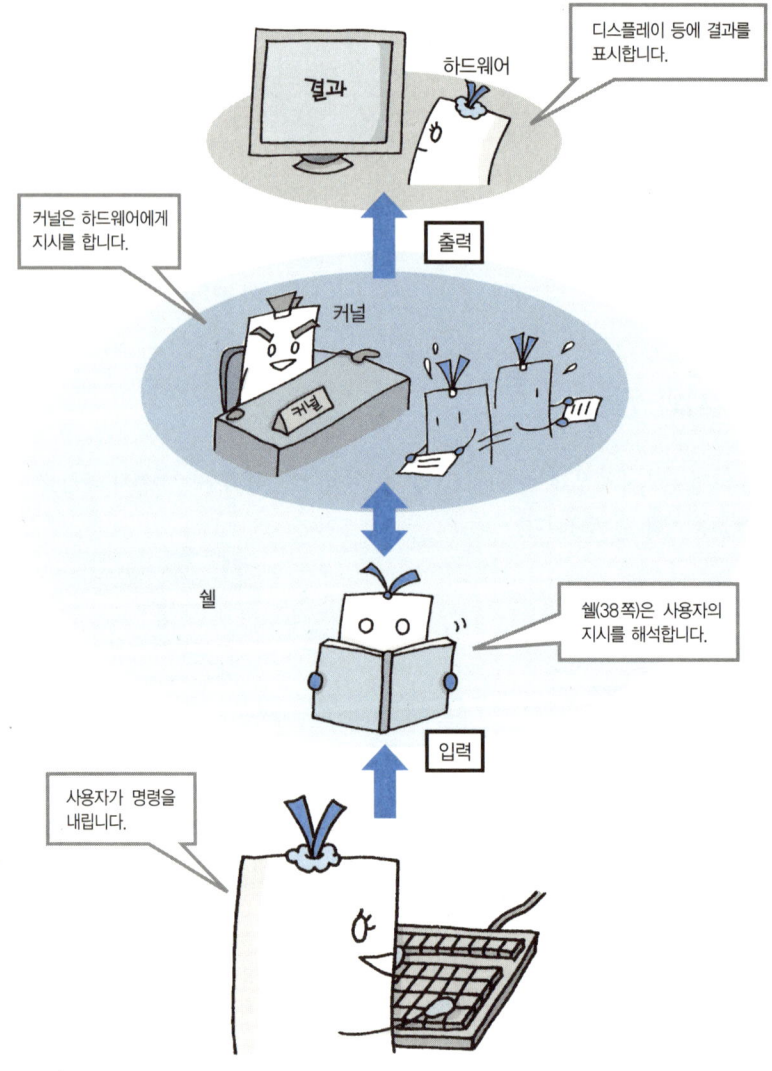

시스템 콜

시스템 콜(system call)은 커널이 쉘과 같은 프로그램에게 제공하는 기능을 말합니다. 프로그램은 커널에게 처리를 의뢰하고 실제 처리는 커널이 수행합니다.

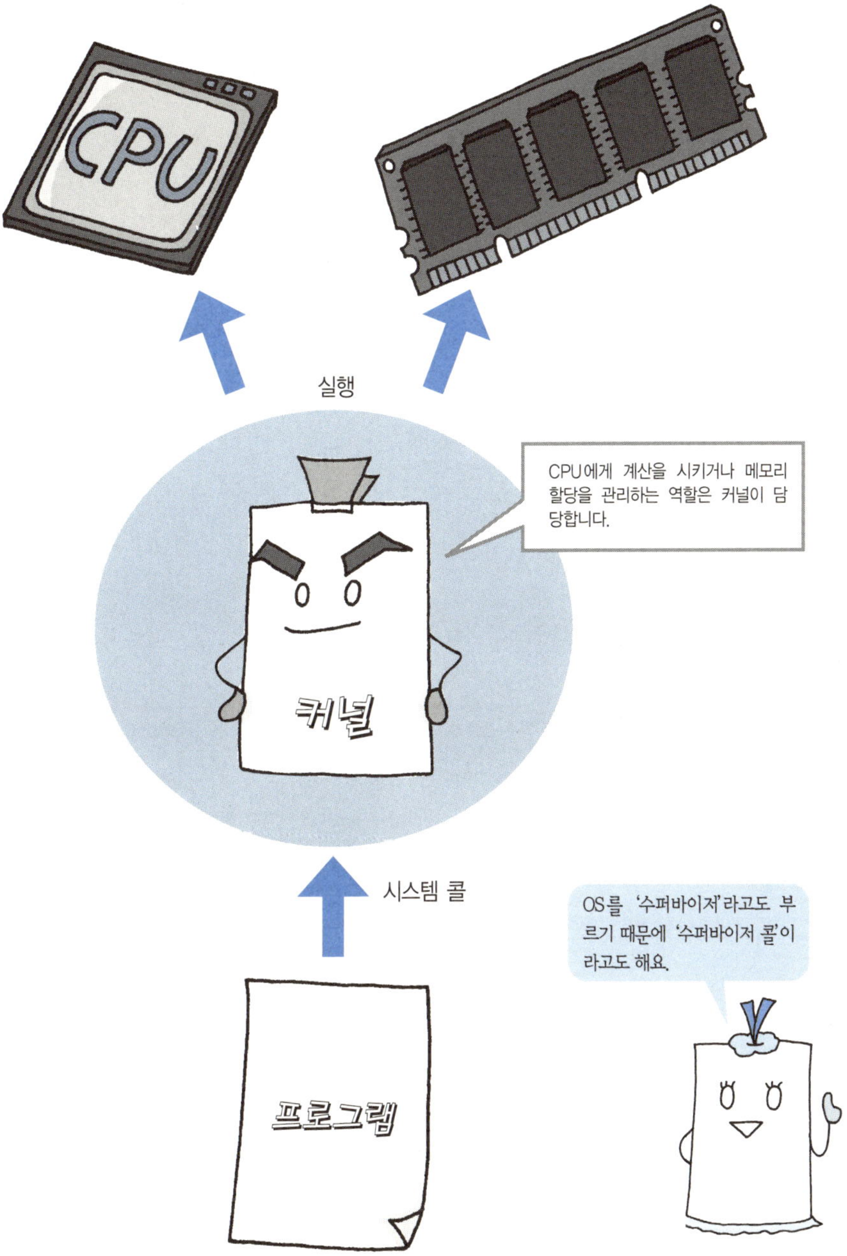

실행

CPU에게 계산을 시키거나 메모리 할당을 관리하는 역할은 커널이 담당합니다.

커널

시스템 콜

프로그램

OS를 '수퍼바이저'라고도 부르기 때문에 '수퍼바이저 콜'이라고도 해요.

쉘

Lesson 05

사용자 인터페이스를 담당하고 있는 쉘에 대해 살펴봅시다.

쉘

쉘(shell)은 키보드 입력과 같은 사용자 조작을 커널에게 전달합니다. 쉘은 화면에 보이는 부분입니다.

쉘의 기본 기능은 다음과 같습니다.

배치 처리
일괄 처리를 실행합니다.

히스토리 기능
입력 이력을 기억합니다.

알리아스 기능
파일에 별명을 붙입니다.

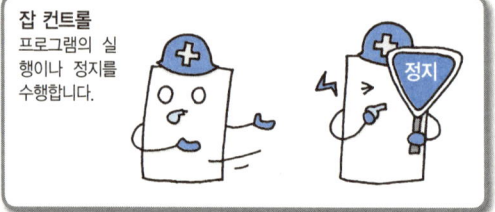

잡 컨트롤
프로그램의 실행이나 정지를 수행합니다.

리다이렉트/파이프
결과의 출력처를 변경합니다.

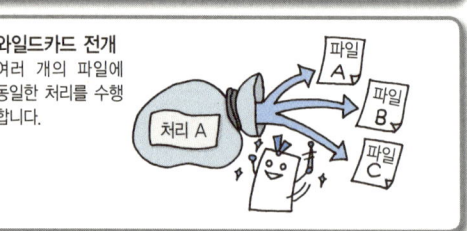

와일드카드 전개
여러 개의 파일에 동일한 처리를 수행합니다.

쉘 인터페이스

CUI(Character User Interface)

키보드의 입력 내용이나 계산 결과를 디스플레이상에 '문자'로 표시합니다. 쉘은 OS 조작을 하기 위해 명령이라고 하는 영숫자 문자열을 사용합니다.

'폴더 a에서 폴더 b로 picbook 파일을 복사하시오'라고 명령하고 있습니다.

GUI(Graphic User Interface)

디스플레이상의 '창', '메뉴', '버튼'과 같은 그래픽을 키보드나 마우스로 조작합니다. Windows 탐색기는 'Windows' OS의 쉘로, 바탕화면의 표시나 파일 검색 등을 수행합니다.

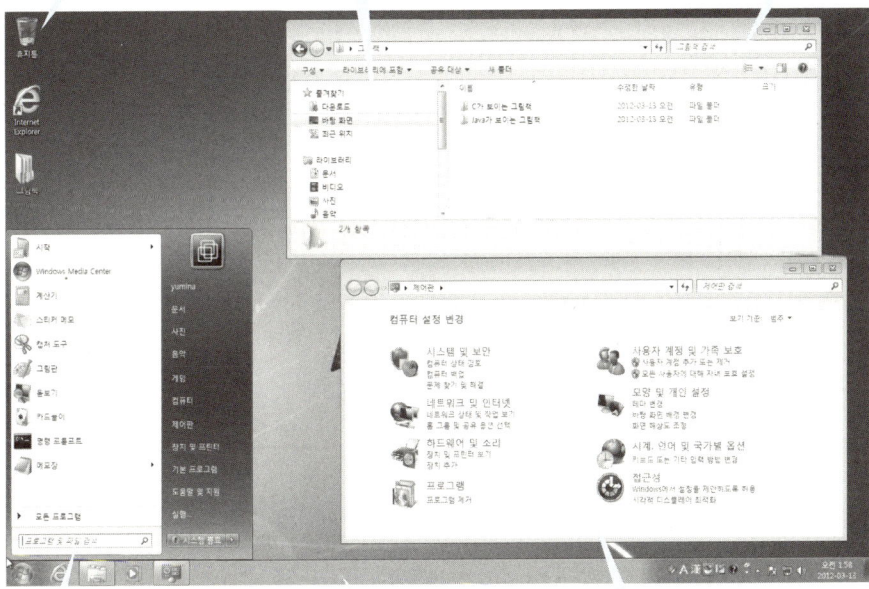

디바이스

Lesson 06

디바이스에는 어떤 것이 있는지 살펴봅시다.

디바이스

디바이스는 CPU(중앙 처리 장치)나 메모리, 하드디스크와 같은 각종 기기를 총칭하는 말입니다. OS는 각 디바이스를 관리하는 기능을 가지고 있습니다.
디바이스는 크게 입력 장치와 출력 장치로 나눌 수 있습니다.

입력 장치

사용자가 컴퓨터를 움직이게 하기 위한 지시나 입력한 데이터를 컴퓨터에게 보내기 위한 장치입니다.

마우스   스캐너   터치 패드

키보드   트랙볼   조이스틱

> **출력 장치**

OS 또는 실행하고 있는 프로그램으로부터 데이터를 받아 사용자가 인식할 수 있도록 표시하는 장치입니다.

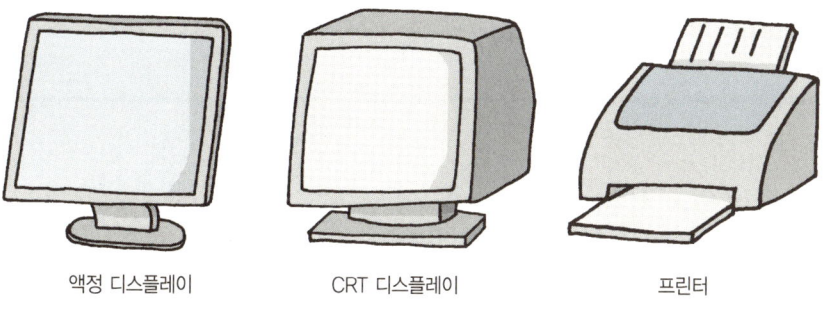

| 액정 디스플레이 | CRT 디스플레이 | 프린터 |

 미디어

디바이스와 함께 이용하는 데이터를 기록해 두는 매체를 미디어라고 합니다.

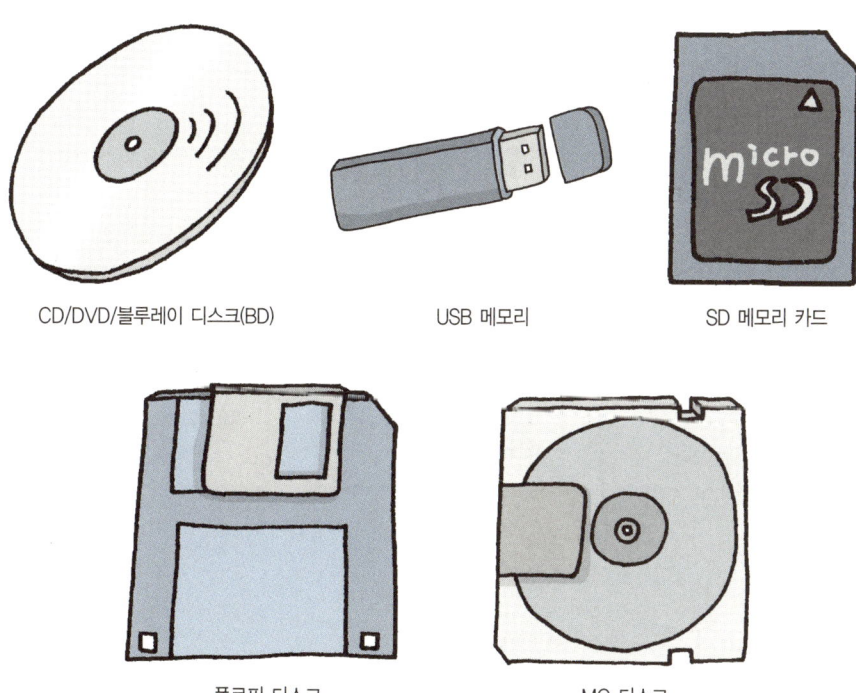

CD/DVD/블루레이 디스크(BD)   USB 메모리   SD 메모리 카드

플로피 디스크   MO 디스크

디바이스 드라이버

디바이스를 사용하기 위한 준비에 대해 살펴봅시다.

디바이스 드라이버

디바이스 드라이버(device driver)는 디바이스를 제어하는 프로그램입니다. 컴퓨터에 접속되어 있는 디바이스를 OS에서 이용하려면 디바이스 드라이버가 필요합니다.

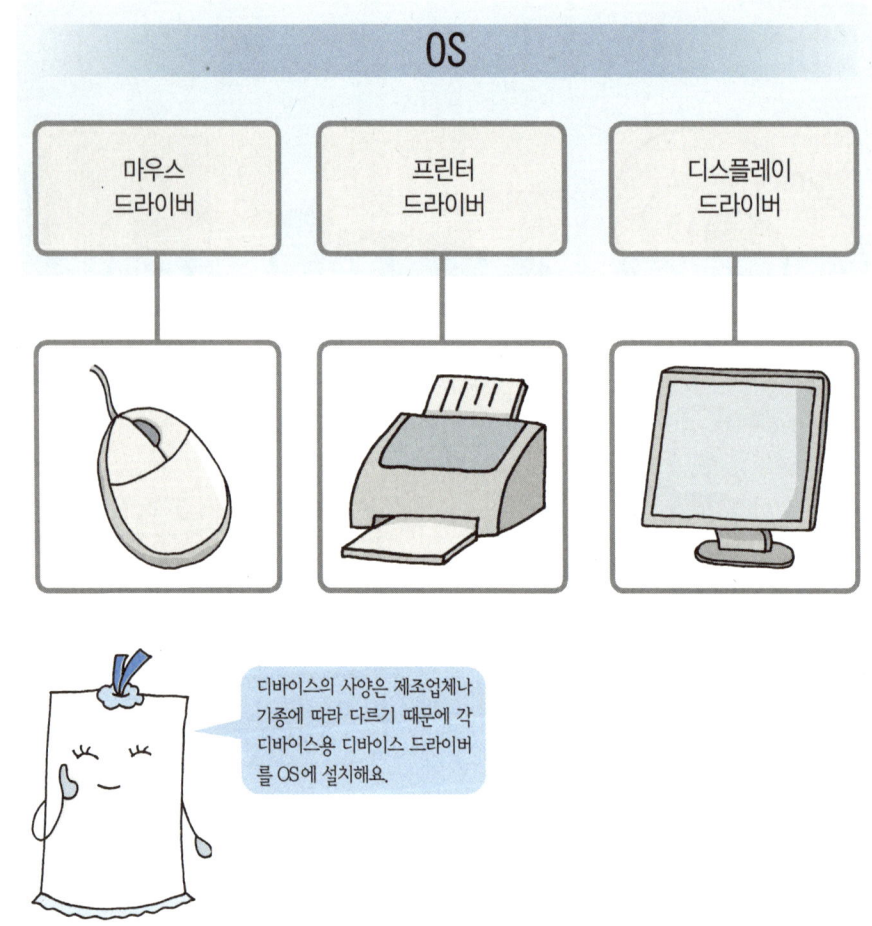

디바이스의 사양은 제조업체나 기종에 따라 다르기 때문에 각 디바이스용 디바이스 드라이버를 OS에 설치해요.

플러그 앤 플레이(Plug and Play, PnP)

디바이스를 컴퓨터에 접속시켰을 때 디바이스 드라이버의 시스템 설치나 시스템 설정을 자동으로 수행하는 기능입니다. 플러그 앤 플레이를 처리하는 기기와 드라이버가 필요합니다.

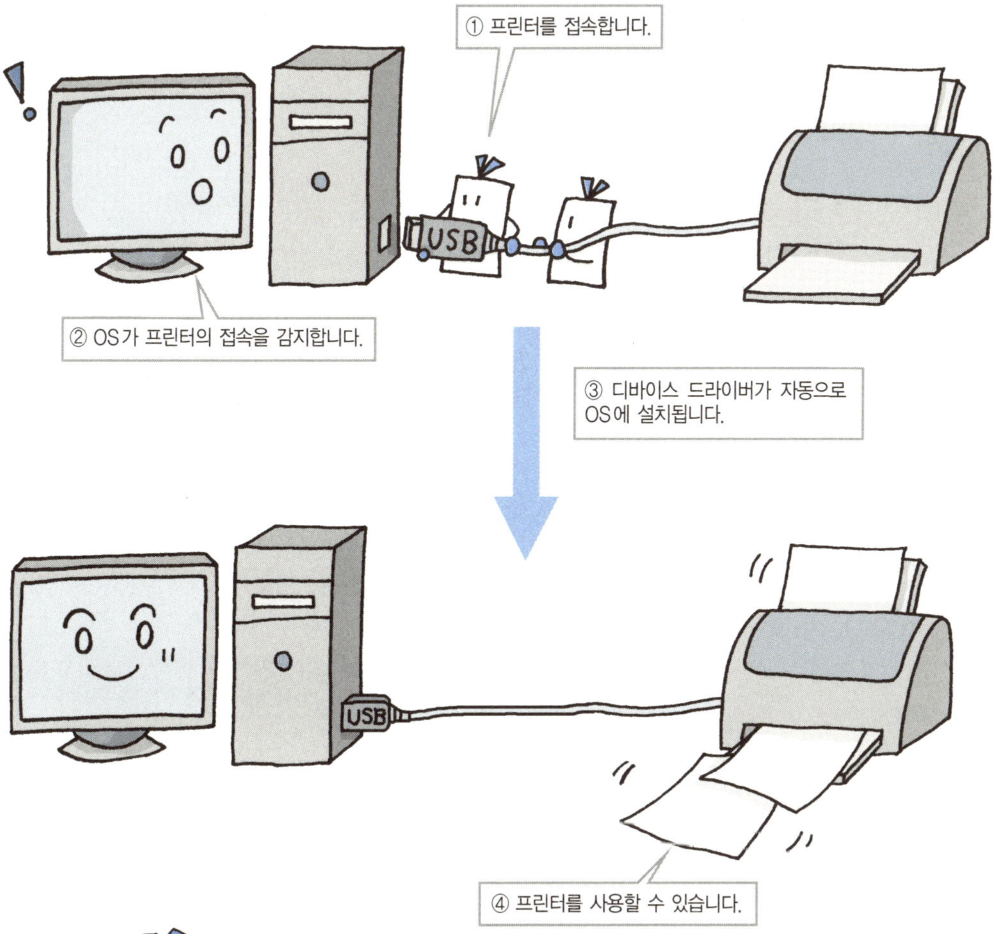
① 프린터를 접속합니다.
USB
② OS가 프린터의 접속을 감지합니다.
③ 디바이스 드라이버가 자동으로 OS에 설치됩니다.
USB
④ 프린터를 사용할 수 있습니다.

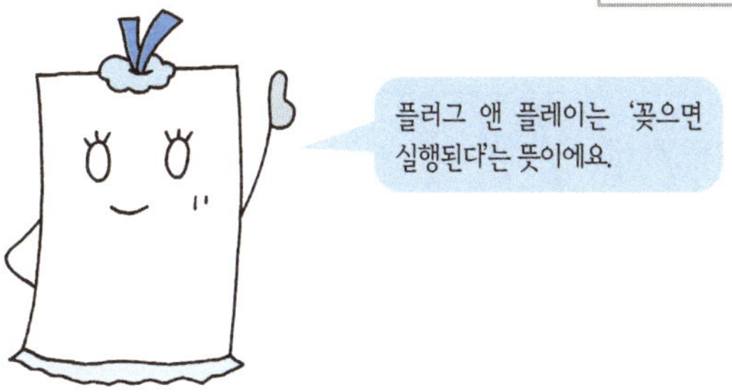
플러그 앤 플레이는 '꽂으면 실행된다'는 뜻이에요.

I/O 포트

Lesson 08

입출력 구조에 대해 살펴봅시다.

I/O 포트(Input/Output)

I/O 포트는 디바이스와 컴퓨터 간에 데이터를 입출력하기 위한 창구입니다.

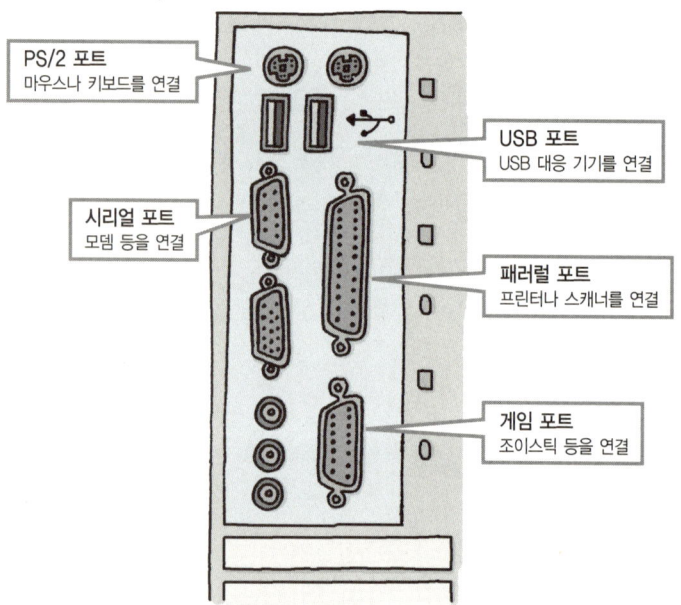

PS/2 포트
마우스나 키보드를 연결

USB 포트
USB 대응 기기를 연결

시리얼 포트
모뎀 등을 연결

패러럴 포트
프린터나 스캐너를 연결

게임 포트
조이스틱 등을 연결

I/O 주소 공간

I/O 주소 공간은 디바이스에 대한 명령이나 데이터 송수신에 사용되는 메모리 안의 영역을 말합니다. 각 디바이스에 할당된 주소를 'I/O 포트 주소'라고 합니다.

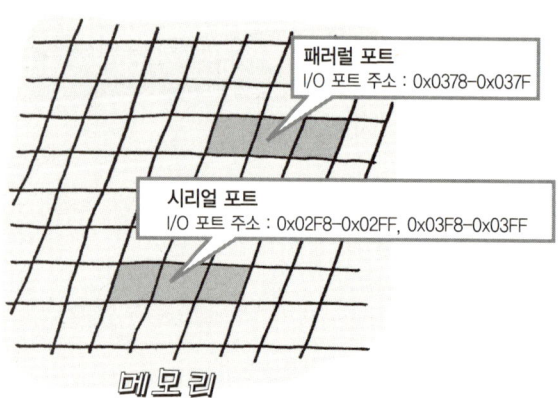

패러럴 포트
I/O 포트 주소 : 0x0378-0x037F

시리얼 포트
I/O 포트 주소 : 0x02F8-0x02FF, 0x03F8-0x03FF

메모리

I/O 주소 방식

I/O 주소 공간에 명령이나 데이터를 써 넣음으로써 디바이스를 제어하는 것을 I/O 주소 방식이라고 합니다.

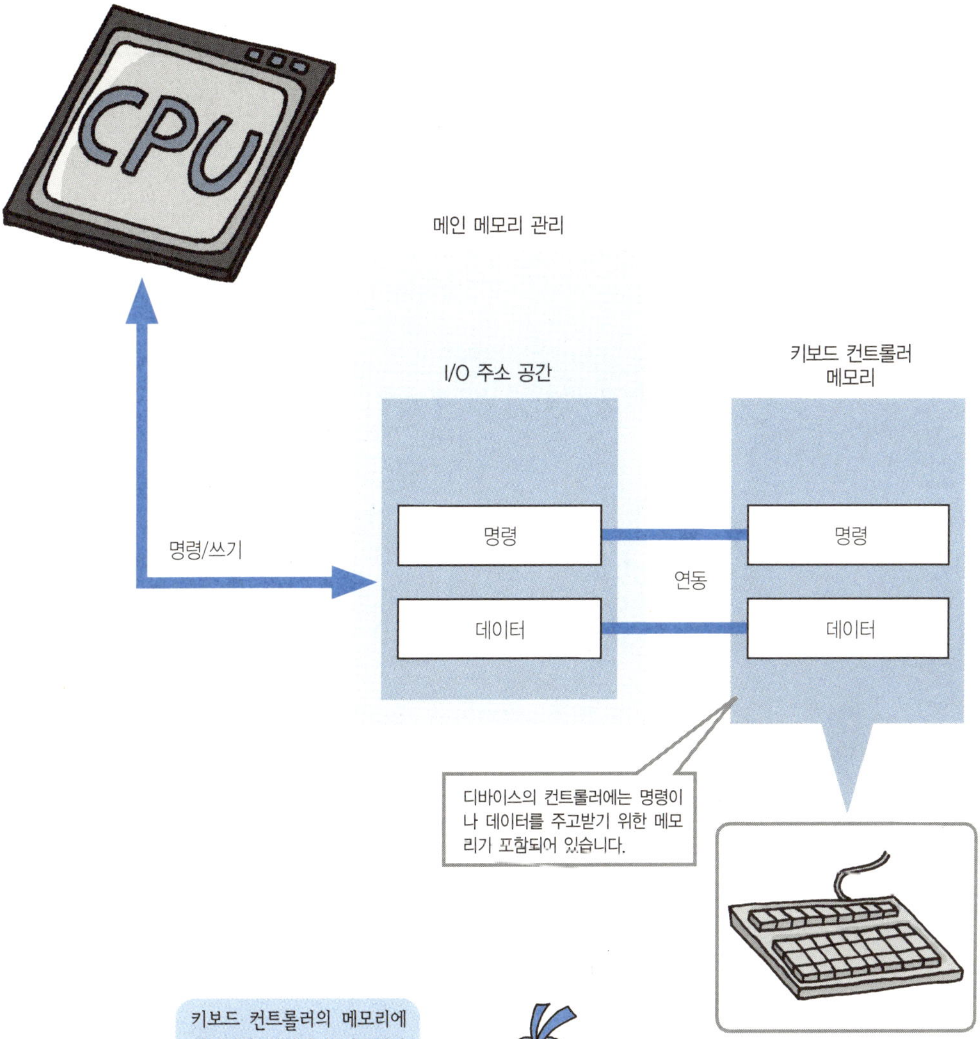

디바이스의 컨트롤러에는 명령이나 데이터를 주고받기 위한 메모리가 포함되어 있습니다.

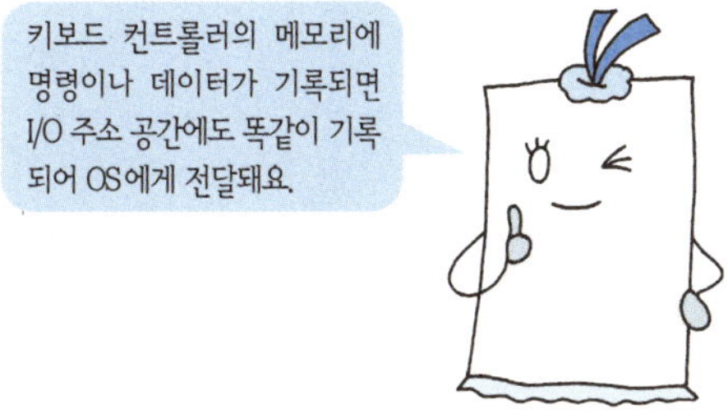

키보드 컨트롤러의 메모리에 명령이나 데이터가 기록되면 I/O 주소 공간에도 똑같이 기록되어 OS에게 전달돼요.

기억 장치

Lesson 09

CPU가 계산한 결과를 저장하기 위한 다양한 기억 장치에 대해 살펴봅시다.

레지스터

CPU 안에는 레지스터(register)라 불리는 일시적인 기억 장치가 있어서 CPU가 연산한 결과를 저장합니다. 메인 메모리와 비교하면 용량은 적지만 상당히 고속으로 작동합니다.

내부 기억

CPU가 직접 제어할 수 있는 메모리에 프로그램이나 데이터를 저장합니다. 컴퓨터의 전원을 끄면 저장된 데이터는 사라집니다.

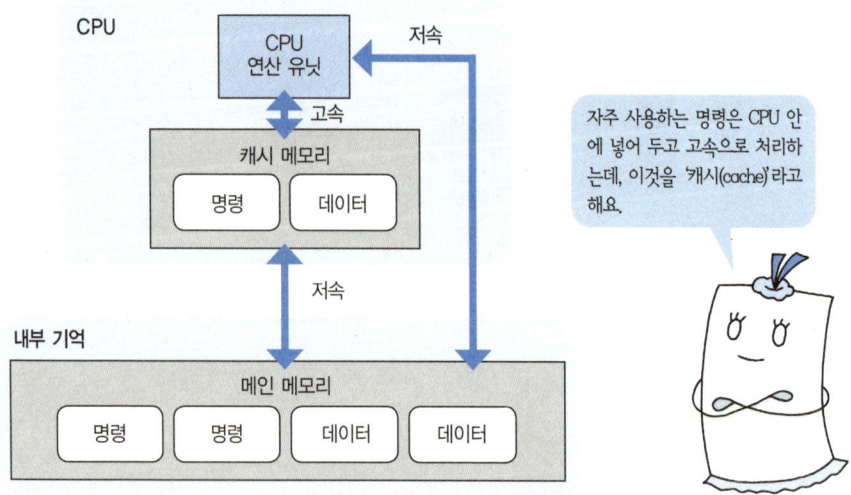

외부 기억

하드디스크나 미디어와 같이 데이터를 저장해 두는 장치를 말합니다. 컴퓨터의 전원을 꺼도 데이터는 사라지지 않습니다.

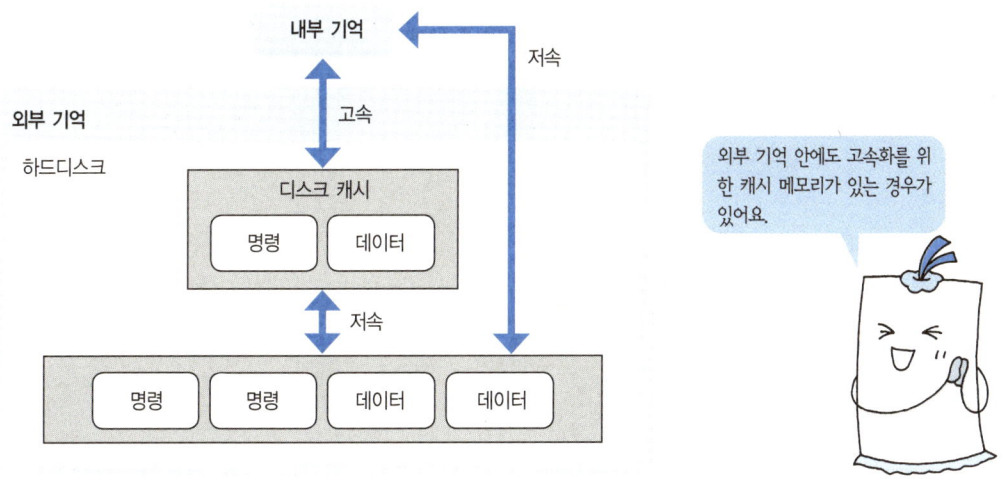

액세스 속도와 용량의 관계

CPU와 같은 처리 장치의 연산 처리와 비교했을 때 기억 장치의 액세스는 상대적으로 느리기 때문에 캐시라는 저용량이지만 고속인 메모리를 처리 장치와 기억 장치 사이에 놓고 성능의 차이를 완화시킵니다. 각 기억 장치의 액세스 속도와 용량의 관계는 다음 그림과 같습니다.

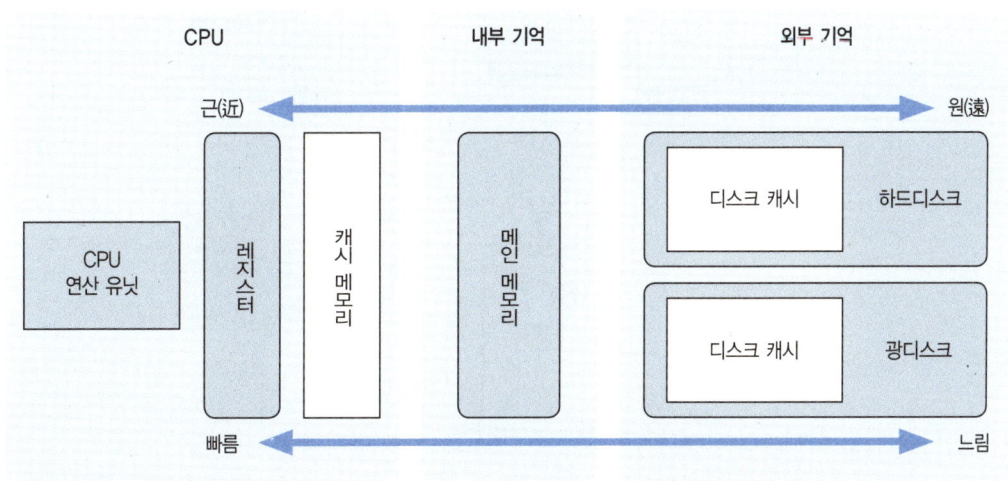

OS의 대표적인 기능 ①

Lesson 10

최근의 OS가 공통적으로 갖고 있는 다양한 기능 중의 하나인 클립보드와 화면 보호기에 대해 살펴봅시다.

클립보드

OS에서 취급하는 텍스트 데이터나 그림 등을 공유 메모리 영역에 일시적으로 저장하는 기능입니다. 이 기능을 가진 OS는 복사, 잘라내기, 붙여넣기 기능을 사용하여 다른 애플리케이션 간에 데이터를 주고받을 수 있습니다.

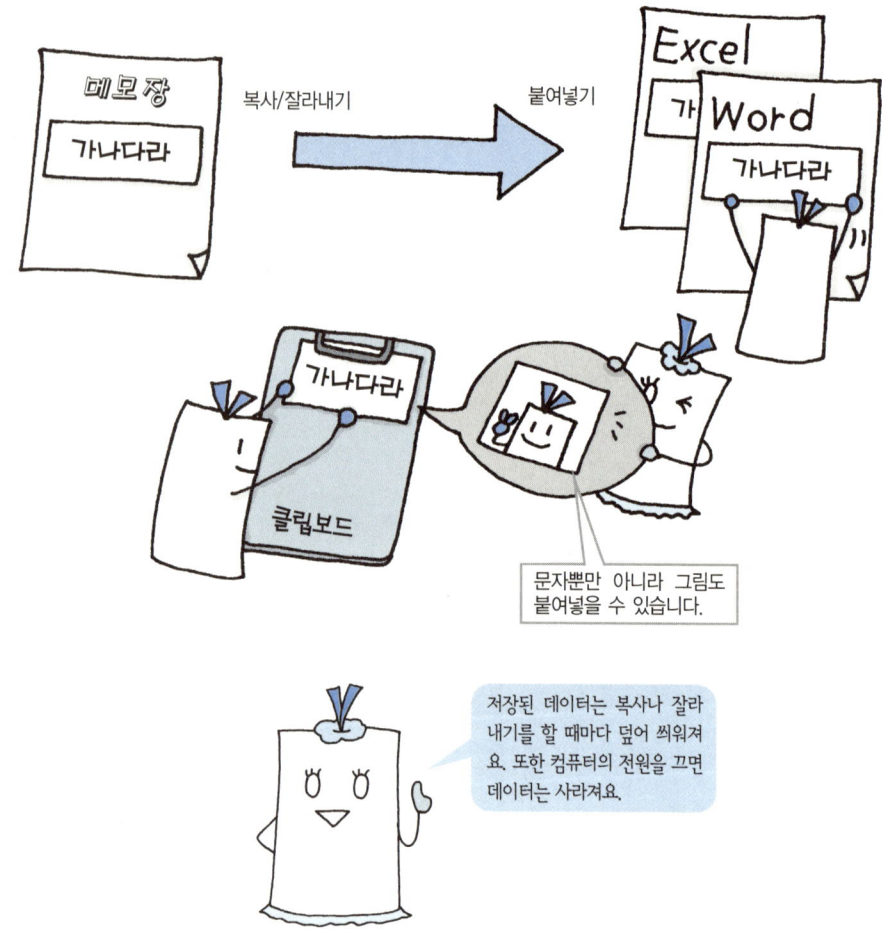

문자뿐만 아니라 그림도 붙여넣을 수 있습니다.

저장된 데이터는 복사나 잘라내기를 할 때마다 덮어 씌워져요. 또한 컴퓨터의 전원을 끄면 데이터는 사라져요.

화면 보호기(Screen Saver)

컴퓨터에 일정 시간 동안 사용자의 조작이 없는 경우 디스플레이 화면의 형광 연소를 막기 위해 애니메이션을 자동으로 재생시키는 기능입니다. 요즘에는 액정 디스플레이가 많이 보급되어 화면의 형광 연소가 잘 일어나지 않습니다.

화면 보호기를 설정하면 형광 연소가 일어나지 않습니다.

형광 연소

이전에 표시된 화면이 그대로 화면에 각인되어 남아 있습니다.

화면 보호기에 비밀번호를 설정하면 보안 강화에도 도움이 돼요.

OS의 대표적인 기능 ②

Lesson 11

글꼴과 전원 관리에 대해서 살펴봅시다.

글꼴

글꼴(폰트 : font)은 OS상에서 사용되는 문자 데이터 또는 서체를 말합니다. 글꼴을 활용하면 문서의 표현력을 향상시킬 수 있습니다. 글꼴은 파일로도 제공되므로 OS에 설치하여 추가할 수 있습니다.

글꼴의 종류

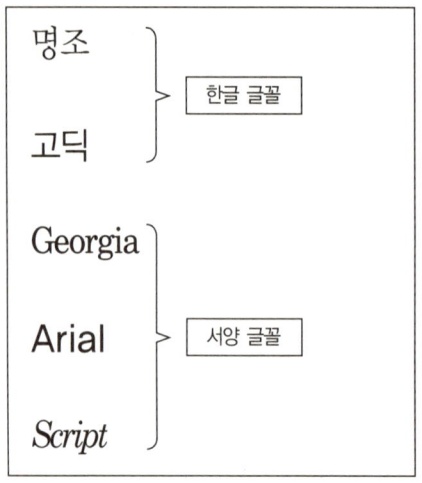

한글은 서양 글꼴로 표시할 수 없어요.

한글 글꼴의 폭

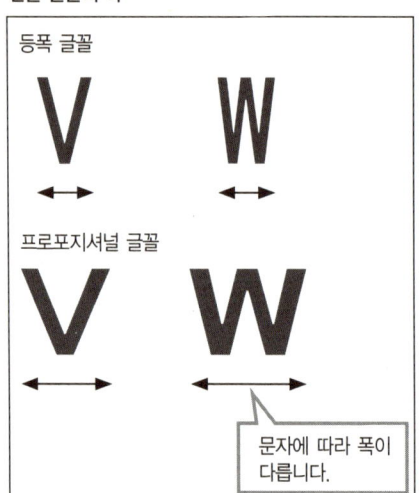

글꼴의 처리

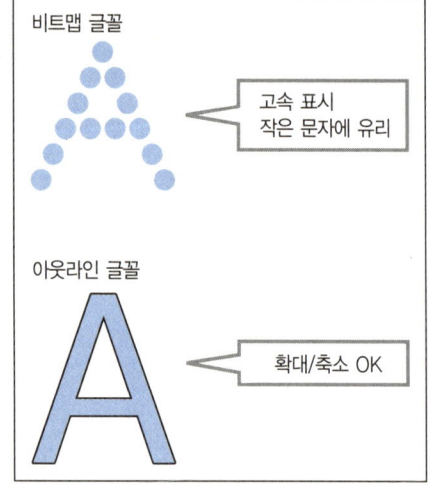

전원 관리

OS에는 소비 전력을 절약하기 위해 디스플레이나 하드디스크의 전원을 자동으로 꺼주는 절전 모드 기능이 마련되어 있습니다.

프로그래밍

Lesson 12

컴퓨터에게 명령을 내리기 위한 프로그래밍 언어에 대해 살펴봅시다.

프로그래밍

컴퓨터가 무엇인가를 처리하도록 하기 위한 절차를 기술하는 것을 '프로그래밍'이라고 합니다.

기계어와 어셈블리 언어

CPU가 직접 실행할 수 있는 명령을 '기계어'라고 하며, 기계어와 거의 1대1로 대응하는 짧은 영단어와 수치를 조합한 명령을 '어셈블리 언어'라고 합니다. 기계어와 어셈블리 언어는 '저급 언어'라고도 합니다.

어셈블러의 영단어 부분을 니모닉(mnemonic)이라고 해요.

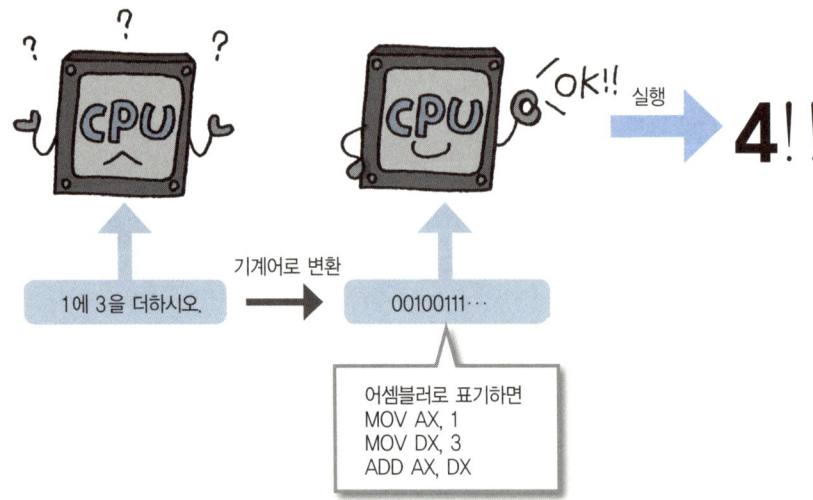

1에 3을 더하시오. → 기계어로 변환 → 00100111…

어셈블러로 표기하면
MOV AX, 1
MOV DX, 3
ADD AX, DX

고급 언어

C 언어와 같이 인간이 이용하는 언어에 가까운 형태로 표시한 명령을 가지고 있는 프로그래밍 언어를 '고급 언어'라고 합니다. '컴파일러' 또는 '인터프리터'라 불리는 소프트웨어로, 기계어 실행 프로그램으로 변환합니다.

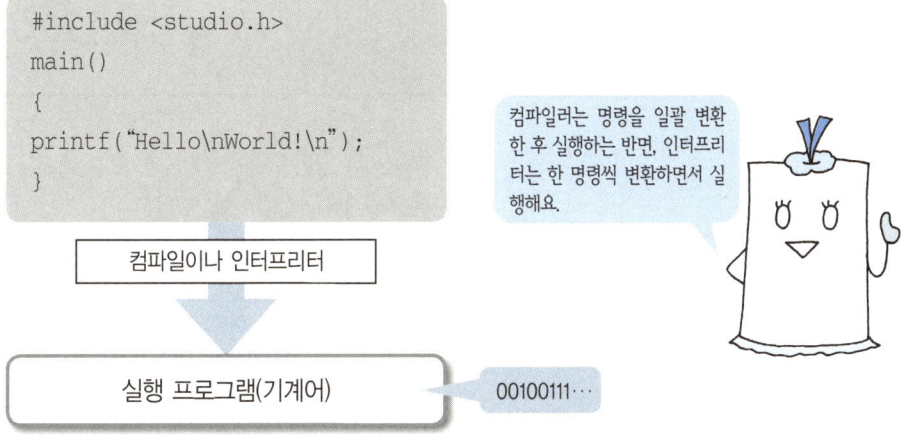

 ## API(Application Programming Interface)

각 OS에는 윈도우 조작이나 그래픽 묘사와 같은 기능을 프로그램에서 이용할 수 있도록 마련되어 있습니다. API를 사용하여 OS에 특화된 프로그램을 만들 수 있습니다.

도전! OS

'백문이 불여일견'이라는 말이 있습니다. 이는 백 번 듣는 것보다 한 번 보는 것이 낫다는 말로, 어떤 개념이든 백 번 읽는 것보다 테스트를 통해 한 번 확인해보는 것이 좋을 수도 있습니다. 여기에서는 앞 장에서 배운 내용을 확인해보겠습니다. 각 문제들을 풀어 가면서 OS의 개념을 확실히 익힌다면 많은 도움이 될 것입니다.

문제

01_ 다음 중 BIOS의 기능으로 <u>틀린</u> 것은 무엇입니까?

① 시스템 파라미터를 설정한다.
② 전원을 관리한다.
③ OS를 기동시킨다.
④ CPU나 메모리를 설정한다.

02_ 다음 장치에 대한 설명을 올바르게 연결하십시오.

가. 커널	나. 쉘

① 사용자의 지시를 해석한다. (　)
② 사용자의 조작을 처리하여 OS가 움직일 수 있도록 지시한다. (　)
③ 사용자에게 보이지 않는다. (　)
④ CUI나 GUI와 같은 인터페이스가 있다. (　)

03_ 다음 기억 장치에 대한 설명 중 올바른 것을 모두 고르십시오.

① 레지스터는 CPU가 연산한 결과를 저장할 때 사용된다.
② 메인 메모리 안의 데이터는 전원을 꺼도 사라지지 않는다.
③ 외부 기억 장치는 내부 기억 장치보다 액세스 속도가 빠르다.
④ 자주 사용하는 명령을 CPU 안에 두고 고속으로 처리하는 것을 캐시라고 한다.

04_ 다음 OS의 기능에 대한 설명 중 <u>틀린</u> 것은 무엇입니까?

① 클립보드는 OS가 다루는 데이터를 공유 메모리에 일시적으로 저장하는 기능이다.
② 클립보드는 한 애플리케이션 안에서만 복사, 잘라내기, 붙여넣기를 할 수 있다.
③ 클립보드에 저장된 내용은 컴퓨터를 끄면 사라진다.
④ OS에는 디스플레이나 하드디스크의 전원을 자동으로 꺼주는 절전 모드 기능이 있다.

05_ 저급 언어와 고급 언어의 차이에 대해 간단히 설명하십시오.

정답 및 해설

- OS를 기동시키는 것은 부팅 로더의 역할입니다.
- BIOS는 컴퓨터에 접속되어 있는 기기를 제어하는 것으로, OS가 시작되기 전에 메모리나 하드웨어 등을 체크합니다.

 ① 나 ② 가 ③ 가 ④ 나

OS는 커널과 쉘로 구성되어 있습니다. 키보드 입력과 같은 사용자의 조작이 있으면 쉘이 그것을 해석하여 커널에게 전달하고, 커널은 하드웨어에게 지시를 내립니다.

 ①, ④

메인 메모리는 내부 기억 장치로 전원을 끄면 사라집니다. 하드디스크와 같은 외부 기억 장치는 전원을 꺼도 사라지지 않습니다. 기억 장치의 액세스 속도는 CPU 안에 있는 레지스터가 가장 빠르며, 그 다음이 내부 기억 장치(메인 메모리), 외부 기억 장치(하드디스크 등)순입니다.

클립보드는 OS의 기능이므로 여러 애플리케이션에 걸쳐 복사 및 붙여넣기 등을 할 수 있습니다.

- 저급 언어 : CPU가 직접 실행할 수 있는 기계어에 가깝게 표시한 언어
- 고급 언어 : 명령을 인간이 이용하는 언어에 가까운 형태로 표시한 언어

대표적인 저급 언어로는 어셈블리 언어가 있으며, 고급 언어로는 C 언어 등이 있습니다.

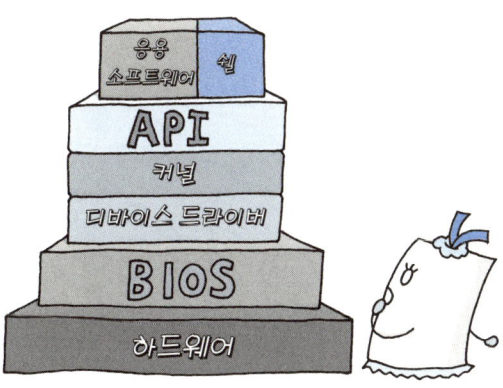

알아 두면 도움이 되는 OS 상식

클럭 주파수

컴퓨터 안에서는 수많은 장치가 작동하고 있는데, 각 장치의 동작 속도가 다르면 데이터 주고받기가 원활하게 이루어지지 않습니다. 컴퓨터는 각 장치의 동기를 위해 신호를 보내서 타이밍을 취하고 있습니다. 이 신호를 '클럭'이라고 하며, 1초 동안 클럭이 발생하는 횟수를 '클럭 주파수'라고 합니다(단위는 Hz로 표시합니다). 그중에서도 CPU는 상당한 고속처리가 필요하기 때문에 CPU 바깥쪽의 기본이 되는 클럭(외부 클럭)을 고속화(배속화)하여 외부 클럭과 협조하여 움직이게 하고 있습니다. 이것을 '내부 클럭(CPU 클럭)'이라고 합니다. CPU는 하나의 명령을 몇 나노(10^{-9})초의 속도로 실행하고 있습니다. CPU의 빠르기를 나타내는 단위로는 1초 동안 실행할 수 있는 명령의 수인 MIPS(Million Instructions Per Second)라는 수치가 사용됩니다. 이것은 컴퓨터의 처리 능력을 가리키는 단위로 사용됩니다. 1MIPS는 1초 동안 100만 개의 명령을 실행할 수 있다는 것을 의미합니다.

또한 하나의 명령 실행에 필요한 클럭 수를 CPI(Cycles Per Instruction)라고 하는데, 클럭 주파수와 CPI로부터 한 명령당 걸리는 실행 시간을 계산할 수 있습니다.

$$\text{한 명령의 실행 시간} = CPI \times 1 \text{클럭 시간}$$
$$\parallel$$
$$(1 \div \text{클럭 주파수})$$

예를 들어 CPU의 클럭 주파수가 500MHz, CPI가 5클럭인 경우 한 명령당 실행 시간은 $5 \div (500 \times 10^6) = 10^{-8}$초(10 나노초)가 됩니다. 이것은 1초 동안 10^8회 명령을 실행할 수 있다는 뜻이며, MIPS값으로 환산하면 100MIPS가 됩니다.

제 2장 CPU와 프로세스

Key Point	OS가 프로그램을 실행하는 구조
	멀티태스킹
Lesson 01	잡과 태스크
Lesson 02	스루풋
Lesson 03	인터럽트 ①
Lesson 04	인터럽트 ②
Lesson 05	프로세스란?
Lesson 06	프로세스 관리
Lesson 07	멀티태스킹의 종류
Lesson 08	프로세스 제어
Lesson 09	스케줄링
Lesson 10	프로세스의 분기
Lesson 11	프로세스의 동기
Lesson 12	데드락
Lesson 13	프로세스 간 통신
Lesson 14	공유 메모리와 스레드
<< Exercise	도전! OS
OS 상식	멀티 프로세서

OS

OS가 프로그램을 실행하는 구조

이 장에서는 OS가 프로그램을 처리하는 흐름에 대해 살펴보겠습니다. 컴퓨터에 설치된 프로그램(애플리케이션)은 보통 하드디스크 안에 있지만 OS가 프로그램을 실행할 때는 이것을 메모리상으로 읽어들인(로드한) 후에 실행합니다. 이 메모리상에 할당된 프로그램을 '프로세스'라고 합니다. 프로세스에는 '실행 상태', '실행 가능 상태', '대기 상태'가 있으며, 상황은 시시각각으로 변합니다. 프로세스가 CPU에 할당되어 처리 중인 상태가 '실행 상태'입니다. 또한 프로세스는 우선순위가 보다 높은 처리에 의해 중단되는 일도 있습니다. 이것을 '인터럽트(Interrupt) 처리'라고 합니다.

OS에는 일정한 성능과 안정성이 요구되는데, 이런 것이 달성되어 있는지 아닌지를 평가하기 위한 지침으로 RASIS가 있습니다. RASIS란, 5개 용어의 머리글자를 딴 것으로, 고장이 일어나기 어려우며 신뢰할 수 있을 것(신뢰성 : Reliability), 가동률이 높으며 언제나 사용할 수 있을 것(가용성 : Availability), 고장 예방 및 수리에 대해 신속히 복구할 수 있을 것(보수성 : Serviceability), 시스템 장애나 조작 실수로 의해 고장나기 어려울 것(보전성 : Integrity), 부정 액세스 등에 대한 기밀 보안 유지가 가능할 것(안전성 : Security)을 뜻합니다.

프로세스(Process)
프로그램의 실행 단위로, 메모리상에 할당된 프로그램을 말한다.

인터럽트(Interrupt)
실행 중인 프로그램을 중단하고 우선순위가 높은 다른 프로그램에게 CPU를 할당하여 실행하는 것을 말한다.

꼭 알아야 할 Key Point

멀티태스킹

OS가 CPU에게 의뢰하는 작업 단위를 '태스크(Task)'라고 합니다. 태스크는 대부분의 경우 프로세스와 동일한 의미로 생각해도 무방합니다. 주요 OS는 여러 개의 태스크를 동시에 처리하는 능력을 갖고 있는데, 이것을 '멀티태스킹(Multi-Tasking)'이라고 합니다. 예를 들어 파일을 다운로드하면서 문서를 작성할 수 있는 것은 멀티태스킹 덕분입니다.

'동시에 처리'한다고 말했지만 실제로는 OS가 CPU에게 태스크를 순서대로 할당하는 것입니다. 이때 할당 순서를 정하는 것을 '스케줄링'이라고 합니다. 이 전환이 아주 빠른 속도로 수행되므로 마치 여러 개의 태스크가 동시에 움직이고 있는 것처럼 보일 뿐입니다.

프로세스가 메모리와 같은 공유 자원을 이용할 때는 여러 개의 프로세스가 같은 시기에 변경되지 않도록 일시적으로 자원을 점유(잠금 : Lock)하는 일도 발생합니다. 다른 프로세스는 잠금이 해제되기를 기다리게 되는데, 타이밍이 나쁘면 서로 계속 기다리게 되는 데드락(Deadlock)이 발생합니다. OS에는 데드락을 피하기 위한 세마포나 뮤텍스라는 배타 제어 장치가 마련되어 있으므로 프로그램을 작성할 때는 이런 것을 잘 활용하면 좋습니다.

이렇게 OS는 CPU와 태스크가 효율적으로 기능하도록 관리하고 있습니다.

멀티태스킹(Multi-Tasking)
OS 관리하에서 여러 개의 태스크(프로세스)가 병행하여 작동하는 것으로, 태스크를 순서대로 CPU에 할당하고 있기 때문에 여러 개의 태스크가 동시에 작동하고 있는 것처럼 보인다.

스케줄링(Scheduling)
OS가 여러 개의 프로세스를 처리할 때 CPU에게 할당할 순서를 정하는 것이다.

데드락(Dead Lock)
2개의 프로세스가 공유 자원을 잠근 채로 서로의 공유 자원에 액세스할 때 양쪽 프로세스가 둘 다 영구적으로 대기 상태가 되는 것을 말한다.

잡과 태스크

Lesson 01

컴퓨터의 기본적인 처리를 나타내는 용어를 소개합니다.

잡

사용자(인간)의 입장에서 보았을 때 컴퓨터에게 시키는 일의 단위를 '잡(Job)'이라고 합니다. 잡 안에는 여러 프로그램의 실행이 포함됩니다.

잡 관리

OS는 잡의 실행 순서와 잡이 정상적으로 처리되고 있는지를 관리합니다.
잡을 작게 나눈 처리 단위를 '잡 스텝(Job Step)'이라고 합니다.

잡의 실행 방법을 지정하는 언어를 '잡 제어 언어(JCL)'라고 해요.

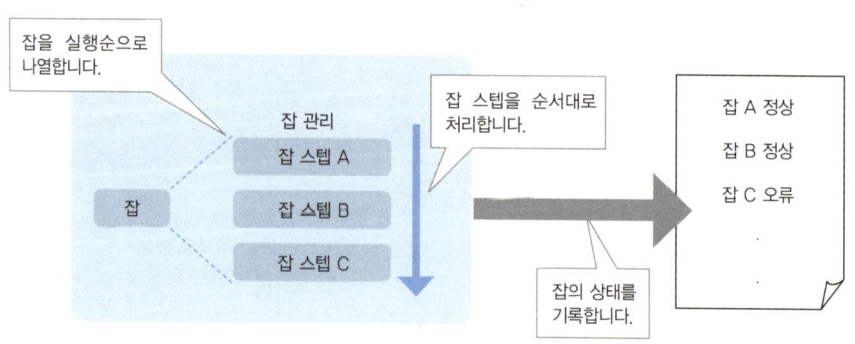

태스크

태스크(Task)는 OS 입장에서 본 작업 단위입니다. OS는 잡 스텝을 태스크로 분해하여 CPU에게 처리를 의뢰합니다.

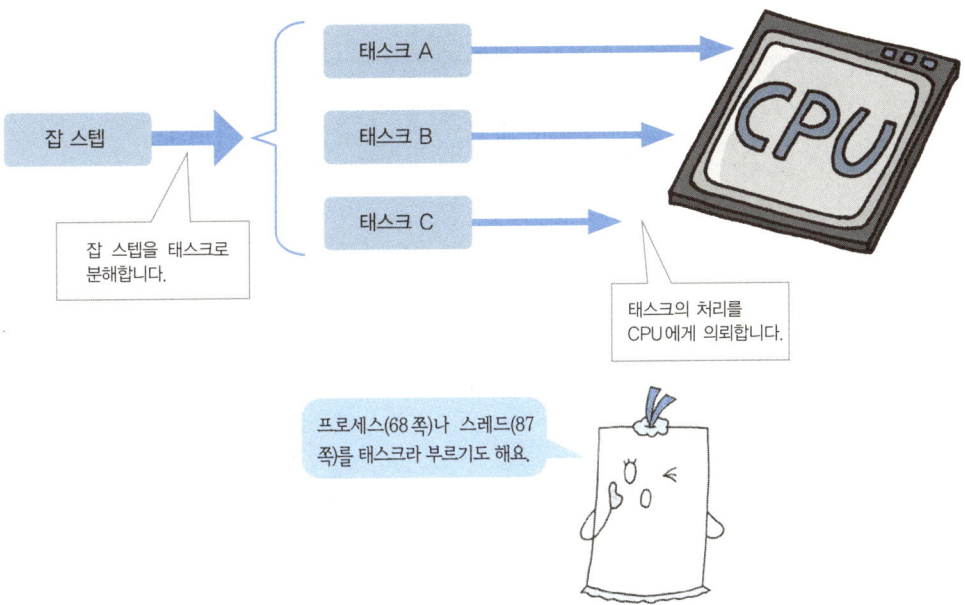

태스크 관리

OS는 잡 관리로부터 넘겨받은 태스크의 상태를 관리하거나 CPU의 처리 할당을 수행합니다.

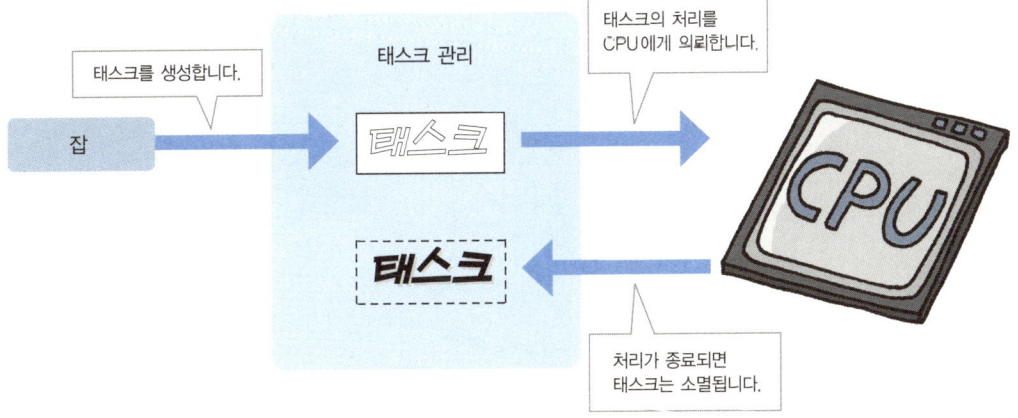

스루풋

Lesson 02

OS의 처리 성능에 대해 살펴봅시다.

스루풋

OS의 단위 시간당 처리 능력을 스루풋(Throughput)이라고 합니다.

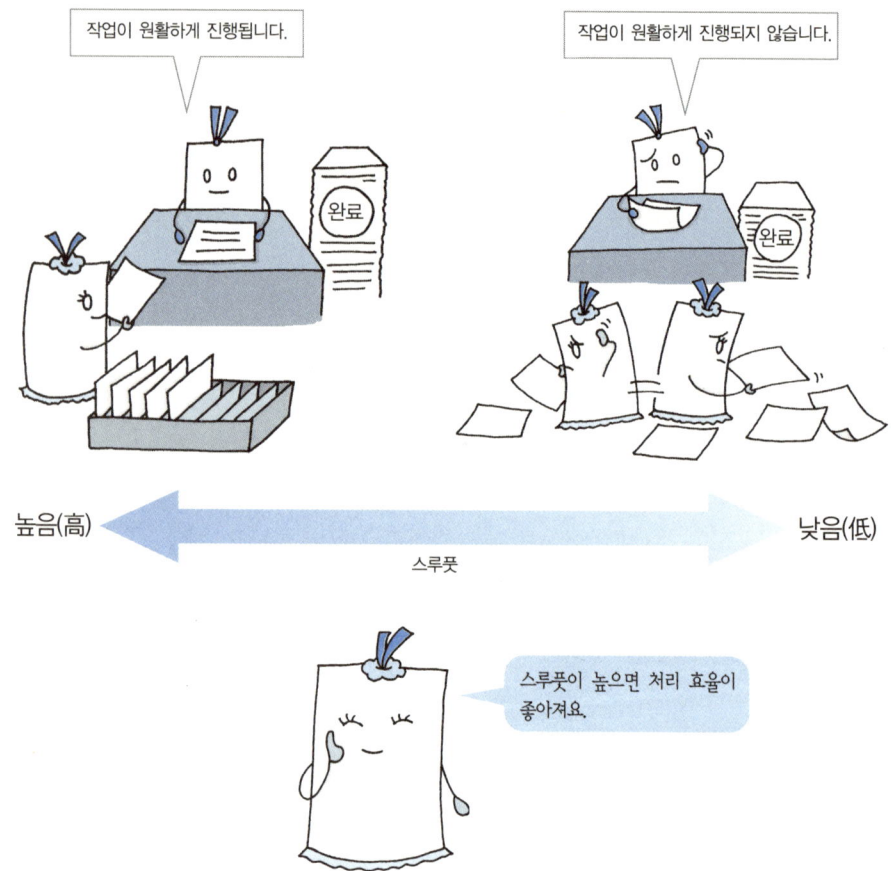

리스폰스 타임과 턴어라운드 타임

OS가 잡을 처리하는 시간은 다음과 같이 분류됩니다.

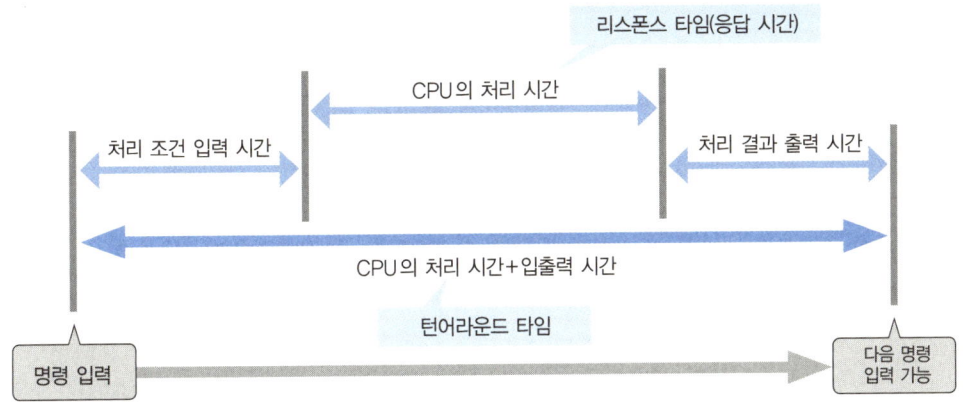

 ## 스풀

CPU로부터 입출력 장치로 가는 명령을 메모리와 같이 비교적 고속인 기억 장치에 일시적으로 저장하는 것을 '스풀(Spool)'이라고 합니다. 예를 들어 프린터는 CPU와 비교해서 처리 속도가 느리므로 스풀을 사용하여 CPU의 처리와 입출력 동작의 처리의 차이를 완화시킬 수 있습니다.

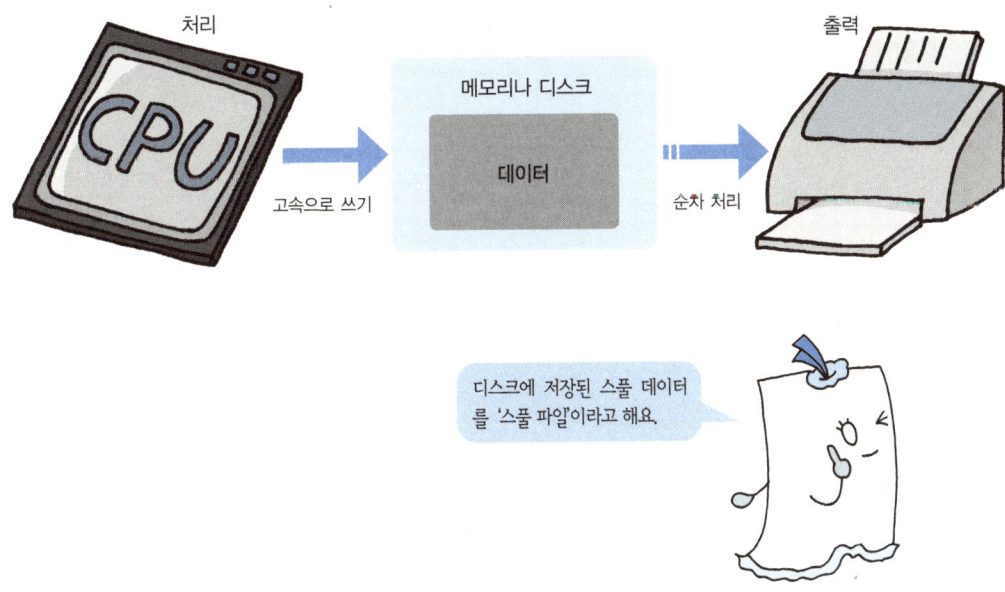

인터럽트 ①

Lesson 03

컴퓨터에게 있어서 인터럽트란 무엇인지 살펴봅시다.

인터럽트

실행 중인 프로그램을 중단하고 우선순위가 높은 다른 프로그램에게 CPU를 할당하여 실행하는 것을 '인터럽트(Interrupt)'라고 합니다. 인터럽트에는 내부 인터럽트(소프트웨어 인터럽트)와 외부 인터럽트(하드웨어 인터럽트)가 있습니다.

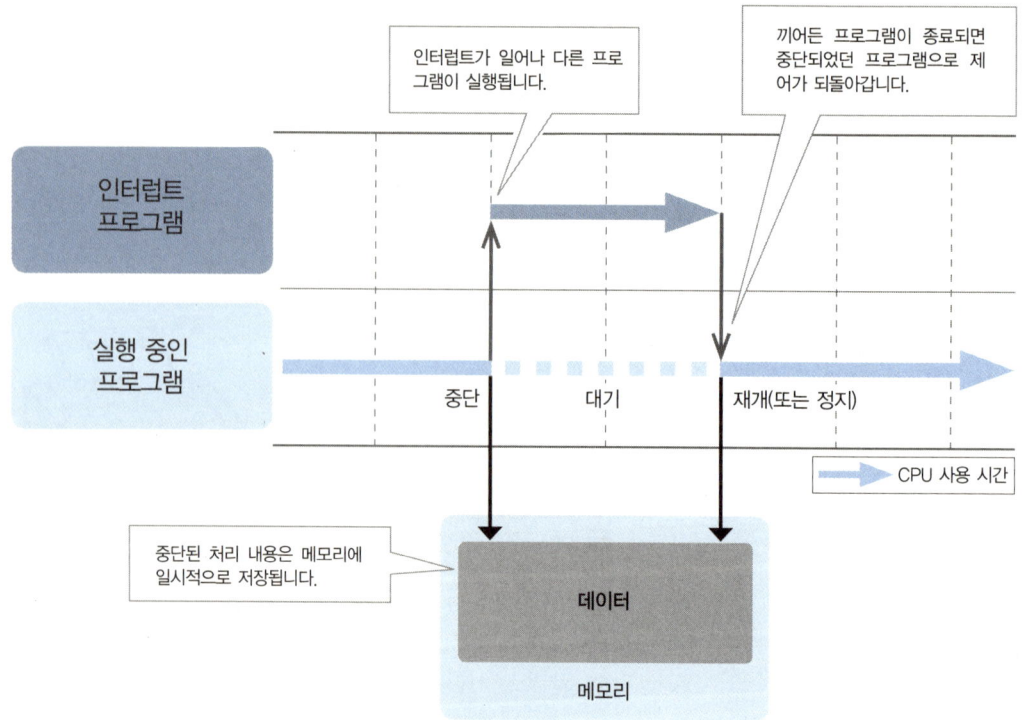

내부 인터럽트

내부 인터럽트는 실행 중인 프로그램이 원인이 되어 일어나는 인터럽트로, 다음과 같은 종류가 있습니다.

프로그램 인터럽트

오버플로어(Overflow : 계산 시 자리 넘침)로 인해 쓰기가 허가되지 않은 메모리 영역에 액세스했을 때 프로그램 인터럽트가 발생합니다.

프로그램 인터럽트
오버플로어가 발생한 것을 OS에게 알립니다.

메모리 영역

1 2 3 4 5 6 7 8 9 0 1 2 3 4 5 · · ·

미리 확보된 영역

OS

그 밖의 프로그램 인터럽트에는 다음과 같은 것이 있습니다.

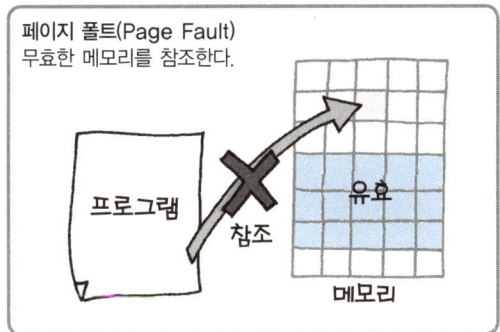

페이지 폴트(Page Fault)
무효한 메모리를 참조한다.

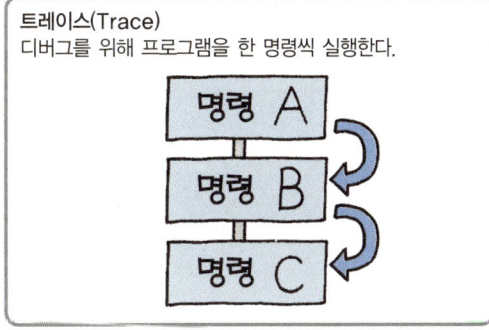

트레이스(Trace)
디버그를 위해 프로그램을 한 명령씩 실행한다.

슈퍼바이저 콜(Superviser Call)
시스템 콜을 실행한다.

명령 코드 이상
무효한 명령을 실행한다.

인터럽트 ②

Lesson 04

OS 외부에서 인터럽트가 발생하는 요인에 대해 살펴봅시다.

 외부 인터럽트

외부 인터럽트는 주변기기의 입출력 동작이나 하드웨어 고장, 오작동으로 인해 일어나는 인터럽트입니다. 외부 인터럽트에는 다음과 같은 종류가 있습니다.

기계 체크 인터럽트

전원 이상이나 하드웨어에 장애가 발생했을 때 기계 체크 인터럽트가 발생합니다. 인터럽트 중에서 가장 우선됩니다.

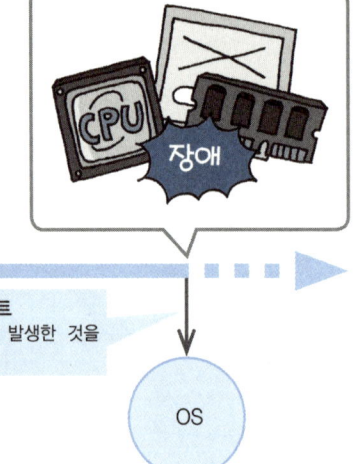

타이머 인터럽트

일정 시간 또는 일정 시간마다 하드웨어로부터 발생하는 인터럽트를 타이머 인터럽트라고 합니다.

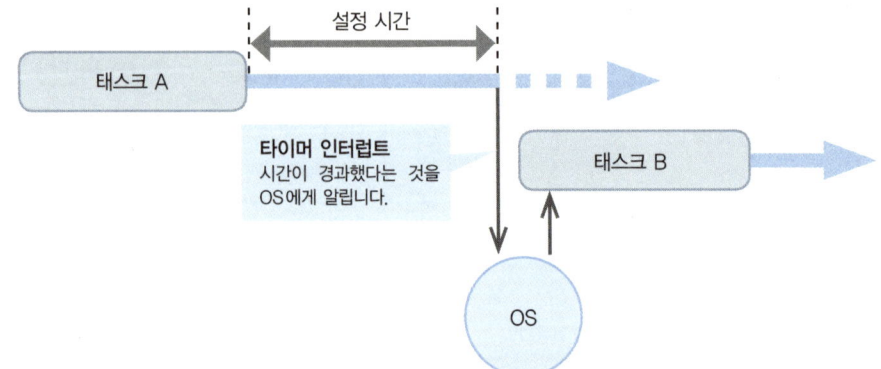

입출력 인터럽트

주변 기기의 입출력 동작이 완료되었을 때와 같이 상태가 변화했을 때 입출력 인터럽트가 발생합니다.

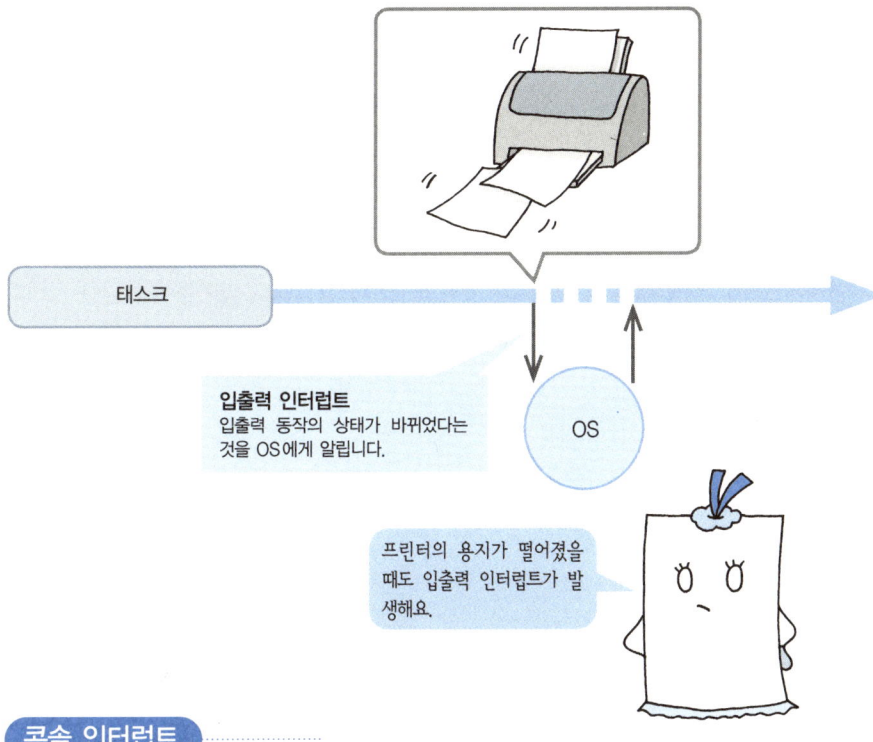

콘솔 인터럽트

사용자가 키보드와 같은 입출력 장치를 조작하면 콘솔 인터럽트가 발생합니다.

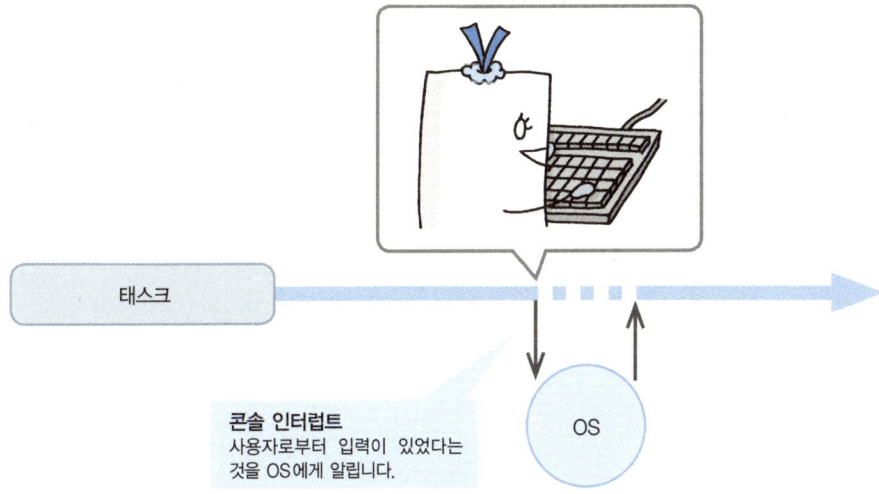

프로세스란?

Lesson 05

프로그램의 실행 단위인 프로세스에 대해 살펴봅시다.

프로세스

사용자가 프로그램을 실행하면 OS는 그 내용을 메모리상으로 읽어들여 처리를 실행합니다. 이 메모리상에 할당된 프로그램을 '프로세스(Process)'라고 합니다. 하나의 프로그램으로부터 여러 개의 프로세스를 만들 수 있습니다.

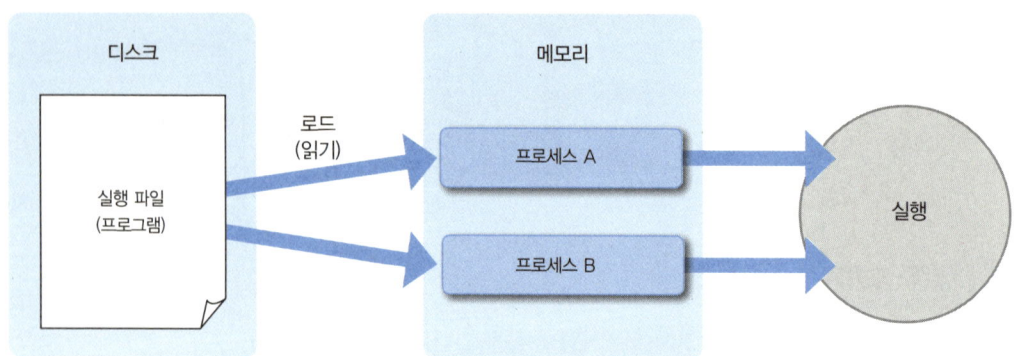

프로세스를 프로그램의 인스턴스(실체)라고도 해요.

멀티태스킹

OS 관리하에서 여러 개의 태스크(프로세스)가 병행하여 작동하는 것을 '멀티태스킹(Multi-tasking)'이라고 합니다. 태스크를 순서대로 CPU에 할당하고 있기 때문에 여러 개의 태스크가 동시에 작동하고 있는 것처럼 보입니다.

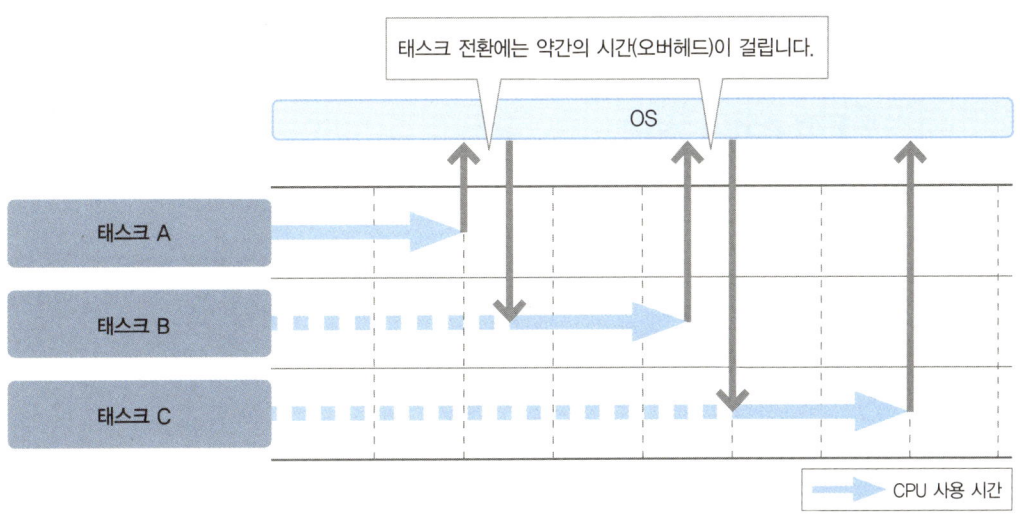

시분할 처리 시스템(Time Sharing System)

여러 사용자가 한 대의 고성능 컴퓨터를 공유하여 사용할 때 CPU의 사용 권한을 사용자에게 순서대로 단시간 할당하는 시스템을 '시분할 처리 시스템(TSS)'이라고 합니다.

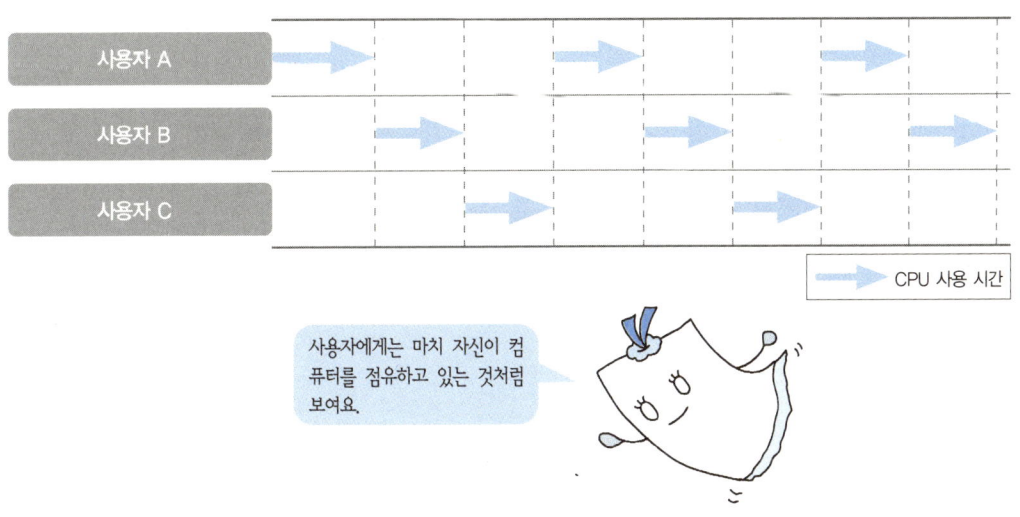

프로세스 관리

Lesson 06

OS가 프로세스를 어떻게 관리하는지에 대해 살펴봅시다.

프로세스 상태

프로세스에는 '대기 상태', '실행 가능 상태', '실행 상태'와 같은 세 가지 상태가 있는데, 프로세스는 이런 상태를 옮겨가면서 실행됩니다.

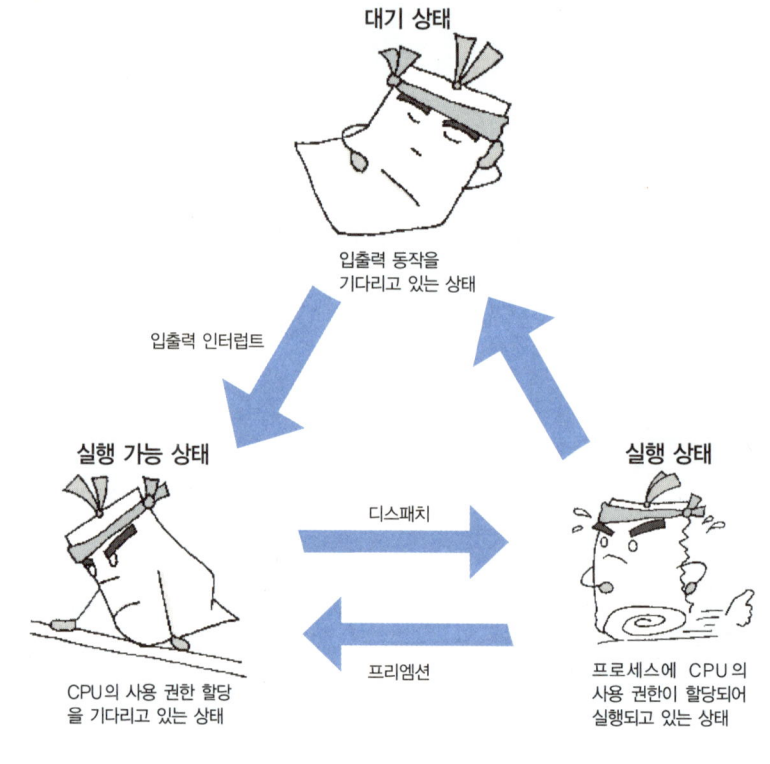

우선순위가 높은 프로세스부터 실행 상태로 바뀌어요.

디스패치와 프리엠션

OS가 가장 우선순위가 높은 실행 가능 상태의 프로세스에 대해 CPU의 사용 권한을 할당하는 것을 '디스패치(Dispatch)'라고 합니다. 또한 인터럽트에 의해 CPU의 할당을 해제하는 것을 '프리엠션(Preemption)'이라고 합니다.

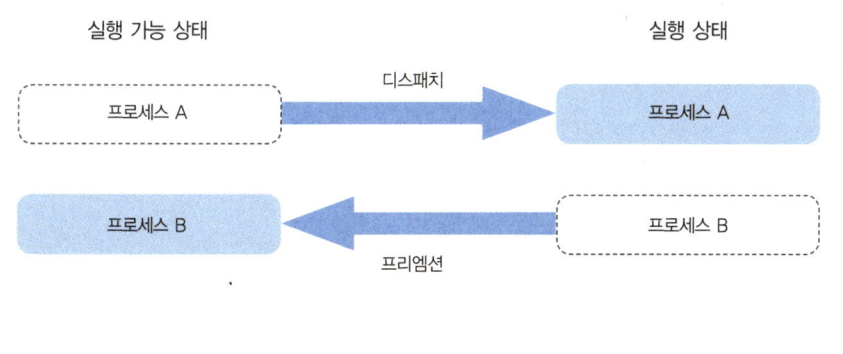

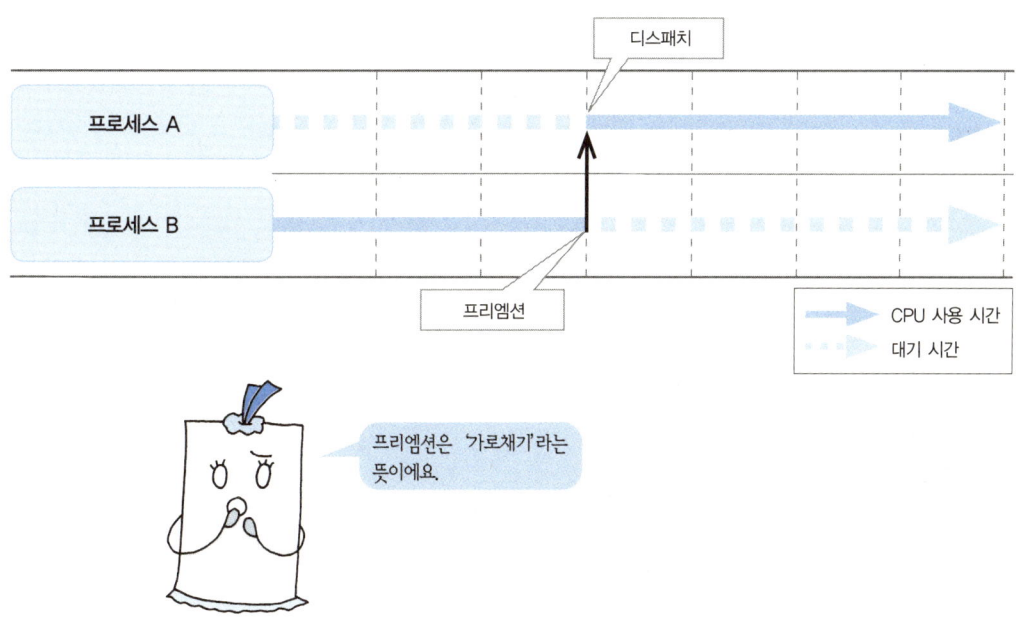

프리엠션은 '가로채기'라는 뜻이에요.

멀티태스킹의 종류

Lesson 07

멀티태스킹의 종류에 대해 살펴봅시다.

 ## 프리엠티브

OS가 실행 가능 상태인 태스크에게 CPU의 사용권을 할당하고 강제적으로 태스크를 전환하여 관리하는 것을 '프리엠티브 멀티태스킹(Preemptive Multitasking)'이라고 합니다.

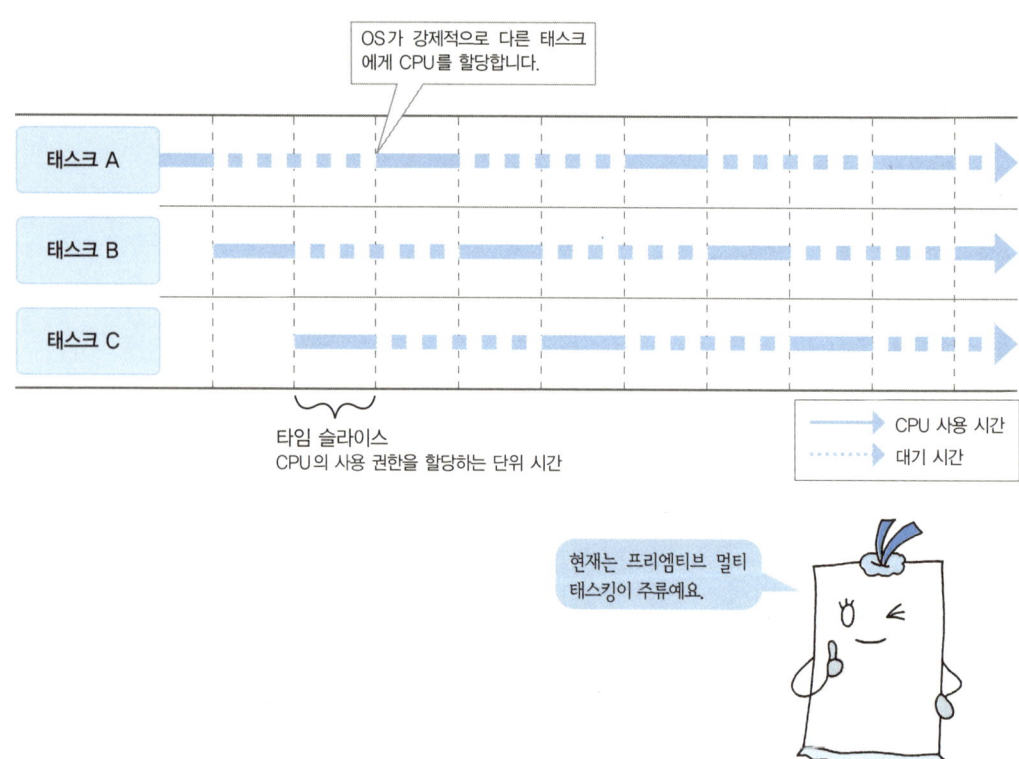

현재는 프리엠티브 멀티태스킹이 주류예요.

논프리엠티브

실행 중인 태스크가 처리를 수행하지 않는 시간을 자발적으로 해제함으로써 다른 태스크와 동시에 실행할 수 있도록 하는 것을 '논프리엠티브 멀티태스킹(Non-Preemptive Multitasking)'이라고 합니다.

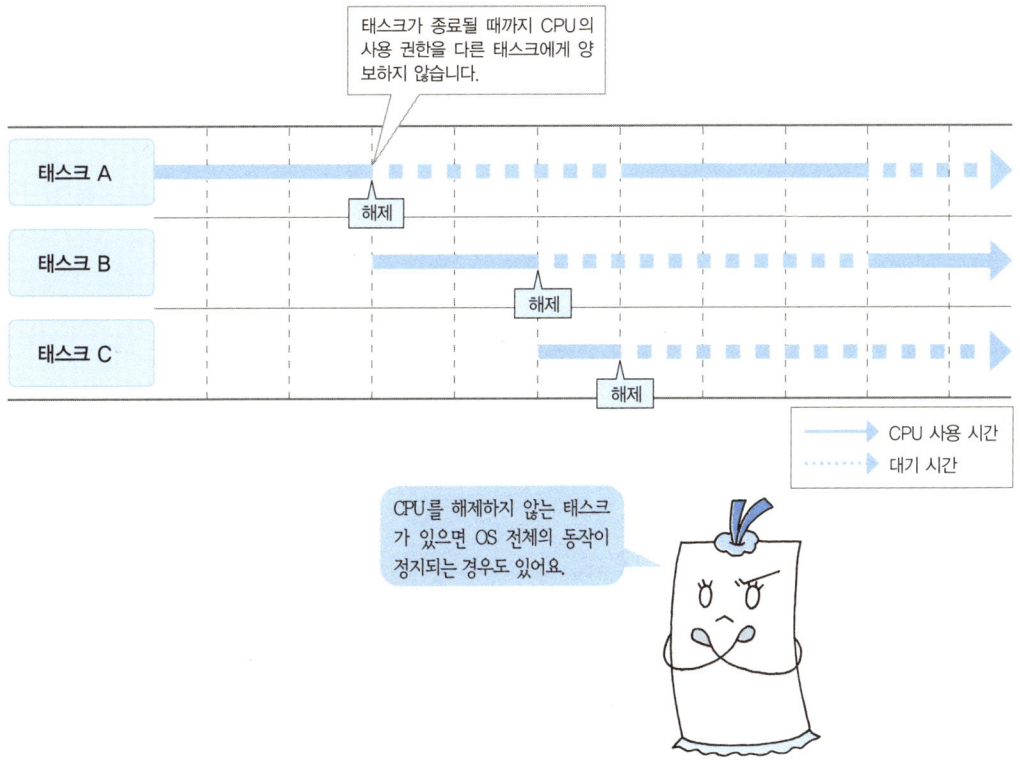

프로세스 제어

프로세스를 전환하는 구조에 대해 살펴봅시다.

프로그램 상태어(PSW : Program Status Word)

인터럽트로 인해 중단된 프로그램의 상태나 연산의 종료 상태를 저장해 두는 레지스터를 '프로그램 상태어'라고 합니다.

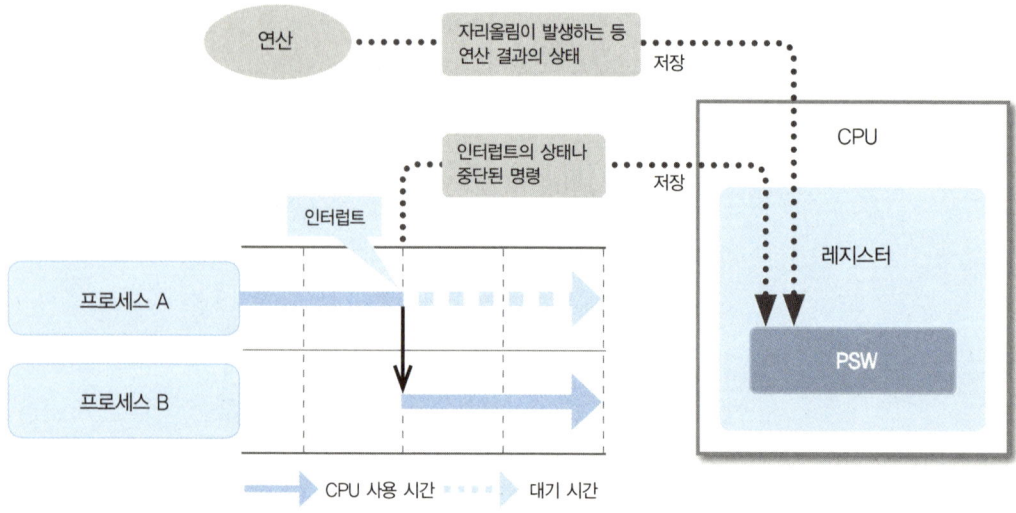

영어 단어를 표현할 수 있는 정도의 용량(64비트 정도)을 가진 저장 영역이므로 '어'라는 말을 사용해요.

프로세스 제어 블럭(PCB : Process Control Block)

각 프로세스의 CPU 상태(컨텍스트)나 프로세스의 상태를 저장해 두는 메모리 영역을
'프로세스 제어 블럭'이라고 합니다.

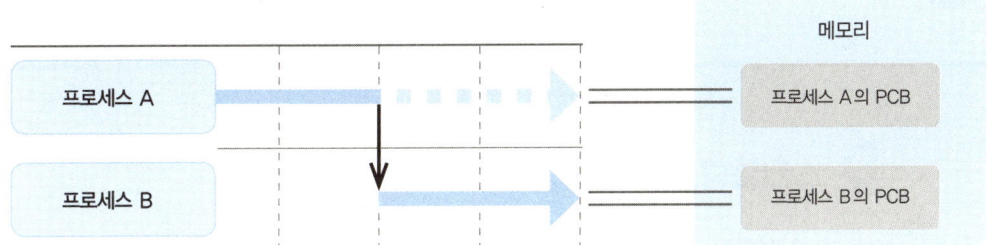

컨텍스트 스위치

인터럽트로 인해 프로세스를 전환할 때 OS가 컨텍스트를 PCB에 저장하고 복원하는
것을 '컨텍스트 스위치'라고 합니다.

CPU에 할당한 프로세스를 다른 프로세스로 전환할 때

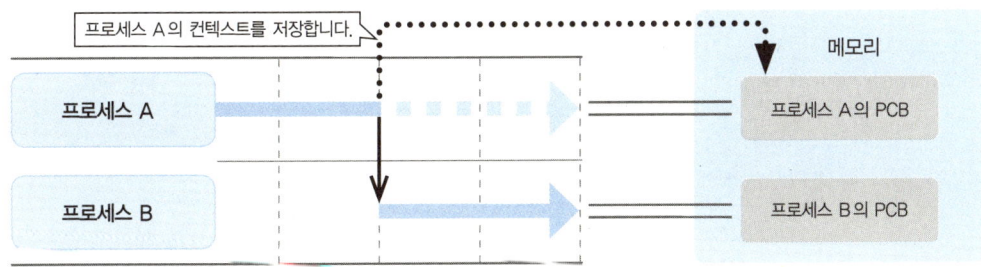

원래 프로세스로 돌아올 때

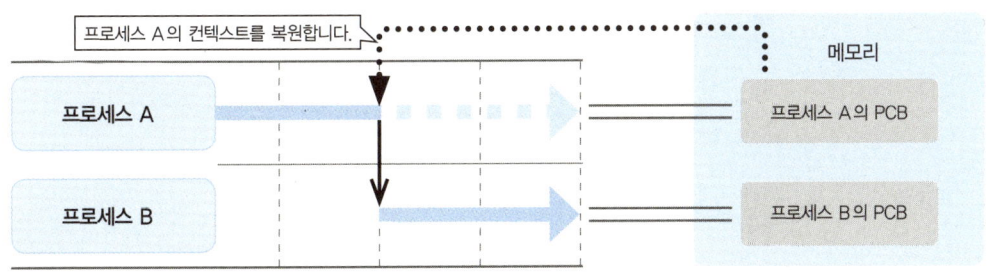

스케줄링

Lesson 09

프로세스의 실행 순서는 OS가 관리합니다.

스케줄링

OS가 여러 개의 프로세스를 처리할 때 CPU를 할당할 순서를 정하는 것을 '스케줄링(Scheduling)'이라고 합니다. 또한 스케줄링을 하기 위한 소프트웨어를 '스케줄러'라고 합니다.

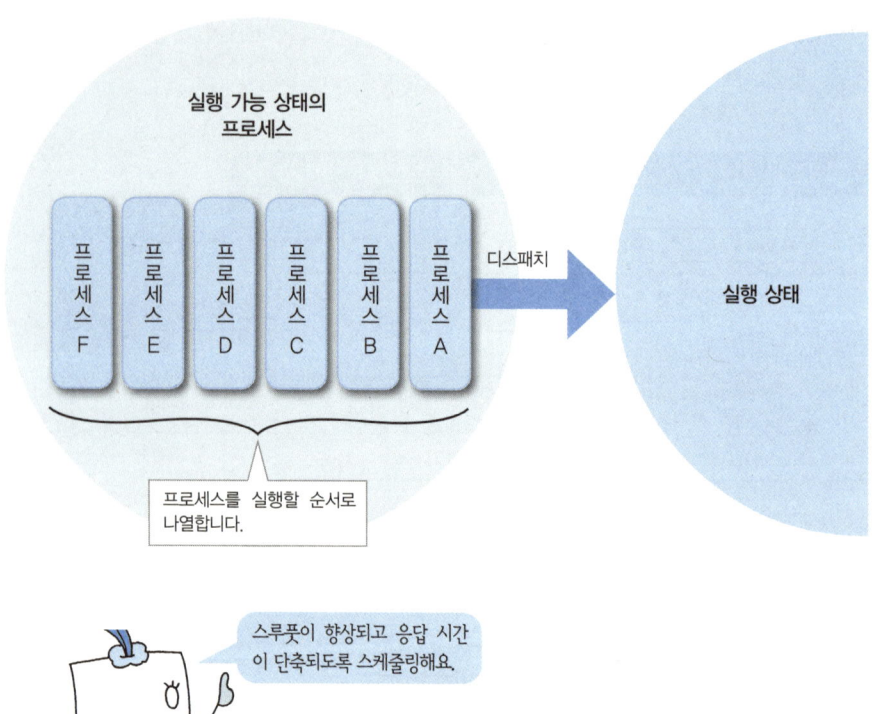

스케줄링의 종류

스케줄링 방식에는 다음과 같은 것이 있습니다.

라운드 로빈 방식

프로세스가 기다리고 있는 순서대로 일정 시간씩 CPU를 할당해서 시간이 초과한 프로세스를 맨 마지막으로 돌리는 방식을 '라운드 로빈 방식(Round Robin Scheduling)'이라고 합니다.

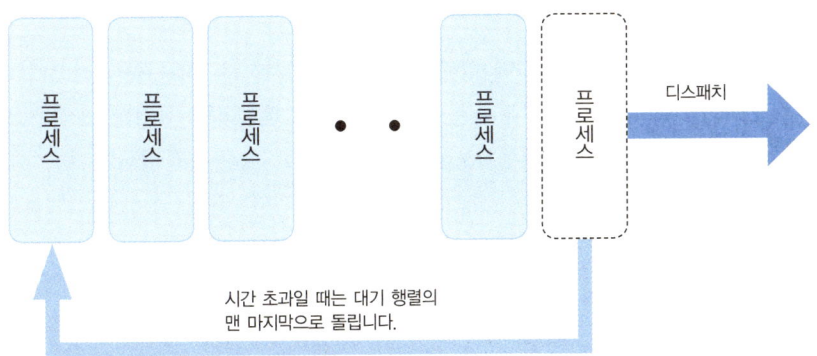

우선순위 방식

OS가 프로세스의 우선순위를 정해서 우선순위가 높은 프로세스부터 실행해 나가는 방식을 '우선순위 방식'이라고 합니다. 많은 OS가 이 우선순위 방식을 채택하고 있습니다.

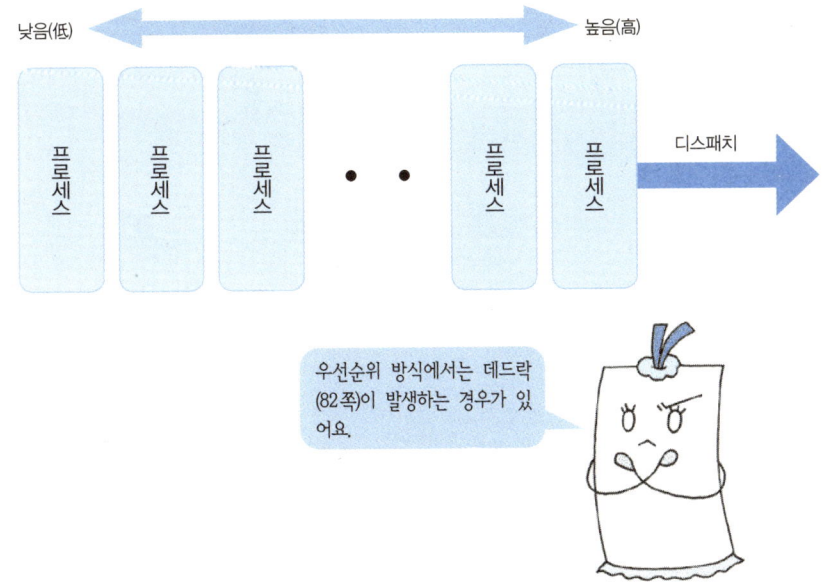

우선순위 방식에서는 데드락(82쪽)이 발생하는 경우가 있어요.

프로세스의 분기

Lesson 10

프로세스의 일을 분담하여 작업 효율을 올리는 방법을 UNIX 환경을 예로 들어 살펴봅시다.

fork와 exec

UNIX 계열 OS에서 시스템 콜에 의해 프로세스를 복사하는 것을 'fork'라고 합니다. 복사되는 쪽을 부모 프로세스, 복사된 쪽을 '자식 프로세스'라고 합니다. 또한 자식 프로세스에서 다른 프로그램을 실행하도록 지시하는 것을 'exec'라고 합니다.

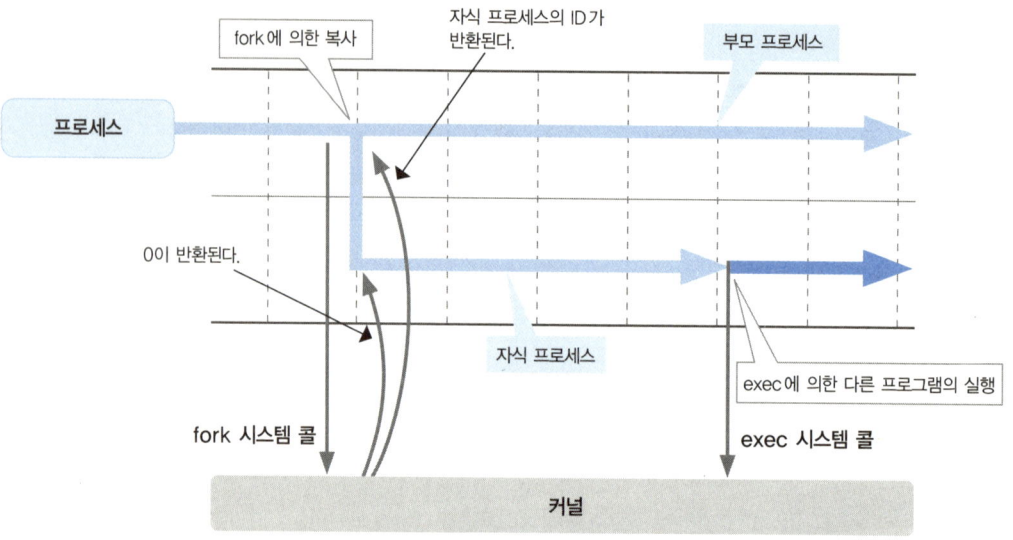

fork를 하면 자식 프로세스용으로 새로운 PCB와 메모리 공간이 마련돼요.

wait

자식 프로세스의 처리가 끝나면 부모 프로세스에게 신호(시그널)가 보내지므로 이것을 기다림으로써 부모는 자식 프로세스의 종료까지 대기할 수 있습니다. 그후에 wait 시스템 콜에 의해 자식 프로세스에게 마련되었던 PCB와 메모리가 제거됩니다.

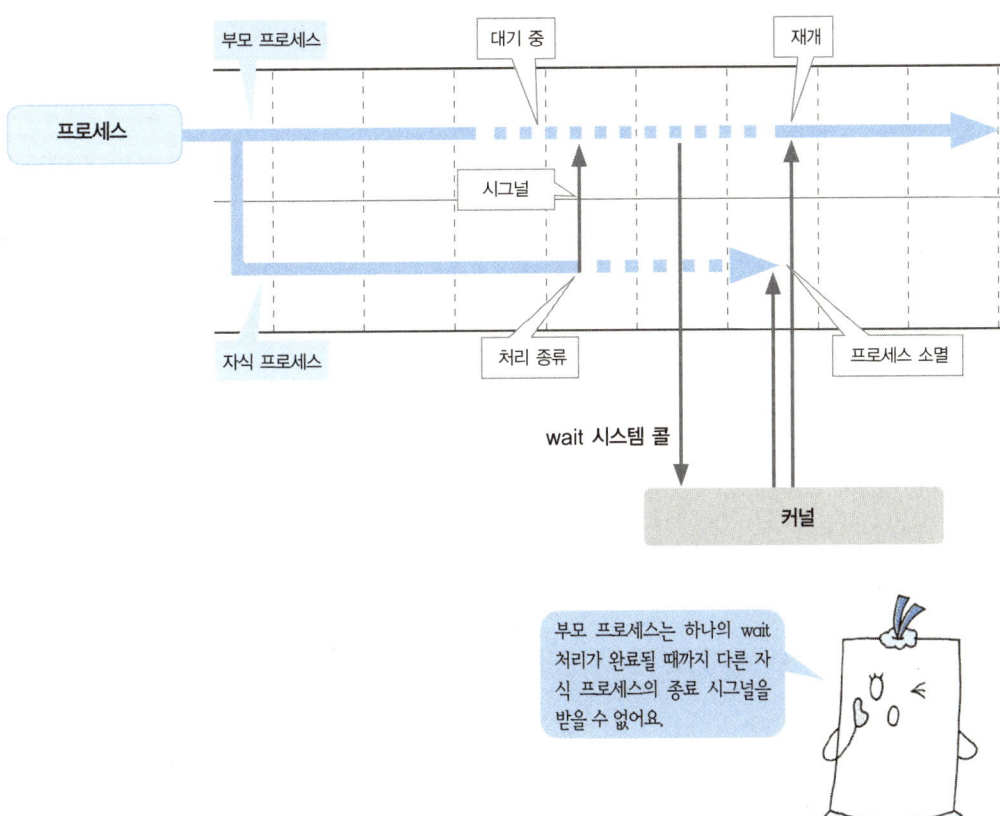

프로세스의 동기

Lesson 11

파일이나 데이터베이스와 같은 자원을 동시에 다룰 때는 주의가 필요합니다.

배타 제어

여러 개의 프로세스가 파일이나 데이터베이스에 동시에 액세스하면 데이터의 무결성이 손상될 수 있습니다. 처리가 끝날 때까지 하나의 프로세스에게 자원을 독점시키는 것을 '배타 제어'라고 합니다.

예 10이라는 데이터에 대해 다음과 같이 프로세스 A부터 프로세스 C까지의 계산을 수행한다고 가정해봅시다.

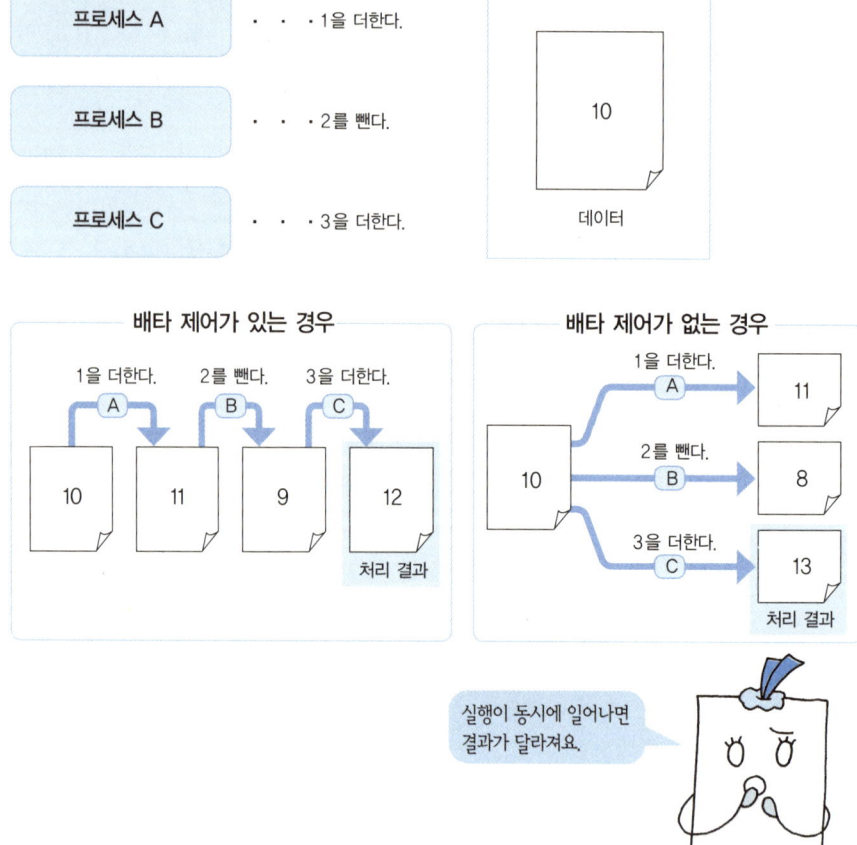

세마포

정해진 수 이상의 프로세스가 공유 자원에 동시 액세스하지 않도록 카운터를 사용하여 제어하는 장치를 '세마포(Semaphore)'라고 합니다. OS는 세마포의 P 조작(획득)과 V 조작(해제)으로 '통행 가능', '통행 불가'와 같은 두 가지 상태를 관리합니다.

예 세마포의 카운터가 초기값을 '2'로 한 경우
프로세스 A, 프로세스 B, 프로세스 C순으로 P 조작을 수행하면…….

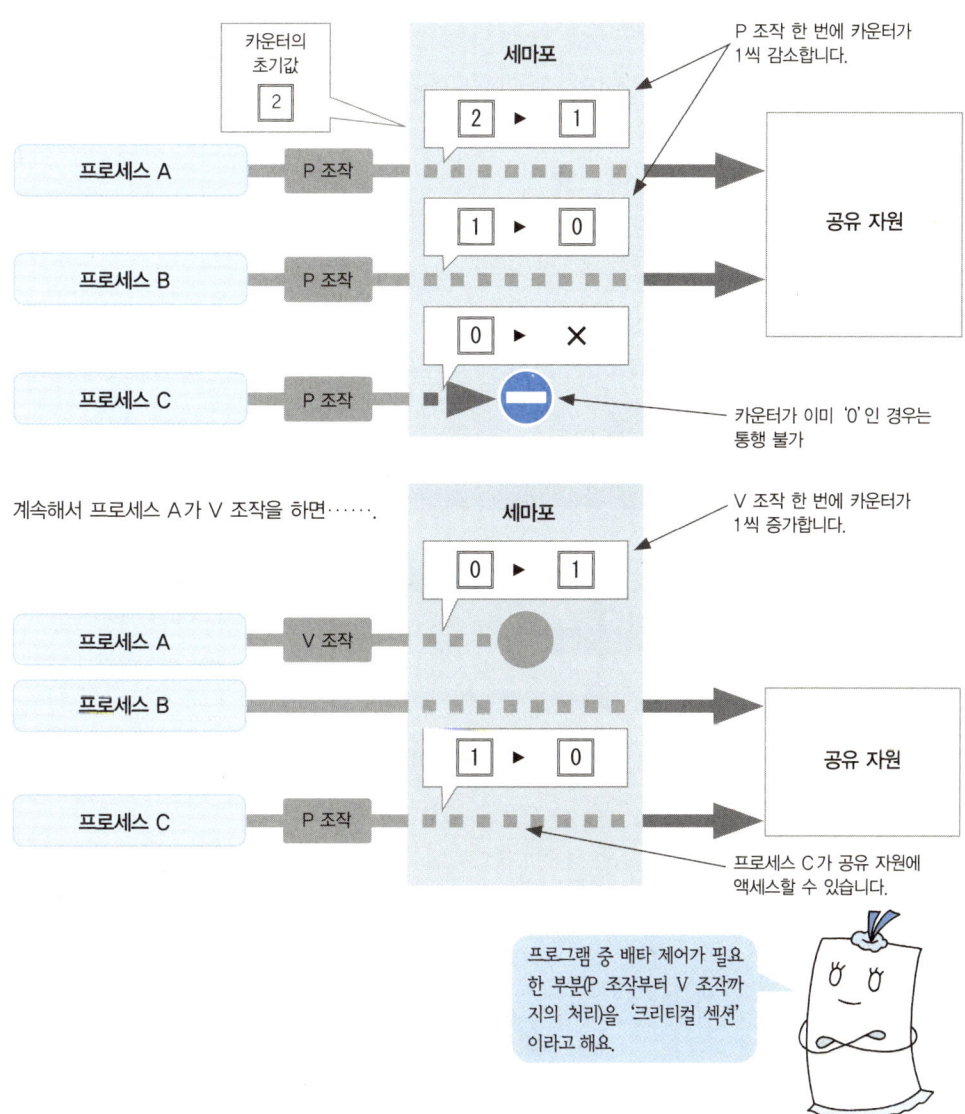

프로그램 중 배타 제어가 필요한 부분(P 조작부터 V 조작까지의 처리)을 '크리티컬 섹션' 이라고 해요.

데드락

Lesson 12

배타 제어에서는 데드락에 주의해야 합니다.

데드락

2개의 프로세스가 공유 자원을 잠근 채로 서로의 공유 자원에 액세스하려고 하면 양쪽 프로세스가 모두 영구적으로 대기 상태가 되는데, 이를 '데드락(dead lock)'이라고 합니다.

 데드락의 예

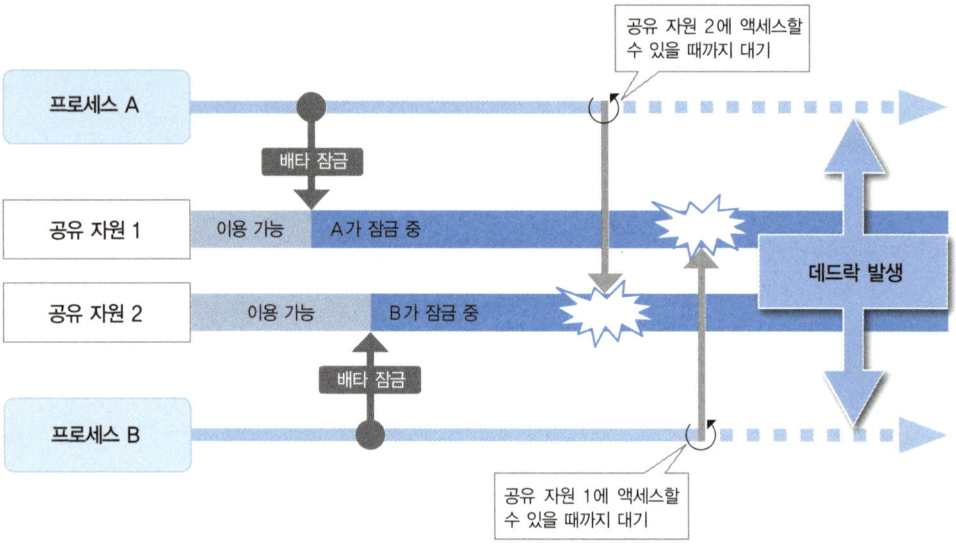

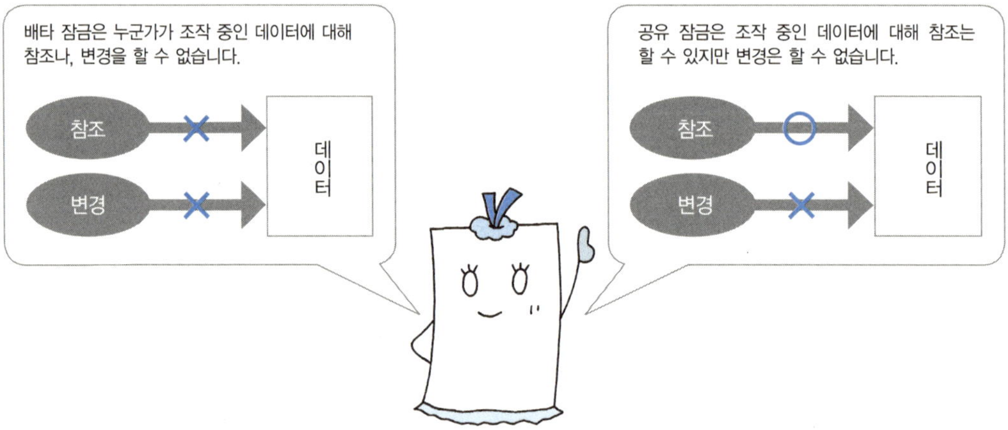

뮤텍스

데드락을 피하기 위한 방법에는 '세마포'와 '뮤텍스'가 있습니다. 이 중 '뮤텍스(Mutex)'는 세마포의 카운터 초깃값이 1인 경우와 똑같은 뜻입니다.

예 뮤텍스의 예

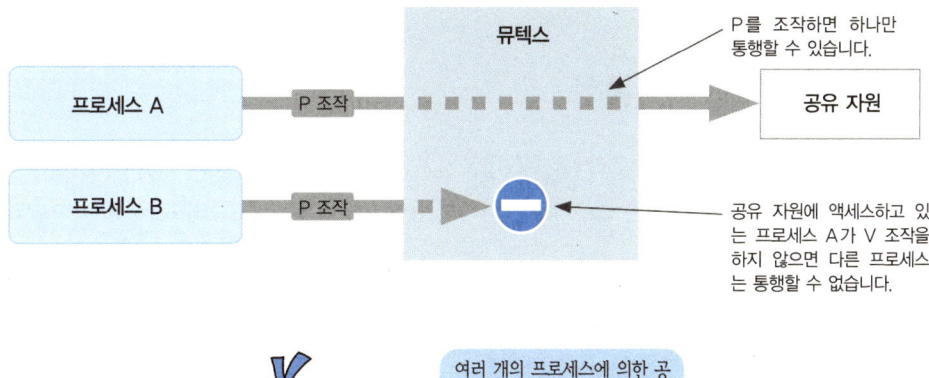

여러 개의 프로세스에 의한 공유 자원 경쟁이 없어지므로 배타 제어에 적합해요.

프로세스 간 통신

Lesson 13

프로세스끼리 통신할 때의 구조를 살펴봅시다.

프로세스 간 통신

프로세스끼리는 다른 메모리 공간을 참조하기 때문에 서로 어떤 데이터를 갖고 있는지 알 수 없습니다. OS에는 프로세스끼리 통신을 해서 데이터를 주고받는 기능이 마련되어 있습니다.

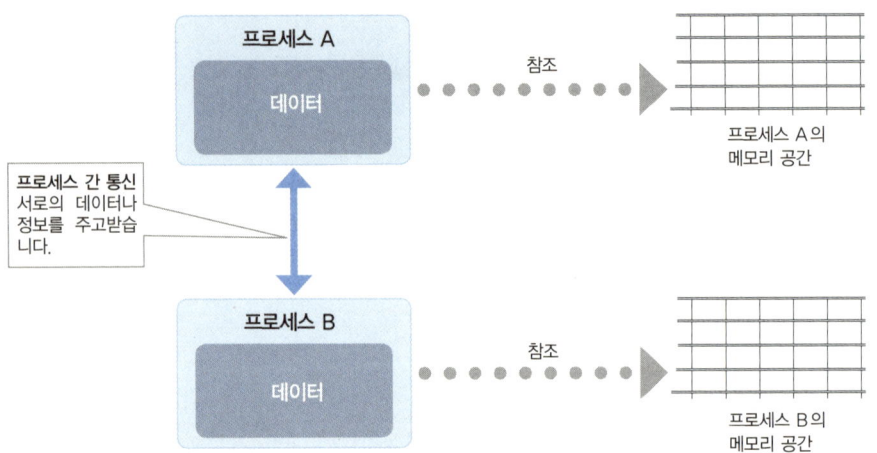

프로세스 간 통신
서로의 데이터나 정보를 주고받습니다.

UNIX 계열 OS를 예로 프로세스 간 통신의 종류를 소개합니다.

메시지 큐

프로세스끼리는 OS의 메시지 기능을 사용하여 1대1로 통신할 수 있습니다. 메시지를 넣는 장소를 '메시지 큐'라고 합니다.

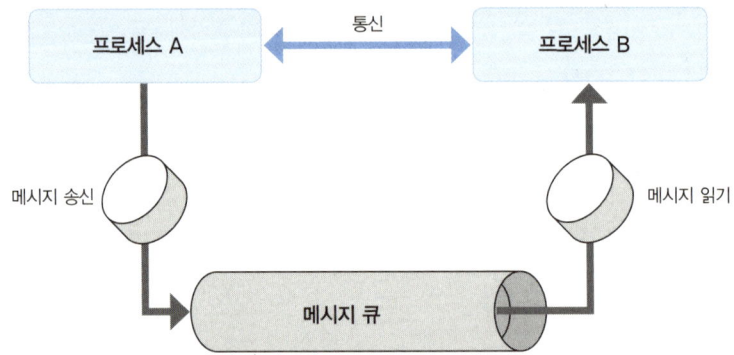

파이프

여러 개의 프로세스 입출력을 연결하는 장치를 '파이프'라고 합니다. 파이프는 fork한 부모 자식 프로세스 간에 사용됩니다.

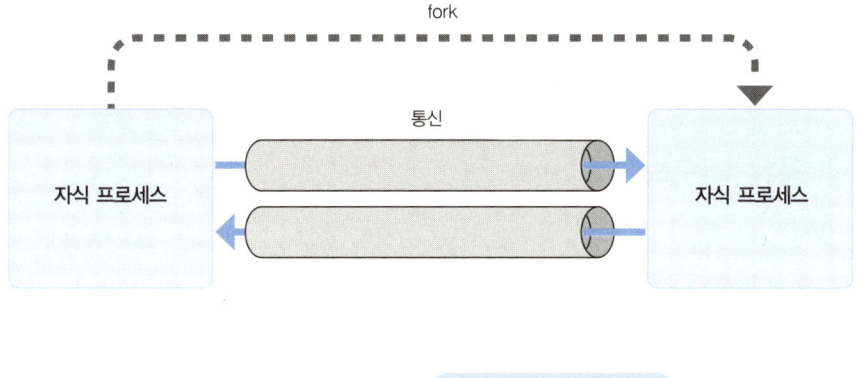

파이프는 일방통행이기 때문에 상대 프로세스별로 파이프가 달라요.

이름 붙은 파이프

파이프에 이름을 붙임으로써 부모 자식 프로세스가 아니어도 프로세스 간 통신을 할 수 있습니다. 이것을 '이름 붙은 파이프'라고 합니다. 기능은 이름 없는 파이프와 똑같습니다.

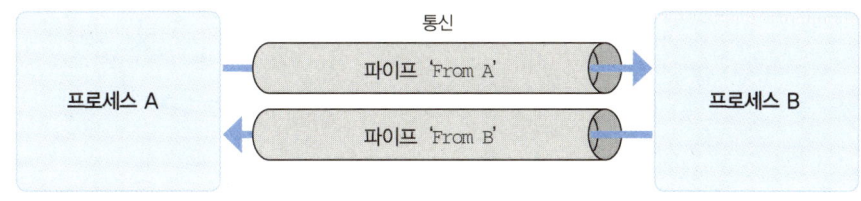

공유 메모리와 스레드

Lesson 14

프로세스 간에 공통으로 사용할 수 있는 메모리를 작성할 수 있습니다.

 ## 공유 메모리

공유 메모리는 여러 개의 프로세스에서 공통으로 사용할 수 있는 메모리 영역으로, 시스템 콜에 의해 작성됩니다. 공유 메모리에 접속하는 것을 '어태치(Attach)', 끊는 것을 '디태치(Detach)'라고 합니다.

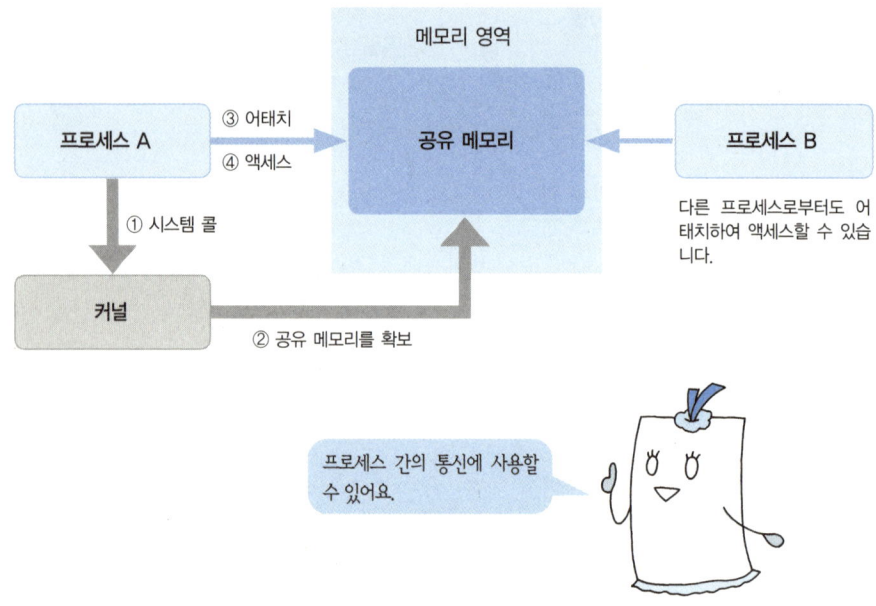

스레드

프로세스 안의 프로그램 실행의 흐름을 '스레드(Thread)'라고 합니다. 스레드는 분기가 가능해서 여러 개의 스레드를 동시에 실행할 수 있습니다. 이것을 '멀티스레드(Multi-Thread)'라고 합니다.

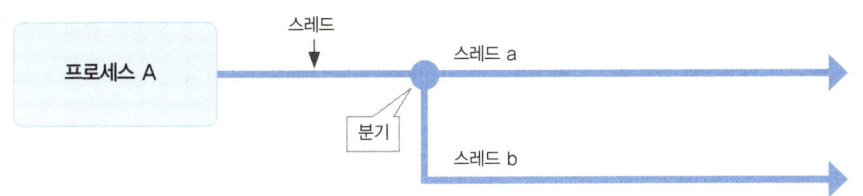

 ## 스레드와 프로세스의 차이

스레드가 프로세스를 동시에 여러 개 실행하는 것과 다른 점은 동일한 프로세스의 스레드는 같은 메모리 공간을 참조한다는 점입니다. 스레드는 CPU를 사용하는 최소 단위이며, '라이트 웨이트 프로세스(Light Weight Process)'라고도 부릅니다.

도전! OS

'백문이 불여일견'이라는 말이 있습니다. 이는 백 번 듣는 것보다 한 번 보는 것이 낫다는 말로, 어떤 개념이든 백 번 읽는 것보다 테스트를 통해 한 번 확인해보는 것이 좋을 수도 있습니다. 여기에서는 앞 장에서 배운 내용을 확인해보겠습니다. 각 문제들을 풀어 가면서 OS의 개념을 확실히 익힌다면 많은 도움이 될 것입니다.

문제

01_ 잡과 태스크의 차이점을 간단히 설명하십시오.

02_ 다음 설명 중 틀린 것을 고르십시오.
① OS의 단위 시간당 처리 능력을 '스루풋'이라 한다.
② CPU에서 입출력 장치로 가는 명령을 고속 기억 장치에 일시적으로 저장하는 것을 '스풀'이라 한다.
③ 스루풋이 높으면 처리 효율이 저하된다.
④ 스루풋을 사용하면 CPU의 처리와 입출력 동작의 처리 속도 차이를 완화시킬 수 있다.

03_ 다음 중 인터럽트에 대한 설명으로 맞는 것을 고르십시오.
① 내부 인터럽트는 하드웨어 인터럽트를 말한다.
② 프로그램 실행 중에 우선순위가 높은 다른 프로그램이 끼어들어 실행되는 것을 '인터럽트'라고 한다.
③ 중단된 처리 내용은 사라진다.
④ 오버플로는 외부 인터럽트다.

04_ 다음 중 외부 인터럽트가 일어나는 상황이 아닌 것은 무엇입니까?
① 전원 이상이 발생했다.
② 프린터의 용지가 떨어졌다.
③ 시스템 콜을 실행한다.
④ 사용자가 키보드를 조작한다.

05_ 다음 중 프로세스에 대한 설명으로 틀린 것은 무엇입니까?
① 멀티태스킹은 여러 개의 태스크가 동시에 실행되는 것이다.
② 여러 사용자에게 CPU의 사용 권한을 순서대로 할당하는 것을 '타임 쉐어링 시스템'이라 한다.
③ 프로세스의 상태에는 '대기', '실행 가능', '실행' 상태가 있다.
④ 인터럽트에 의해 CPU의 할당이 해제되는 것을 '프리엠션'이라 한다.

정답 및 해설

- 잡 : 사용자의 입장에서 보았을 때 컴퓨터에게 시키는 일의 단위
- 태스크 : OS 입장에서 본 작업 단위

잡을 작게 나눈 처리를 '잡 스텝'이라 하며, OS는 잡 스텝을 태스크로 분해하여 CPU에게 처리를 의뢰합니다.

CPU의 처리와 입출력 동작의 처리의 속도 차이를 완화시키는 데는 스풀이 사용됩니다.

03 ②

- 내부 인터럽트는 실행 중인 프로그램이 원인이 되어 일어나는 인터럽트입니다.
- 인터럽트가 발생하면 중단된 처리 내용은 메모리에 일시적으로 저장됩니다.
- 오버플로는 쓰기가 허가되지 않은 메모리 영역에 액세스했을 때 일어나는 '프로그램 인터럽트'입니다. 외부 인터럽트는 하드웨어로 인한 인터럽트입니다

- 시스템 콜은 프로그램의 원인으로 일어나는 내부 인터럽트입니다. 그 밖의 내부 인터럽트로는 페이지 폴트, 트레이스, 명령 코드 이상 등이 있습니다.
- 외부 인터럽트는 하드웨어로 인한 인터럽트를 말합니다.

멀티태스킹은 여러 개의 태스크에 순서대로 CPU를 할당해서 동시에 실행되는 것처럼 보이게 하는 것으로, 실제로 동시에 실행되는 것은 아닙니다.

알아 두면 도움이 되는 OS 상식

멀티 프로세서

멀티 프로세서(Multi-Processor : 다중 처리기)란, 1대의 컴퓨터가 여러 개의 CPU(마이크로 프로세서)를 갖고 있는 것을 말합니다. 멀티 프로세서는 처리를 병렬로 실행해서 결과를 고속으로 출력합니다. 장애가 발생했을 때에는 정상인 CPU만으로 처리를 계속할 수 있다(리던던시 136쪽)는 메리트가 있습니다. 서버용 컴퓨터는 여러 명의 사용자가 이용하거나 프로세스나 스레드를 동시에 실행하는 기회가 많기 때문에 멀티 프로세서 환경이 마련되어 있는 것이 일반적입니다.

멀티 프로세서에는 크게 Tighty Coupled Multi-Processor(강 결합 멀티 프로세서)와 Loosely Coupled Multi-Processor(약 결합 멀티 프로세서)가 있습니다.

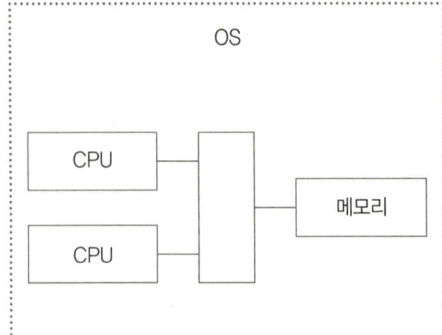

강 결합 멀티 프로세서
하나의 OS가 여러 개의 CPU를 가지고 각 CPU가 하나의 메모리를 공유하는 방식

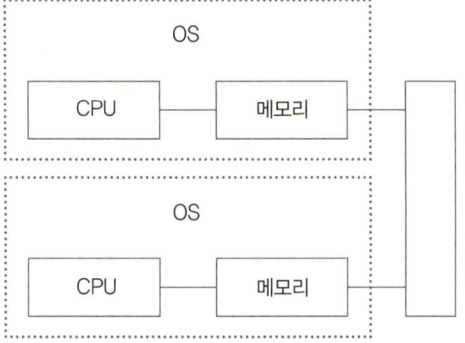

약 결합 멀티 프로세서
CPU 별로 메모리와 OS를 가지고 분산되는 OS를 제어하는 방식

또한 멀티 프로세서의 설계에는 다음과 같은 종류가 있습니다.

SIMD (Single Instruction Multiple Data)	동일한 명령을 여러 개의 CPU에게 보내 여러 개의 데이터에 대해 처리를 병렬로 실행하는 방식
MISD (Multiple Instruction Single Data)	여러 개의 명령을 CPU에게 보내 동일한 데이터에 대해 다른 처리를 병렬로 실행하는 방식
MIMD (Multiple Instruction Multiple Data)	여러 개의 명령을 여러 개의 CPU에게 보내 여러 개의 데이터에 대해 여러 개의 다른 처리를 병렬로 실행하는 방식

제3장

메모리 관리

Key Point	메모리의 역할
	메모리 주소
Lesson 01	메모리의 종류
Lesson 02	메모리 공간
Lesson 03	가상 기억
Lesson 04	메모리 확보와 해제
Lesson 05	데이터 저장 순서
Lesson 06	매핑
Lesson 07	메모리 맵(I/O)
<< Exercise	도전! OS
OS 상식	바이트와 비트

메모리의 역할

이 장에서는 OS의 메모리 조작에 대해 살펴봅니다. 메모리에는 크게 정보 기록(쓰기)이 가능한 RAM(Random Access Memory)과 원칙적으로 읽기만 가능한 ROM(Read Only Memory)이 있습니다. 일반적으로 말하는 메모리는 RAM을 말하는 것으로, 메인 메모리(주기억 장치)라고도 합니다. RAM은 컴퓨터의 전원을 끄면 기억한 내용이 사라져 버리므로 '휘발성 메모리'라고 부릅니다. 한편 ROM은 컴퓨터의 전원을 꺼도 내용이 사라지지 않는 '비휘발성 메모리'입니다. SD 카드나 USB 메모리는 쓰기가 가능하지만 전원을 꺼도 내용이 사라지지 않으므로 통상 ROM으로 분류됩니다.

메인 메모리는 실행하는 프로그램이 로드되는 장소일 뿐만 아니라 프로그램의 작업 장소로도 사용됩니다. 하드디스크와 같은 보조 기억 장치는 많은 정보를 저장할 수 있지만 읽고 쓰는 처리가 메모리에 비해 매우 느리므로 일단 메모리로 읽어들이는 것이 효율적입니다. 또한 속도가 느린 하드디스크에 대한 액세스를 극도로 줄이기 위해 하드디스크를 자주 참조하는 프로그램이나 데이터를 미리 읽어들이기 위한 메모리가 있는데, 이를 '캐시 메모리'라고 합니다(캐시는 현금의 cash가 아니라 저장고라는 뜻을 가진 cache를 사용합니다). 캐시로 인해 OS의 퍼포먼스가 향상됩니다.

용어 설명

RAM(Random Access Memory)
데이터의 읽기 쓰기가 가능한 메모리로, 컴퓨터의 전원을 끄면 기록한 내용이 사라진다.

ROM(Read Only Memory)
기본적으로 데이터 읽기 전용 메모리로, 컴퓨터의 전원을 꺼도 기록한 내용이 사라지지 않는다.

꼭 알아야 할 Key Point

메모리 주소

메모리에는 '0x12E4'와 같은 주소(어드레스 : address)가 붙어 있습니다. 주소를 지정하면 해당 주소에 저장되어 있는 데이터나 명령을 호출하거나 변경할 수 있습니다. 또한 '0x'란, C 언어식으로 16진수를 나타내는 기호로, 실제 주소 부분은 '12E4'가 됩니다('12E4H'로 쓰는 방법도 있습니다). 16진수는 수를 0~9와 A~F까지의 16개의 문자를 사용하여 16에서 자리가 올라가는 형식으로 나타내는 방식입니다.

또한 CPU는 해당 비트수만큼의 데이터를 한 단위로 취급하기 때문에 표현할 수 있는 주소의 크기는 비트수에 의존합니다. 예를 들어 32비트 CPU인 경우는 0x00000000~0xFFFFFFFF(4GB)까지 주소를 표현할 수 있습니다. 64비트 CPU라면 자릿수가 배가 되므로 16EB(Exa Byte)까지 표현할 수 있습니다. 단, 실제로 OS가 그 모든 주소를 이용할 수 있는 것은 아닙니다.

이 밖에 물리 메모리와 가상 메모리(하드디스크로 대피시킨 부분까지 포함한 논리적 메모리), 그 사이의 데이터 주고받기, 메모리 확보, 재배치, 정리 등 OS가 갖고 있는 메모리 관리 기능에 대해서도 살펴보겠습니다.

•••
보조 기억 장치
하드디스크와 같이 프로그램이나 데이터를 저장하는 외부 기억 장치로, 메모리에 비해 속도가 느리다.

••••
캐시 메모리(Cache Memory)
속도가 느린 하드디스크의 결점을 보완하기 위해 자주 참조하는 프로그램이나 데이터를 일시적으로 읽어들이기 위한 메모리를 말한다.

•••••
가상 메모리(Virtual Memory)
하드디스크 안에 페이징 파일을 작성한 후 이 파일과 메인 메모리를 합쳐 가상의 메모리 영역으로 간주하는 것을 말한다.

Lesson 01 메모리의 종류

메모리에는 어떤 것이 있는지 살펴봅시다.

메모리의 특성에 따른 종류

메모리를 특성에 따라 크게 두 가지로 나누면 다음과 같습니다.

RAM(Random Access Memory)

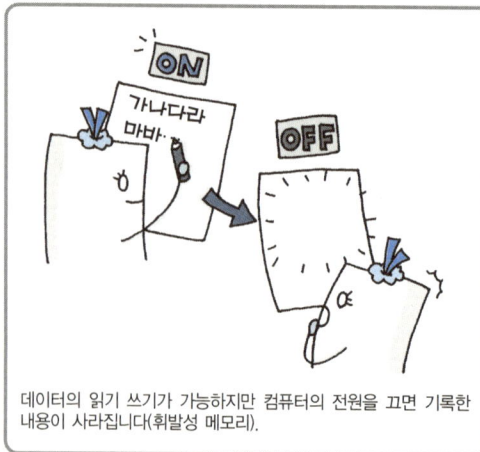

데이터의 읽기 쓰기가 가능하지만 컴퓨터의 전원을 끄면 기록한 내용이 사라집니다(휘발성 메모리).

ROM(Read Only Memory)

기본적으로 데이터 읽기 전용입니다. 컴퓨터의 전원을 꺼도 기록한 내용이 사라지지 않습니다(비휘발성 메모리).

RAM

RAM은 주로 프로그램의 작업 영역으로 사용됩니다. RAM에는 다음과 같은 것이 있습니다.

DRAM(Dynamic RAM) 메인 메모리나 VRAM(Video RAM, 화면 표시용 메모리)으로 사용됩니다.	• 리프레시 동작(정보를 보존 및 유지하기 위해 기억 내용을 다시 쓰는 것)이 필요함. • 소비 전력이 적음. • 대용량임. • 처리가 비교적 느림.
SRAM(Static RAM) 캐시 메모리로 사용됩니다.	• FlipFlop 회로(리프레시가 불필요한 회로) 구조 • 소비 전력이 큼. • 저용량임. • 처리 속도가 빠름.

ROM

ROM은 기동 시 시스템 체크나 BIOS 정보 등을 저장하는 데 사용됩니다. 주로 기록 내용을 읽어들이는 용도로 사용되지만 쓰기가 가능한 것도 있습니다(단, 횟수 제한이 있음). ROM에는 다음과 같은 종류가 있습니다.

마스크 ROM		ROM의 제조 공정에서 마이크로 프로그램 등을 기록합니다. 기록 내용은 변경할 수 없습니다.
PROM (Programmable ROM)	EPROM (Erasable Programmable ROM)	자외선으로 다시 쓸 수 있는 ROM입니다.
	EEPROM (Electrically Erasable Programmable ROM)	전기적으로 다시 쓸 수 있는 ROM입니다. BIOS를 저장하는 데 사용합니다.
	플래시 메모리	전기적으로 다시 쓸 수 있는 ROM입니다. 일괄 또는 부분적으로 삭제하거나 다시 쓰기가 가능합니다.

플래시 메모리는 USB 메모리, SD 카드, SSD 드라이브 등에 사용돼요.

메모리 공간

Lesson 02

메모리는 목적에 따라 사용되는 영역이 다릅니다.

메모리 공간

메모리 공간은 주소라 불리는 번지를 붙여서 각 영역을 식별합니다.

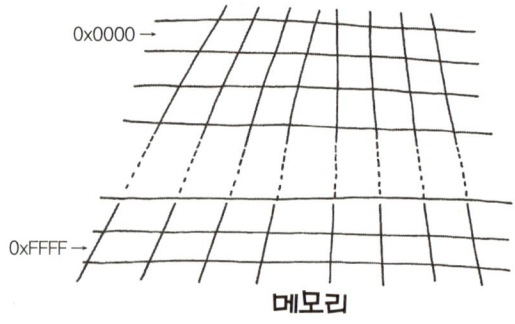

현재 컴퓨터의 CPU에는 32비트와 64비트가 있는데, 이 둘은 표현할 수 있는 주소의 크기가 다르므로 취급할 수 있는 메모리의 용량도 다릅니다.

32비트	최대 메모리 용량 4GB(2^{32}byte)
64비트	최대 메모리 용량 16EB(2^{64}byte)

※ OS가 인식할 수 있는 크기는 이것보다 적을 수 있습니다.

메인 메모리의 용도

CPU가 계산을 할 때 데이터를 기억해 두기 위해 메인 메모리에는 많은 데이터를 기억할 수 있도록 되어 있습니다.

메모리는 주로 작업 책상에 비유해요. 책상(메모리)이 크면 많은 서류(프로그램이나 데이터)를 동시에 펼쳐놓고 작업할 수 있어요.

메인 메모리를 용도별로 나누면 다음과 같은 종류가 있습니다.

힙

힙(Heap)은 파일로부터 읽어들인 데이터나 네트워크상에서 수신한 데이터를 저장할 때와 같이 필요한 만큼만 확보하여 사용하는 메모리 영역입니다. 필요가 없어지면 해제합니다.

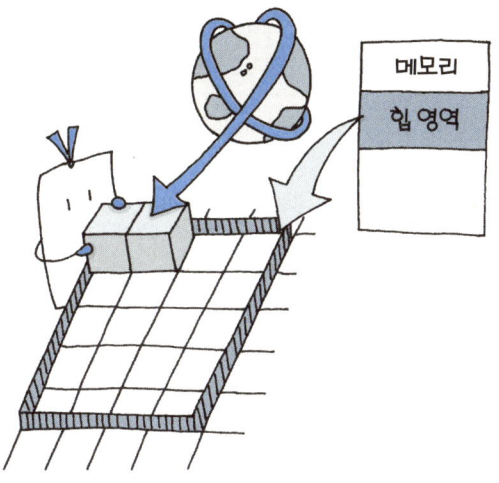

스택

스택(Stack)은 프로그램 실행 중에 이용하는 변수의 내용을 일시적으로 저장하는 메모리 영역입니다. 스택은 프로그램의 한 단위(C 언어의 함수 등)가 시작될 때 자동적으로 확보되고 처리가 종료되면 자동으로 해제됩니다.

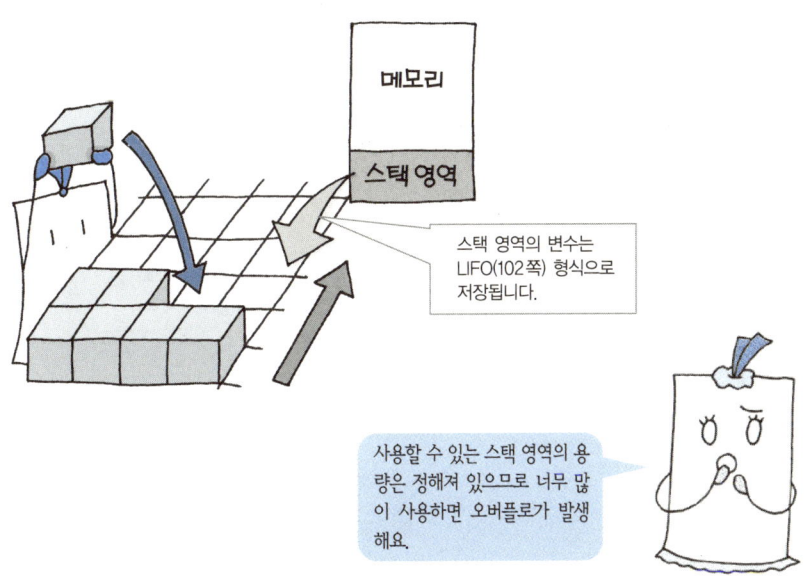

스택 영역의 변수는 LIFO(102쪽) 형식으로 저장됩니다.

사용할 수 있는 스택 영역의 용량은 정해져 있으므로 너무 많이 사용하면 오버플로가 발생해요.

가상 기억

Lesson 03

메인 메모리보다 큰 기억 영역을 제공하는 장치입니다.

물리 메모리

컴퓨터에 실제로 장착되어 있는 메모리를 '물리 메모리'라고 합니다. OS가 다룰 수 있는 메모리의 용량은 정해져 있는데, 물리 메모리가 그 최대 용량을 모두 갖고 있다고 말할 수는 없습니다.

가상 메모리

최근의 OS는 하드디스크 안에 페이징 파일(스왑 파일)이라는 파일을 작성합니다. 이 파일과 물리 메모리를 합쳐서 가상의 메모리 영역으로 간주함으로써 물리 메모리의 용량을 초과한 메모리를 다룰 수 있습니다.

가상 메모리 공간을 '물리적인 메모리 공간'이라고도 해요.

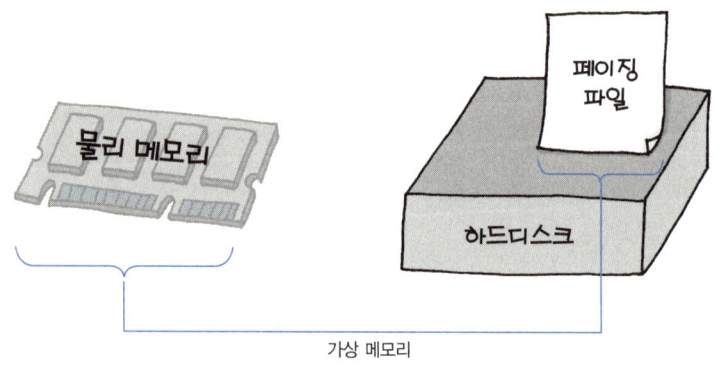

스왑

메모리 용량이 부족할 때 물리 메모리와 페이징 파일 사이에서 메모리상의 프로세스를 일시적으로 교환하는 것을 '스왑'이라고 합니다. 스왑은 하드디스크에 자주 액세스하므로 퍼포먼스 저하로 이어집니다.

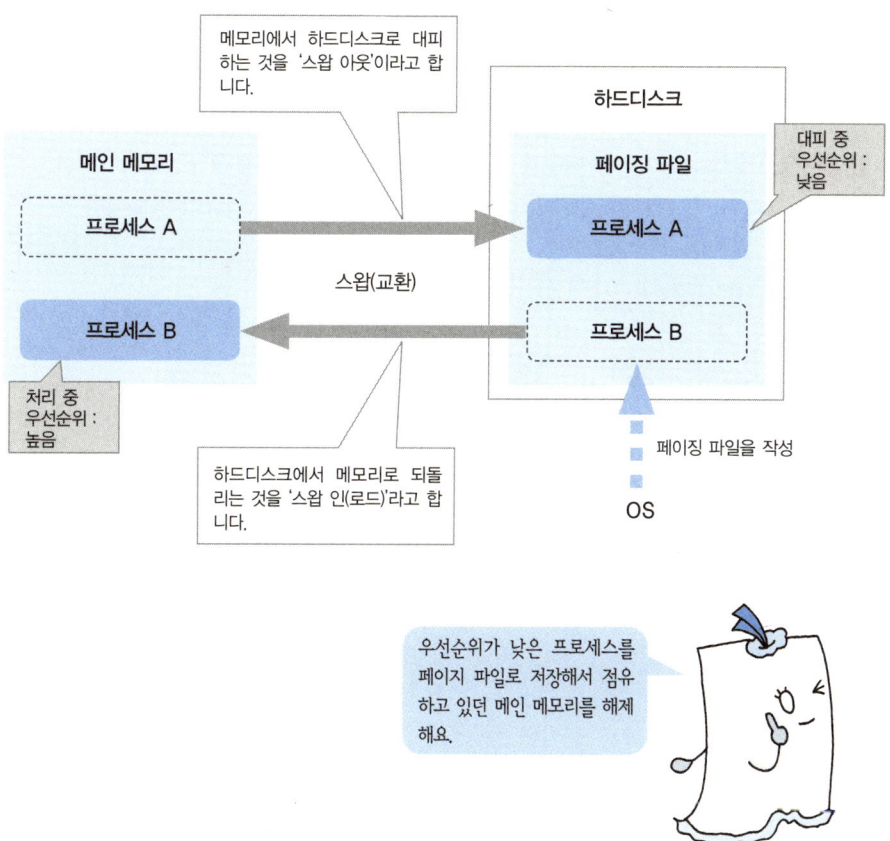

메모리 확보와 해제

Lesson 04

메모리 영역의 사용법에 대해 살펴봅시다.

메모리의 확보와 해제

OS가 프로세스나 데이터의 메모리 영역을 확보하는 것을 '얼로케이션(Allocation : 할당)'이라고 합니다. 확보한 메모리 영역은 처리 종료 시 해제할 필요가 있습니다.

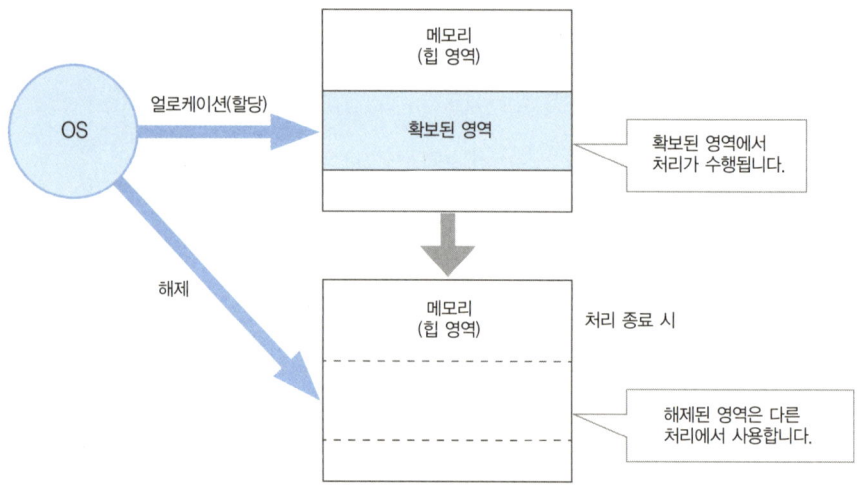

리로케이션

한 번 확보한 메모리 영역의 위치를 변경하는 것을 리로케이션(Relocation : 재배치)이라고 합니다. 특히, 실행 중인 프로그램의 위치를 변경하는 것을 다이내믹 리로케이션(Dynamic Relocation : 동적 재배치)이라고 합니다.

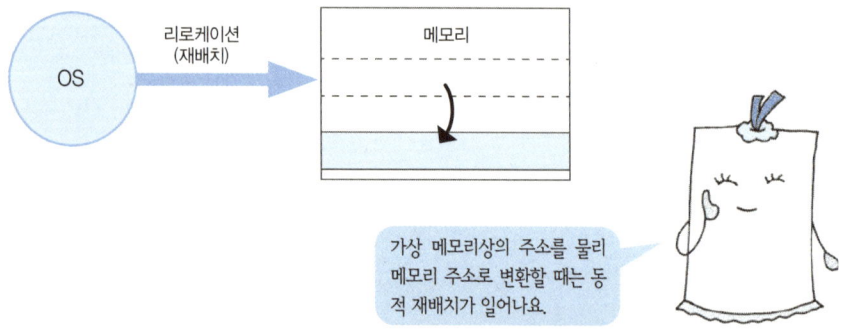

가비지 콜렉션

힙 영역이 가득 차서 액세스할 수 없을 때는 불필요한 메모리 영역을 자동으로 해제하는데, 이를 '가비지 콜렉션(Garbage Collection)'이라고 합니다.

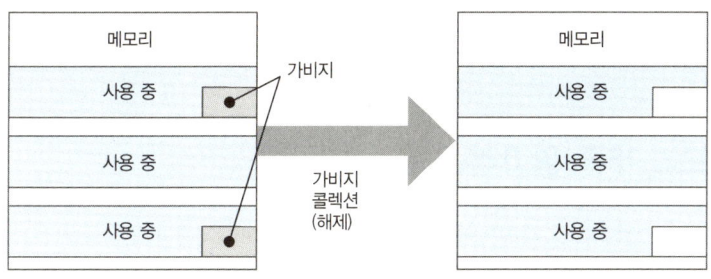

가비지란 '쓰레기'라는 뜻으로, 가비지 콜렉션은 사용이 끝난 메모리 영역을 재이용하는 것을 말해요.

 ## 컴팩션

단편화된 메모리의 미사용 영역을 모아서 연속으로 이용할 수 있는 메모리 영역을 만드는 것을 '컴팩션(Compaction : 조각 모음)'이라고 합니다.

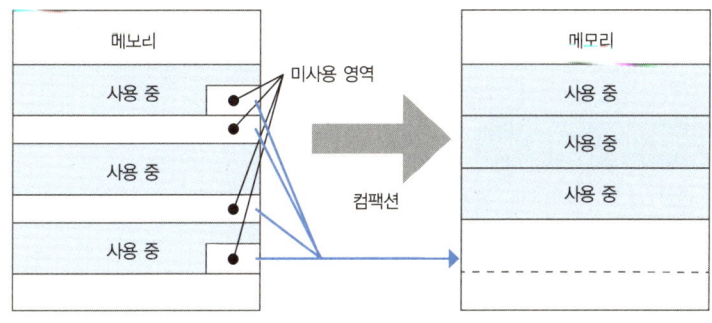

데이터 저장 순서

Lesson 05

메모리 안에 놓인 데이터의 출입 모습에 대해 살펴봅시다.

메모리 추출 알고리즘

OS가 데이터를 읽어들일 때 빈 용량이 없으면 기존의 데이터를 메모리로부터 꺼낼 필요가 생깁니다. OS가 메모리에 데이터를 저장하는 방법에는 다음과 같은 것이 있습니다.

LIFO(Last In First Out)

메모리에 나중에 넣은 데이터를 먼저 꺼내는 방법입니다. 이것은 스택 저장 방법으로 사용되고 있습니다.

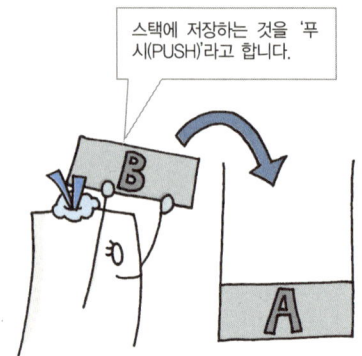
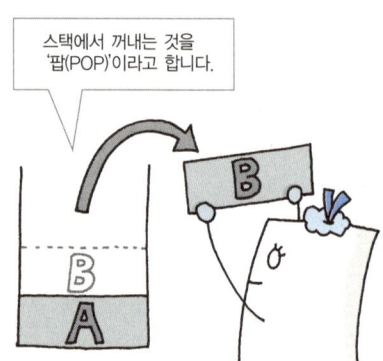

FIFO(First In First Out)

메모리에 먼저 넣은 데이터를 먼저 꺼내는 방법입니다. 이것은 잡 관리의 저장 방법으로 사용됩니다. 데이터의 대기 행렬을 큐(Queue)라고 합니다.

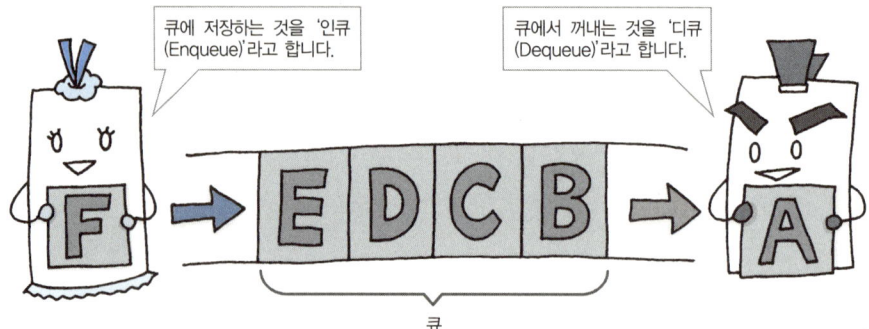

연결 리스트

하나의 데이터가 요소와 포인터로 구성되어 포인터가 다음 데이터의 메모리 주소를 가리킴으로써 연속한 데이터를 저장하는 방법을 '연결 리스트(Linked List)'라고 합니다.

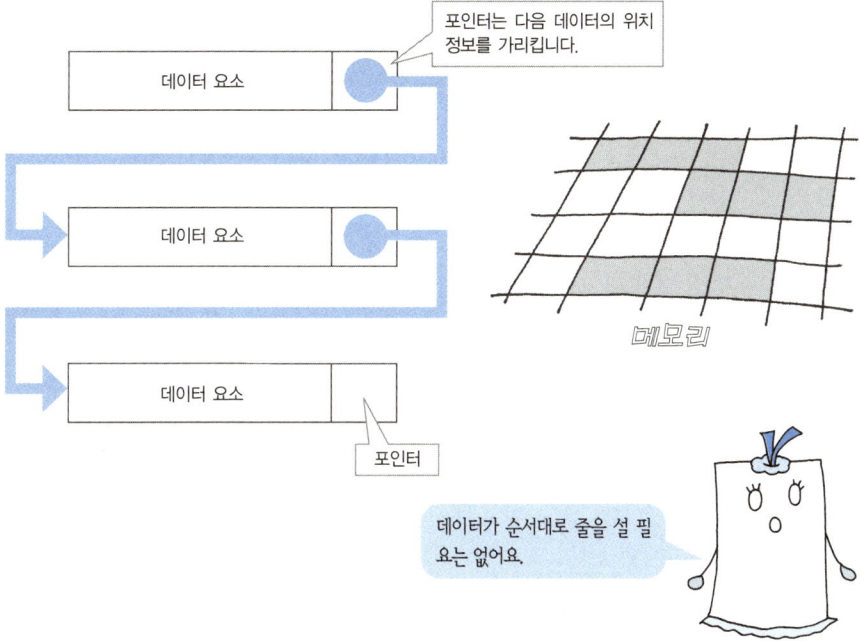

연결 리스트에는 다음과 같은 연결 방법도 있습니다.

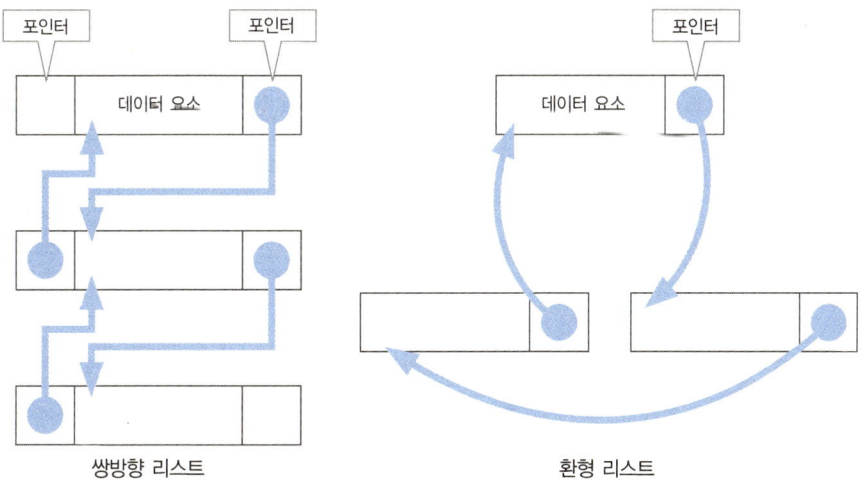

매핑

Lesson 06

물리 메모리와 가상 메모리의 대응에 대해 살펴봅시다.

매핑

OS가 물리 메모리와 가상 메모리 사이에서 프로그램이나 데이터를 대응시키는 것을 '매핑(Mapping)'이라고 합니다. 매핑에는 다음과 같은 방법이 있습니다.

페이징

고정 길이 페이지 단위(4KB)로 매핑을 수행하는 것을 '페이징(Paging)'이라고 합니다. 페이징이 빈번히 일어나는 것을 '스래싱(Thrashing)'이라고 하는데, 이는 CPU의 이용 효율 저하의 원인이 됩니다.

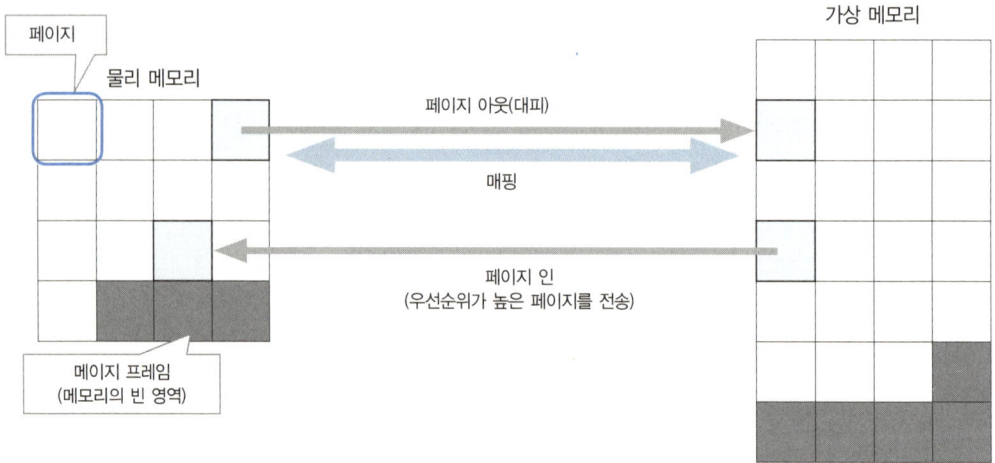

물리 메모리에 페이지 프레임이 없으면 '페이지 폴트(Page Fault)'라는 인터럽트가 발생해요.

세그먼테이션

가변 길이 세그먼트 단위로 매핑을 수행하는 것을 '세그먼테이션(Segmentation)'이라고 합니다. 세그먼트에는 프로세스에서 사용하는 메모리를 연속해서 할당합니다.

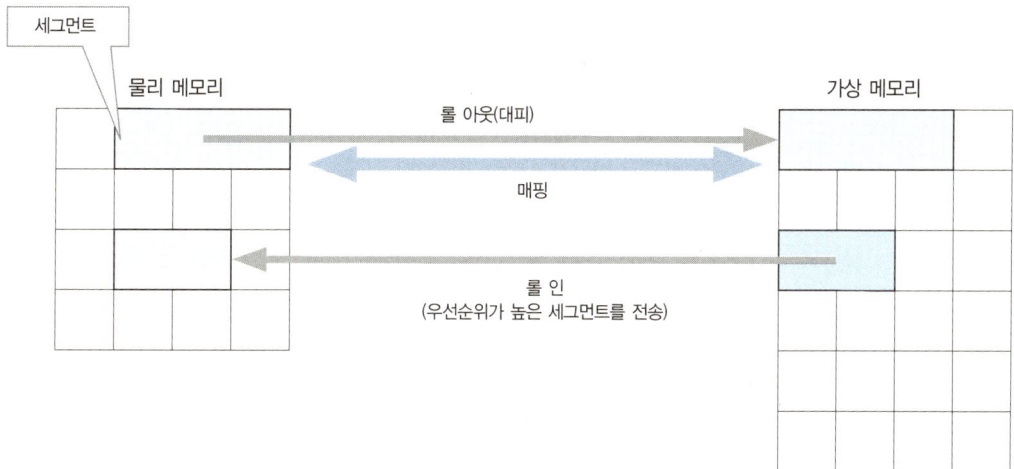

세그먼테이션을 빈번히 수행하면 프레그먼테이션(Fragmentation)이 발생하므로 컴팩션을 수행할 필요가 있어요.

메모리 맵(I/O)

Lesson 07

CPU와 입출력 기기 사이에서 입출력을 수행하는 메모리 맵에 대해 살펴봅시다.

메모리 맵 I/O

입출력 기기를 제어할 때 메인 메모리와 I/O 주소 공간을 공유하는 방식을 메모리 맵 I/O(Memory Mapped I/O)라고 합니다. I/O 주소 공간도 메모리의 일부로 취급합니다.

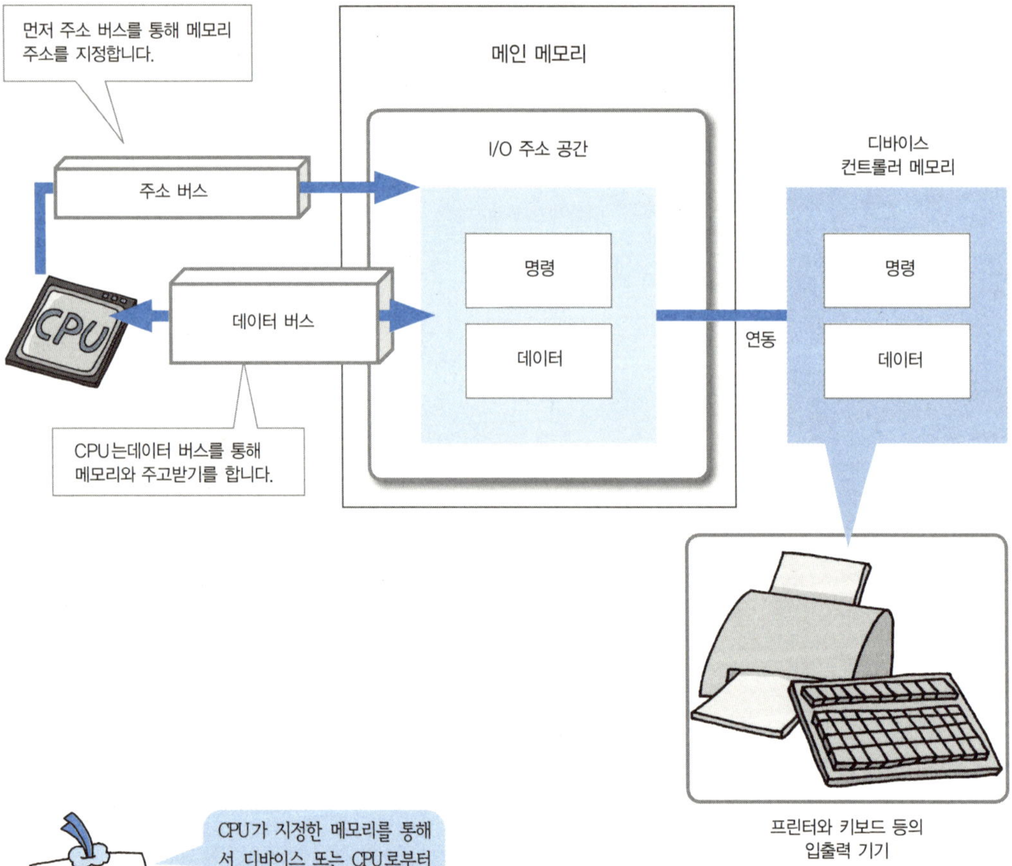

> 먼저 주소 버스를 통해 메모리 주소를 지정합니다.

> CPU는 데이터 버스를 통해 메모리와 주고받기를 합니다.

메인 메모리 / I/O 주소 공간 / 명령 / 데이터

디바이스 컨트롤러 메모리 / 명령 / 데이터

연동

프린터와 키보드 등의 입출력 기기

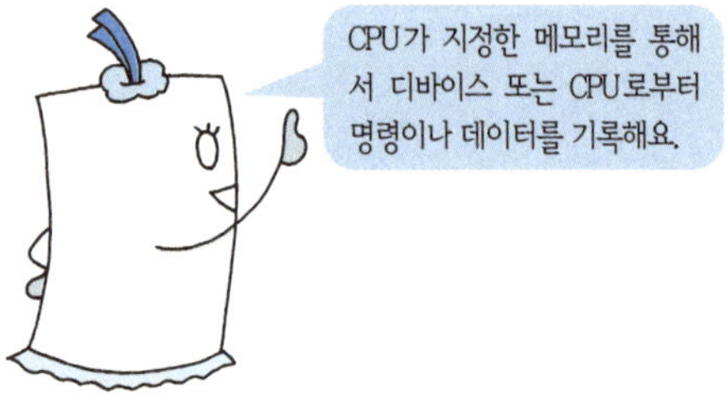

> CPU가 지정한 메모리를 통해서 디바이스 또는 CPU로부터 명령이나 데이터를 기록해요.

DMA(Direct Memory Access)

DMA는 CPU를 거치지 않고 입출력 장치와 메모리 사이에 직접 데이터를 주고받는 방법입니다. 메모리와 입출력 기기 사이에 놓인 DMA 컨트롤러가 CPU를 대행하여 입출력 기기의 동작을 제어합니다. DMA 컨트롤러는 인터럽트 처리도 대행합니다.

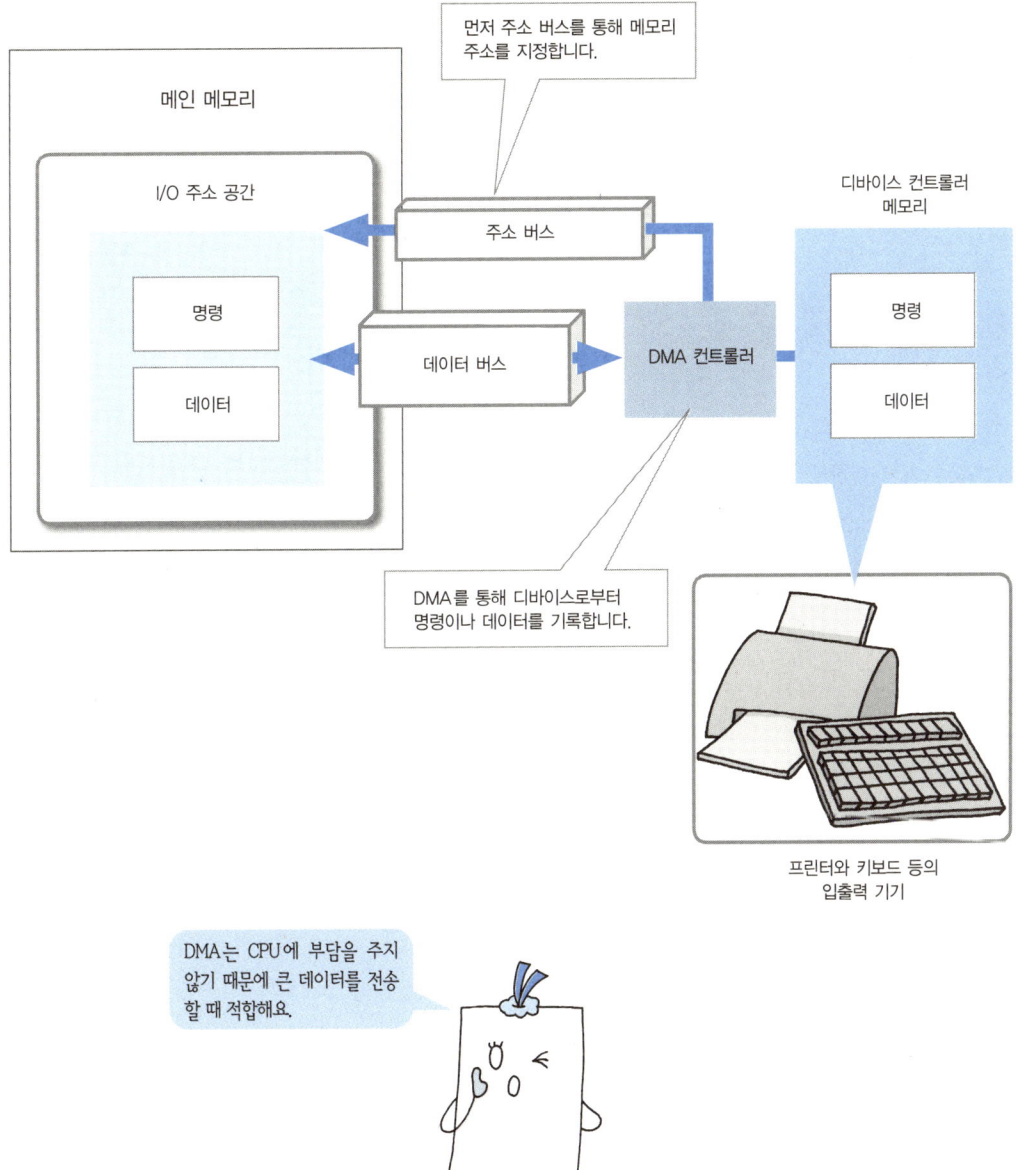

프린터와 키보드 등의 입출력 기기

DMA는 CPU에 부담을 주지 않기 때문에 큰 데이터를 전송할 때 적합해요.

도전! OS

'백문이 불여일견'이라는 말이 있습니다. 이는 백 번 듣는 것보다 한 번 보는 것이 낫다는 말로, 어떤 개념이든 백 번 읽는 것보다 테스트를 통해 한 번 확인해보는 것이 좋을 수도 있습니다. 여기에서는 앞 장에서 배운 내용을 확인해보겠습니다. 각 문제들을 풀어 가면서 OS의 개념을 확실히 익힌다면 많은 도움이 될 것입니다.

문제

01_ 메모리의 종류인 RAM과 ROM의 차이를 간단히 설명하십시오.

02_ 32비트 CPU에서 취급할 수 있는 최대 메모리 용량은 얼마입니까?

03_ 다음 보기에 대한 설명을 바르게 연결하십시오.

가. 얼로케이션	나. 힙
다. 가비지 콜렉션	라. 컴팩션
마. 스택	바. 리로케이션

① 프로그램 실행 중에 이용하는 변수의 내용을 일시적으로 저장하는 메모리 영역 (　　)
② 한 번 확보한 메모리 영역의 위치를 변경하는 것 (　　)
③ 단편화된 메모리의 미사용 영역을 모아서 연속으로 이용할 수 있는 메모리 영역을 만드는 것 (　　)
④ 힙 영역이 가득 차서 액세스할 수 없을 때 불필요한 메모리 영역을 자동으로 해제하는 것 (　　)

04_ 다음은 메모리에 데이터가 왼쪽부터 저장된 순서입니다. LIFO 방식으로 데이터를 꺼낼 때 가장 먼저 꺼내지는 데이터는 무엇입니까?

| A | B | C | D |

05_ 다음 설명 중 <u>틀린</u> 것을 고르십시오.

① 고정 길이 페이지 단위로 매핑을 수행하는 것을 '페이징'이라고 한다.
② 가변 길이 세그먼트 단위로 매핑을 수행하는 것을 '세그먼테이션'이라고 한다.
③ 페이징이 빈번히 일어나는 것을 '페이지 폴트'라고 한다.
④ 입출력 기기를 제어할 때 메인 메모리와 I/O 주소 공간을 공유하는 방식을 '메모리 맵 I/O'라고 한다.

정답 및 해설

- RAM : 데이터의 읽기 쓰기가 가능하지만, 컴퓨터의 전원을 끄면 기록한 내용이 사라진다.
- ROM : 데이터 읽기 전용 메모리로 컴퓨터의 전원을 꺼도 기록한 내용이 사라지지 않는다.

RAM은 주로 프로그램의 작업 영역으로 사용하며, ROM은 컴퓨터 시작 시 시스템 체크나 BIOS 정보를 저장하는 데 사용합니다.

 4GB(2^{32}byte)

32bit CPU와 64bit CPU는 표현할 수 있는 주소의 크기가 다르므로 취급할 수 있는 메모리의 용량도 다릅니다. 64bit CPU는 16EB(2^{64}byte)의 메모리를 다룰 수 있습니다.

 ① 마 ② 바
③ 라 ④ 다

- 얼로케이션은 OS가 프로세스나 데이터의 메모리 영역을 확보하는 것을 말합니다.
- 힙(heap)은 파일로부터 읽어들인 데이터나 네트워크상에서 수신한 데이터를 저장할 때와 같이 필요한 만큼만 확보하여 사용하는 메모리 영역을 말합니다.

 D

- LIFO 방식은 마지막으로 저장한 데이터가 먼저 꺼내지는 방식입니다.
- FIFO 방식에서는 먼저 저장된 데이터가 먼저 꺼내지므로 이 예에서는 A가 가장 먼저 꺼내집니다.

 ③

- 페이징이 빈번히 일어나는 것을 '스래싱'이라 합니다.
- 페이지 폴트는 물리 메모리에 페이지 프레임이 없을 때 일어나는 인터럽트입니다.

알아 두면 도움이 되는 OS 상식

바이트와 비트

컴퓨터 세계에서는 바이트(byte)와 비트(bit)라는 말이 자주 나오는데, 이는 데이터의 크기를 나타내는 단위입니다. 컴퓨터에서는 모든 데이터를 2진수로 된 수치로 취급합니다. 우리가 일상생활에서 사용하고 있는 10진수에서는 수치를 0~9까지의 숫자로 나타냅니다. 2진수는 수치를 0과 1만의 조합으로 나타냅니다.

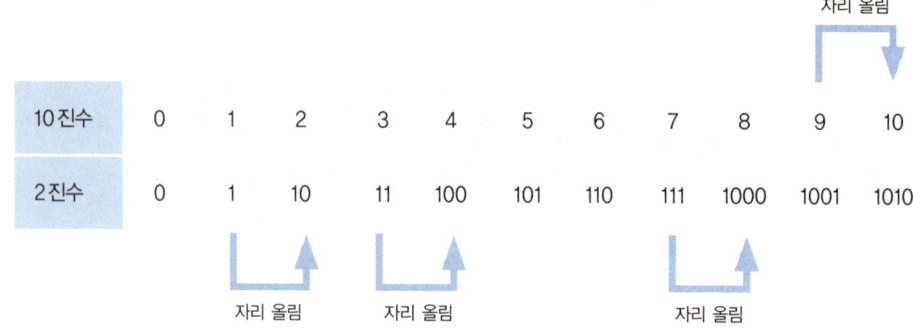

컴퓨터가 데이터를 2진수로 취급하는 이유는 어떤 컴퓨터이든 기본적인 구조는 전자 회로에 전류가 흐르고 있는지 아닌지로 되어 있으며, 전류가 흐르지 않는 상태를 0(OFF), 전류가 흐르고 있는 상태를 1(ON)로 나타내기 때문입니다. 이 0과 1, 두 가지로 데이터를 나타내는 단위를 '비트(bit : binary digit)'라고 하며, 이는 컴퓨터가 취급하는 최소 단위입니다. 바이트(byte)는 8비트를 한 세트로 한 정보량의 단위입니다. 1바이트=8비트이므로, 1바이트는 0이나 1이 8개 나열되며 256개(2^8)의 데이터를 나타낼 수 있습니다. 또한 수치가 너무 커지면 바이트나 비트만으로 나타내기 힘들기 때문에 아래와 같이 큰 양의 수치를 나타내는 보조 단위를 사용합니다.

KB(킬로바이트)	1KB = 1,024byte
MB(메가바이트)	1MB = 1,024KB
GB(기가바이트)	1GB = 1,024MB
TB(테라바이트)	1TB = 1,024GB

제 4장 디스크 관리

Key Point	하드디스크의 구조
	파일 시스템
Lesson 01	외부 기억 장치의 종류
Lesson 02	디스크 시스템
Lesson 03	파일과 디렉터리
Lesson 04	트랙과 섹터
Lesson 05	디스크 포맷
Lesson 06	파일 작성
Lesson 07	프래그먼테이션
Lesson 08	사용자별 파일 관리
Lesson 09	디스크 캐시
Lesson 10	압축
Lesson 11	검색
Lesson 12	리던던시
<< Exercise	도전! OS
OS 상식	백업과 복원

하드디스크의 구조

이 장에서는 보조 기억 장치, 특히 하드디스크에 대해 그 내부 구조를 소개합니다. 또한 액세스를 고속화하기 위한 OS의 장치에 대해서도 살펴봅니다.

하드디스크는 프로그램이나 데이터를 저장해 두기 위한 대용량 기억 장치입니다. 하드디스크 안에는 자기로 기록할 수 있는 딱딱한 원반이 여러 장 들어 있으며, 고속으로 회전하고 있습니다. 각 원반의 기록면은 메모리의 주소와 비슷한 섹터와 트랙이라는 단위로 구분되어 있습니다. 이것은 하드디스크를 처음 사용할 때 포맷이라는 초기화 작업을 수행하면 작성됩니다. 포맷에는 섹터의 데이터를 모두 초기화하는 물리적 포맷과 파일 시스템이 관리하는 영역만을 초기화하는 논리적 포맷이 있습니다. 또한 파일 시스템의 형식을 '디스크 포맷'이라 부르는 경우도 있습니다.

데이터의 읽고 쓰기는 암(arm) 끝에 붙어 있는 자기 헤드가 고속으로 회전하는 디스크 위를 이동하면서 수행합니다. 하드디스크의 회전 속도는 rpm(1분당 회전수)으로 표시하고, 이 값이 클수록 데이터의 읽고 쓰기 속도가 빠르며, OS에 주는 부담을 덜 수 있습니다. 디스크에 저장된 데이터가 단편화(Fragment)되어 있으면 읽고 쓰는 속도가 저하되므로 OS에는 단편화를 해소하는 기능(디프래그 : Defrag)도 있습니다.

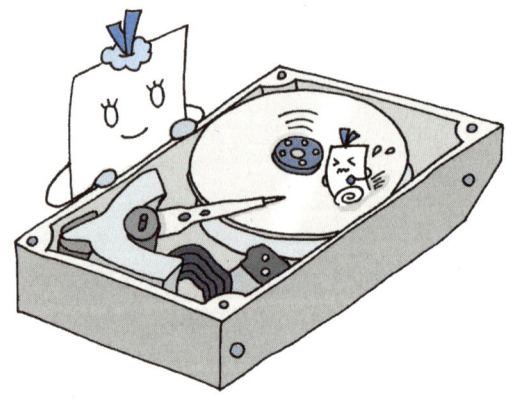

용어 설명

트랙(Track)
하드디스크의 기록면으로, 동심원 형태로 분할된 영역을 말한다.

섹터(Sector)
트랙을 다시 분할한 영역으로, 자기 디스크의 경우 섹터는 보통 512byte의 영역을 가진다.

꼭 알아야 할 Key Point

파일 시스템

하드디스크에 파일이나 디렉터리를 작성할 때 그것을 어떻게 기록할지를 정한 것을 '파일 시스템'이라고 합니다. 파일 시스템은 보안 강화나 대용량화에 맞춰 진화되어 왔으며, OS마다 많은 종류의 파일 시스템이 있습니다. 예를 들어 Windows의 경우에는 FAT32나 NTFS가 있으며, Mac OS의 경우에는 HFS Plus 등이 있습니다. OS가 각 파일 시스템을 지원해주지 않으면 해당 파일 시스템에 액세스할 수 없습니다. 한편 CD나 DVD와 같이 이동식 미디어 파일 시스템은 대부분의 OS가 지원하고 있습니다.

또한 이 장에서는 프로그램이 OS를 통해 데이터를 파일과 주고받을 때의 '스트림(Stream)'이라는 개념도 소개합니다. 스트림(Stream)은 '흐름', '개울'이라는 뜻이 있지만 여기서는 '프로그램과 파일 사이의 데이터의 흐름'을 뜻합니다.

이 밖에도 압축, 검색, 리던던시와 같은 개념도 다룹니다. OS를 효율적으로 사용하기 위해서는 이런 것도 확실히 이해해 두어야 합니다.

파일 시스템
기억 장치에 파일이나 디렉터리를 기록하는 방법으로, OS에 따라 다양한 파일 시스템이 있다.

단편화(Fragmentation)
하드디스크와 같은 기억 장치의 기억 영역에 단편적인 데이터가 저장되어 있는 상태를 말한다.

리던던시(Redundancy)
시스템의 리던던시는 시스템의 장애가 발생해도 큰 손실이 없도록 시스템 전체에 여유를 가지게 하는 것을 말한다.

외부 기억 장치의 종류

Lesson 01

하드웨어로서의 외부 기억 장치를 액세스 방식별로 살펴봅시다.

데이터의 액세스 방식

프로그램이나 데이터를 저장하는 외부 기억 장치는 데이터의 액세스 방식별로 다음과 같이 분류할 수 있습니다.

랜덤 액세스

하드디스크 드라이브처럼 기억 영역상에 있는 목적 데이터에 직접 액세스하는 방식을 '랜덤 액세스(Random Access)'라고 합니다. 고속으로 데이터에 액세스할 수 있습니다.

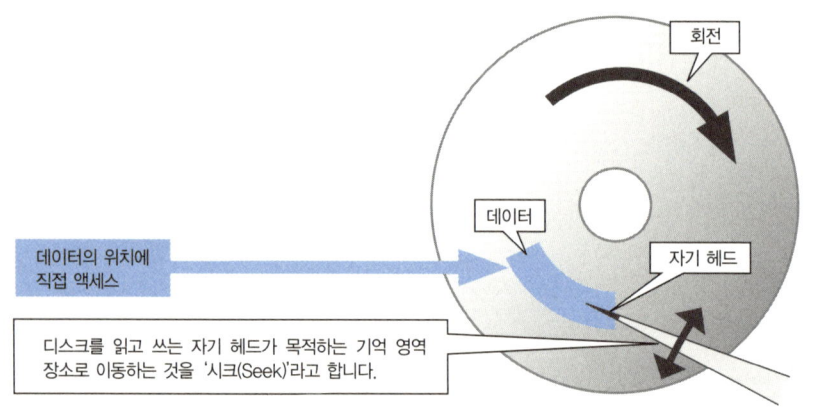

데이터의 위치에 직접 액세스

디스크를 읽고 쓰는 자기 헤드가 목적하는 기억 영역 장소로 이동하는 것을 '시크(Seek)'라고 합니다.

랜덤 액세스를 채택하고 있는 외부 기억 장치에는 다음과 같은 것들이 있습니다.

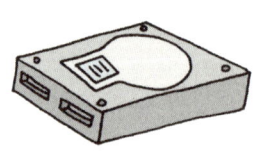
하드디스크 드라이브(HDD)

CD/DVD/
블루레이 디스크(BD) 드라이브

플로피 디스크 드라이브(FDD)

시퀀셜 액세스

자기 테이프와 같이 기억 영역의 맨 처음부터 데이터를 순서대로 검색하여 액세스해 나가는 방법을 '시퀀셜 액세스(Sequential Access)'라고 합니다. 기억 영역의 뒤쪽에 있는 데이터에 액세스하는 데는 시간이 걸립니다.

맨 처음부터 순서대로 액세스합니다.

시퀀셜 액세스를 사용하고 있는 외부 기억 장치로는 다음과 같은 것이 있습니다.

자기 테이프 / 플래시 메모리 / SD 메모리 카드

> 플래시 메모리나 SD 메모리 카드는 랜덤 액세스와 시퀀셜 액세스 모두 채택하고 있지만 대부분이 시퀀셜 액세스입니다.

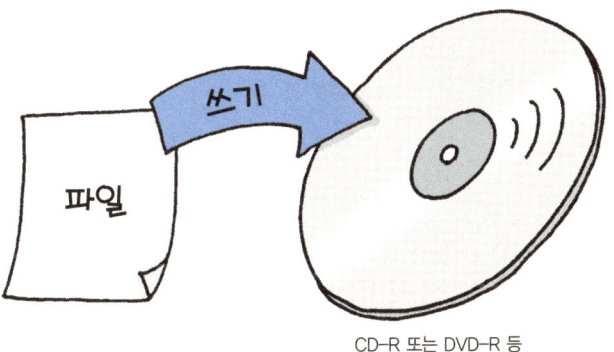

CD-R 또는 DVD-R 등

> 데이터의 액세스 방법 외에도 쓰기 가능 유무로도 분류할 수 있어요.

디스크 시스템

Lesson 02

OS에 따른 외부 기억 장치의 할당 방법 차이에 대해 살펴봅시다.

외부 기억 장치의 할당

OS에 따라 하드디스크와 같은 외부 기억 장치가 어떻게 할당되는지, 어떻게 사용되는지가 다릅니다.

Windows

Windows에서는 하드디스크 드라이브 등을 '드라이브(Drive)'라는 단위로 할당합니다. 대부분은 첫 번째 하드디스크를 C로 해서 영문자를 순서대로 붙이는데, C 드라이브, D 드라이브, … 등으로 부릅니다. 또한 디렉터리 경로에 쓸 때는 C:, D:로 씁니다.

기억 매체 관리상의 단위를 '볼륨'이라고 해요.

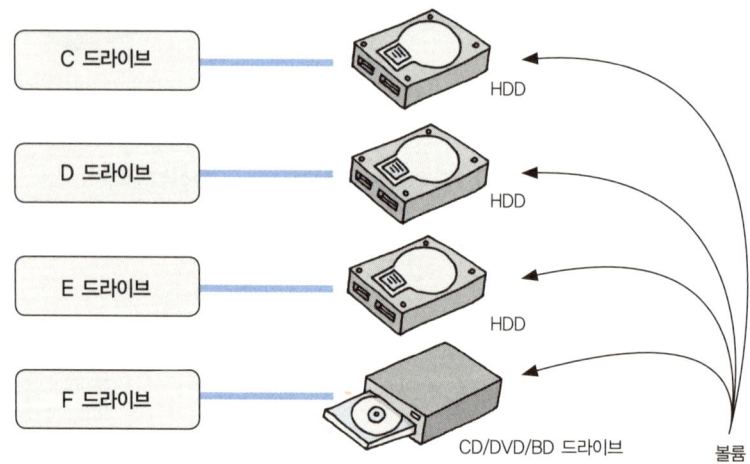

하나의 하드디스크를 분할하여 드라이브를 할당할 수도 있습니다. 분할한 각 영역을 '파티션'이라고 합니다.

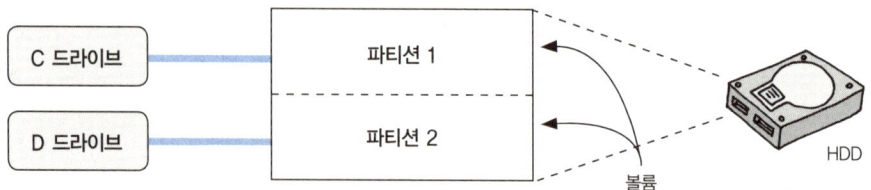

UNIX

UNIX에서는 접속된 외부 기억 장치가 dev 디렉터리(119쪽) 아래의 폴더로 나타납니다.

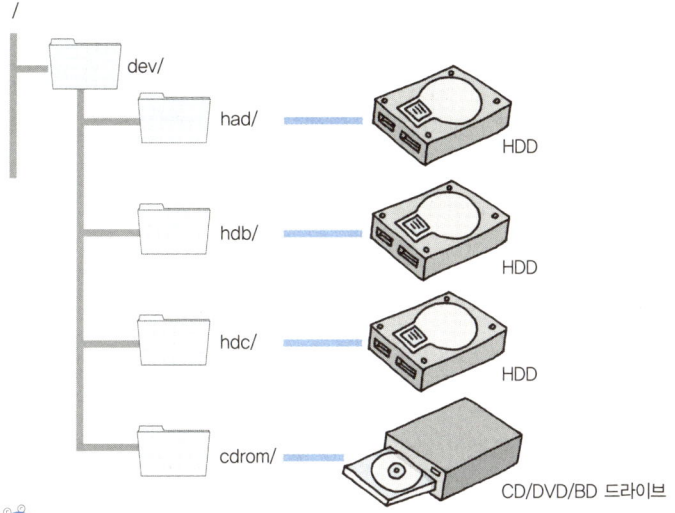

마운트

컴퓨터에 접속한 외부 기억 장치를 디렉터리 계층으로 이용할 수 있는 상태로 만드는 것을 '마운트(Mount)'라고 합니다. 반대로 OS의 인식을 해제하는 것을 '언마운트(Unmount)'라고 합니다.

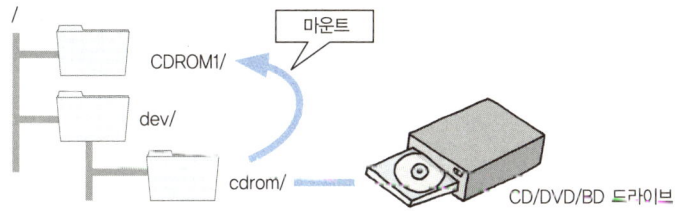

물리 볼륨과 논리 볼륨

이 페이지의 예에서는 하드디스크 드라이브 자체를 볼륨으로 하고 있는데, 여러 개의 하드디스크 드라이브를 통합한 일부를 볼륨으로 간주하는 기능도 있습니다(UNIX의 논리 볼륨 관리자, Windows의 동적 디스크 등).

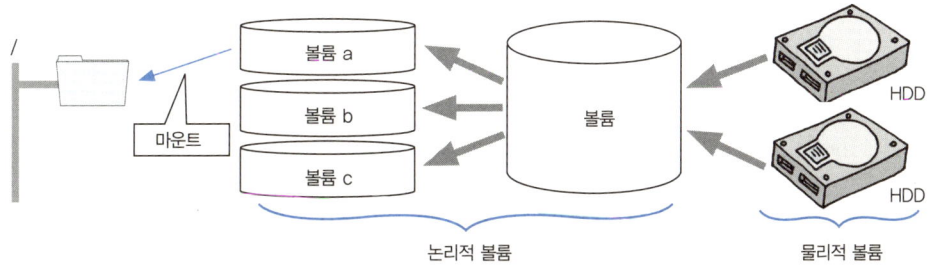

파일과 디렉터리

Lesson 03

파일과 디렉터리(폴더)에 대해 살펴봅시다.

파일

OS는 데이터를 파일 단위로 관리합니다. 파일은 크게 다음 두 가지로 나눌 수 있습니다.

OS에서 실행할 수 있는 프로그램 파일

정보가 기록되어 있을 뿐인 데이터 파일

파일명 끝에 있는 '.'(닷) 이후를 확장자(UNIX에서는 '서픽스')라고 합니다. 이는 파일의 종류를 나타내는 데 활용되며, 특히 Windows에서는 확장자가 실행 애플리케이션과 연결되어 특별한 의미를 가집니다.

DataFile.txt ← 확장자

확장자의 예

확장자	개요
bin	바이너리 데이터 전반을 나타낸다.
dat	데이터 파일 전반을 나타낸다.
sys	OS나 프로그램의 설정을 기술한 파일 전반을 나타낸다.
exe/com	Windows의 실행 가능 파일이다.
txt	텍스트 파일(문자 이외의 정보를 포함하지 않은 파일)이다.
htm/html	HTML로 기술된 웹상의 도큐먼트 파일이다.
jpg	JPEG 형식으로 압축된 정지 그림 파일이다.
gif	256색까지 취급할 수 있는 정지 또는 애니메이션 그림 파일이다.
bmp	Windows의 정지 그림 파일이다.
mpg	MPEG 형식으로 압축된 동영상 파일이다.
pdf	Adobe Systems사의 전자 문서 파일이다.
zip	ZIP 형식으로 압축된 파일이다.

디렉터리(폴더)

최근의 OS에서는 파일을 계층 구조로 된 디렉터리(Windows 및 Mac에서는 폴더라고 함) 안에 저장하여 관리합니다. 최상위 디렉터리를 '루트 디렉터리', 그 아래 것을 '서브 디렉터리'라고 합니다.

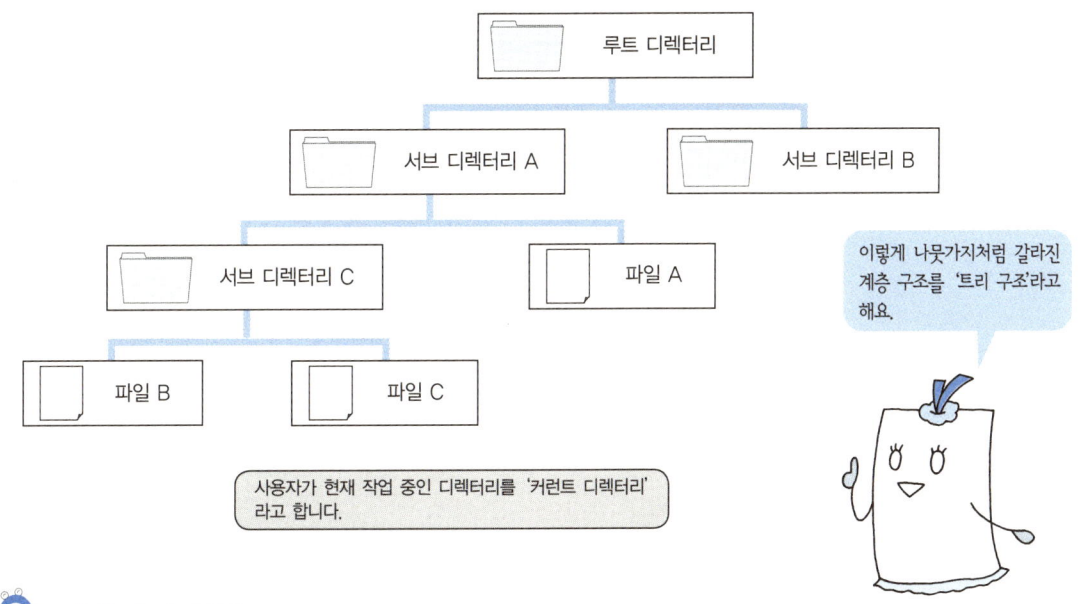

디렉터리 경로

파일의 위치를 지정하기 위해 루트 디렉터리부터 파일이 있는 특정 디렉터리까지의 경로를 '디렉터리 경로(Path)'라고 합니다. 루트 디렉터리부터 도달하는 것을 '절대 경로', 특정 디렉터리를 기준으로 한 것을 '상대 경로'라고 합니다.

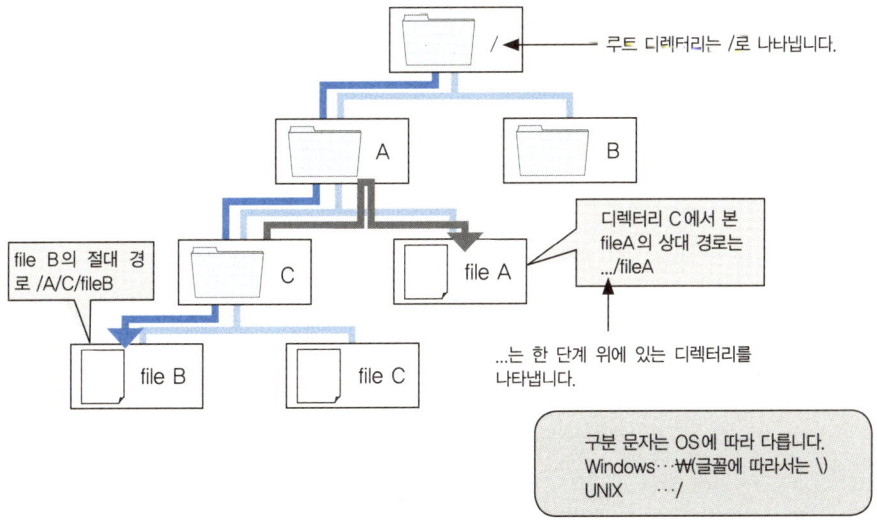

트랙과 섹터

Lesson 04

하드디스크의 기록면 구조에 대해 살펴봅시다.

하드디스크의 구조

하드디스크는 플래터(Platter)라는 원반이 여러 장 조합된 구조로 이루어져 있습니다.

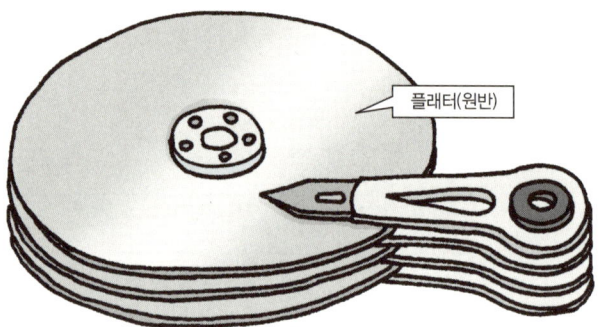

플래터(원반)

트랙과 섹터

디스크의 기록면은 트랙(Track)이라는 동심원 상태인 영역으로 분할되어 있습니다. 트랙을 다시 분할한 영역을 '섹터(Sector)'라고 합니다. 또한 트랙의 모음을 '실린더(Cylinder)'라고 합니다.

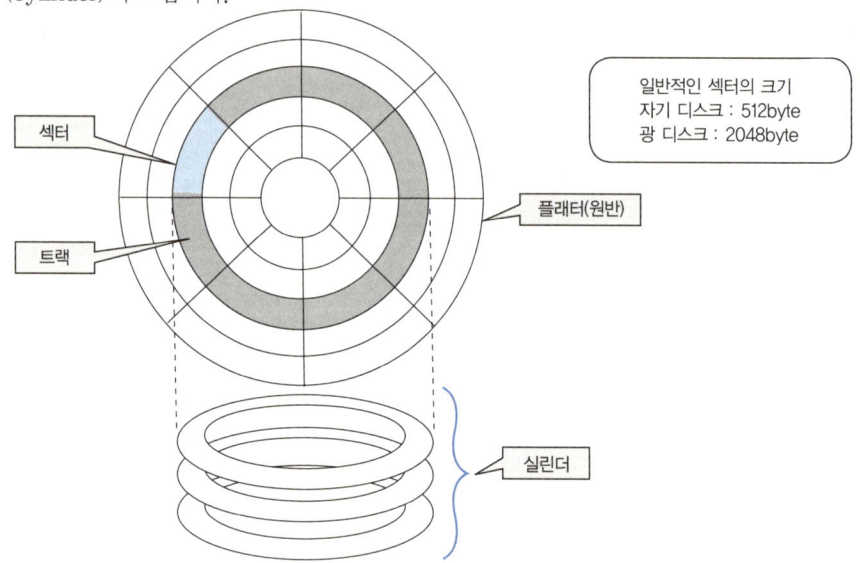

일반적인 섹터의 크기
자기 디스크 : 512byte
광 디스크 : 2048byte

섹터
트랙
플래터(원반)
실린더

하드디스크의 기억 용량 계산 방법

하드디스크의 기억 용량은 다음과 같이 계산합니다.

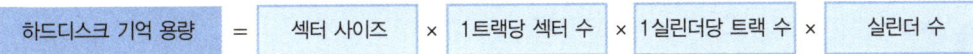

하드디스크의 속도 계산 방법

하드디스크의 속도는 다음과 같이 계산합니다.

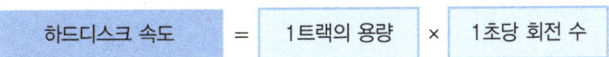

클러스터

OS가 파일을 취급할 때는 섹터 단위가 아니라 섹터를 몇 개 모은 '클러스터(Cluster)'라는 단위로 관리합니다.

예) 1클러스터=4섹터인 경우

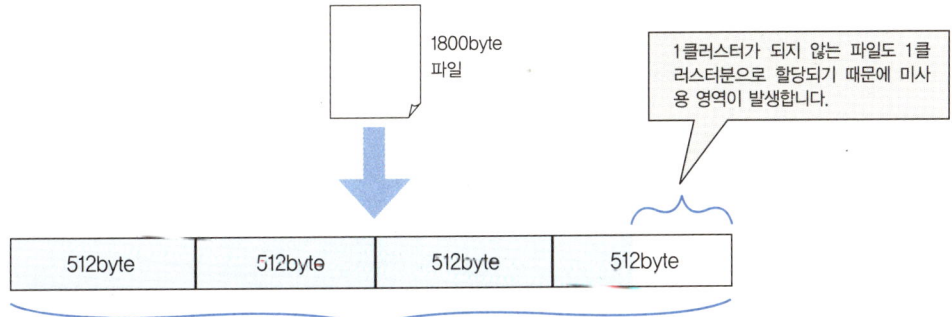

1800byte 파일

1클러스터가 되지 않는 파일도 1클러스터분으로 할당되기 때문에 미사용 영역이 발생합니다.

디스크상의 파일 사이즈=2KB(2048byte)

클러스터에 파일을 할당할 때 발생하는 미사용 영역은 프래그먼테이션(126쪽)의 원인이 돼요.

디스크 포맷

Lesson 05

기억 장치의 파일 시스템과 그 초기화 작업이라는 뜻을 가진 포맷에 대해 살펴봅시다.

파일 시스템

기억 장치에 파일이나 디렉터리를 기록하는 방법을 파일 시스템(또는 디스크 포맷)이라고 합니다. 파일 시스템은 OS에 따라 다르며, 다음과 같은 것이 있습니다. OS가 지원하지 않는 파일 시스템에는 액세스할 수 없습니다.

FAT32
Windows의 파일 시스템 중 하나로, 디스크 영역의 사용 효율이 좋으며 과거의 OS와 호환성이 높다.

최대 파일 사이즈 : 4GB
최대 볼륨 사이즈 : 2TB

NTFS
Windows에서 주로 사용되는 파일 시스템으로, 검색 기능의 고속화 및 파일에 대한 액세스 제한 기능이 추가되었다.

최대 파일 사이즈 : 16TB
최대 볼륨 사이즈 : 256TB

HFS Plus
Mac OS에서 채택하고 있는 파일 시스템으로, 종래의 HFS와 비교해 대용량 파일을 지원한다.

최대 파일 사이즈 : 2TB~8EB(Exabyte)
최대 볼륨 사이즈 : 2TB~8EB
(Mac OS 버전에 따라 다름)

ext3
Linux의 파일 시스템으로, OS 정지 시나 파일의 손상에 강한 저널링(Journaling) 기능이 특징이다.

최대 파일 사이즈 : 2TB
최대 볼륨 사이즈 : 32TB

ISO9660
CD-ROM의 파일 시스템으로, 다양한 OS에서 읽을 수 있다.

최대 파일 사이즈 : 4GB
최대 볼륨 사이즈 : 8TB

UDF
광디스크의 파일 시스템으로, 디스크의 대용량화로 인해 ISO9660을 대신하여 DVD나 BD에 채택되었다.

최대 파일 사이즈 : 16EB
최대 볼륨 사이즈 : 128TiB(Tebibyte)

디스크의 대용량화나 보안 강화를 처리하기 위해 발전했어요.

디스크의 초기화

하드디스크를 사용하려면 파티션을 작성한 후에 다음과 같은 초기화 처리를 순서대로 수행해야 합니다.

물리 포맷

섹터에 기록된 데이터는 모두 삭제됩니다. 물리 포맷을 수행하지 않으면 기억 장치로 사용할 수 없습니다.

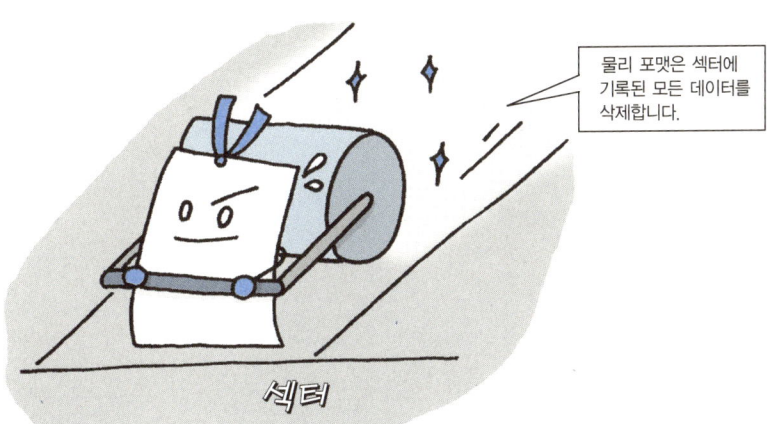

논리 포맷

파일 시스템이 관리하는 영역을 작성합니다. 다른 파일 시스템을 사용할 때는 논리 포맷이 필요합니다.

파일 작성

Lesson 06

프로그램에서 파일을 읽고 쓸 때의 데이터 흐름에 대해 살펴봅시다.

스트림

프로그램이 파일을 읽고 쓸 때 그 프로세스와 파일 간에 데이터가 통하는 길을 만들어서 주고받기를 하는데, 이 통로를 흐르는 데이터의 흐름을 '스트림(Stream)'이라고 합니다.

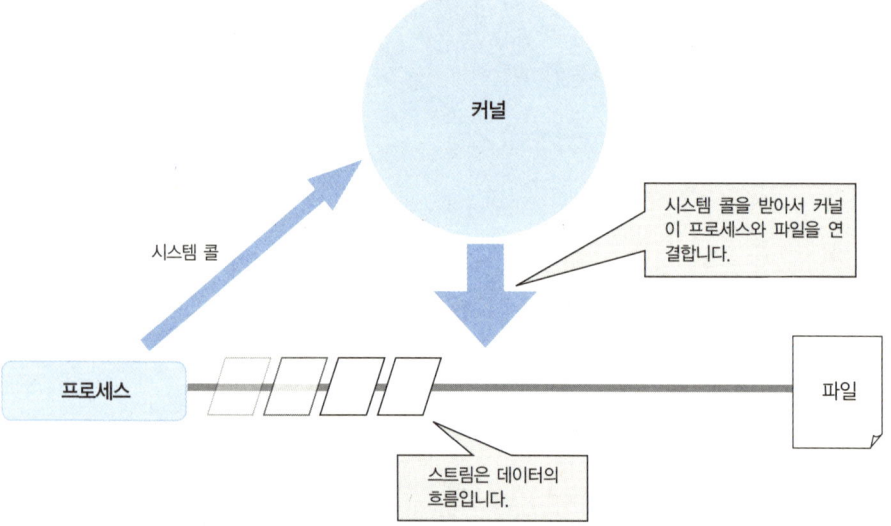

스트림에 대한 조작으로는 다음과 같은 것이 있습니다.

.Open(파일 열기)
프로세스와 파일을 연결합니다.

.Read(읽기)
Open한 파일의 내용을 읽어들입니다.

.Write(쓰기)
Open한 파일에 데이터를 기록합니다.

.Close(파일 닫기)
Open한 파일의 연결을 끊습니다.

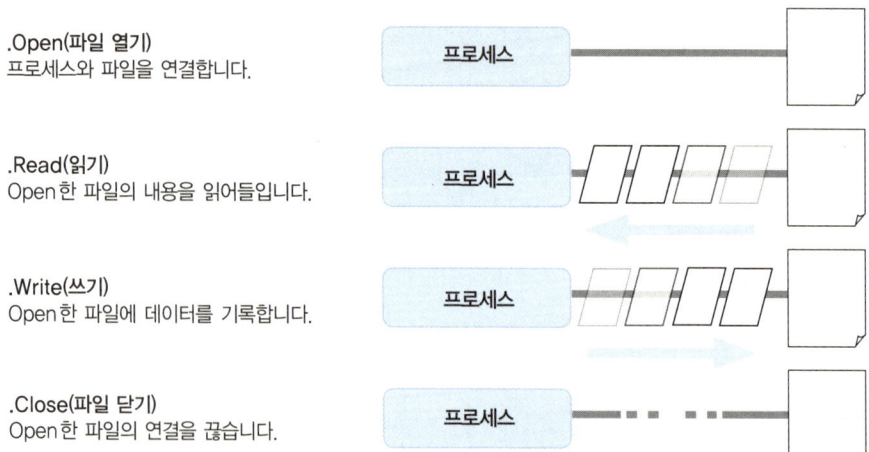

파일 조작하기

OS에는 파일이나 디렉터리에 대해 다음과 같은 조작을 수행하는 기능이 있습니다.

- 파일 복사
- 파일 삭제
- 파일 이동
- 파일명 변경
- 파일 속성 변경
- 디렉터리 작성과 삭제

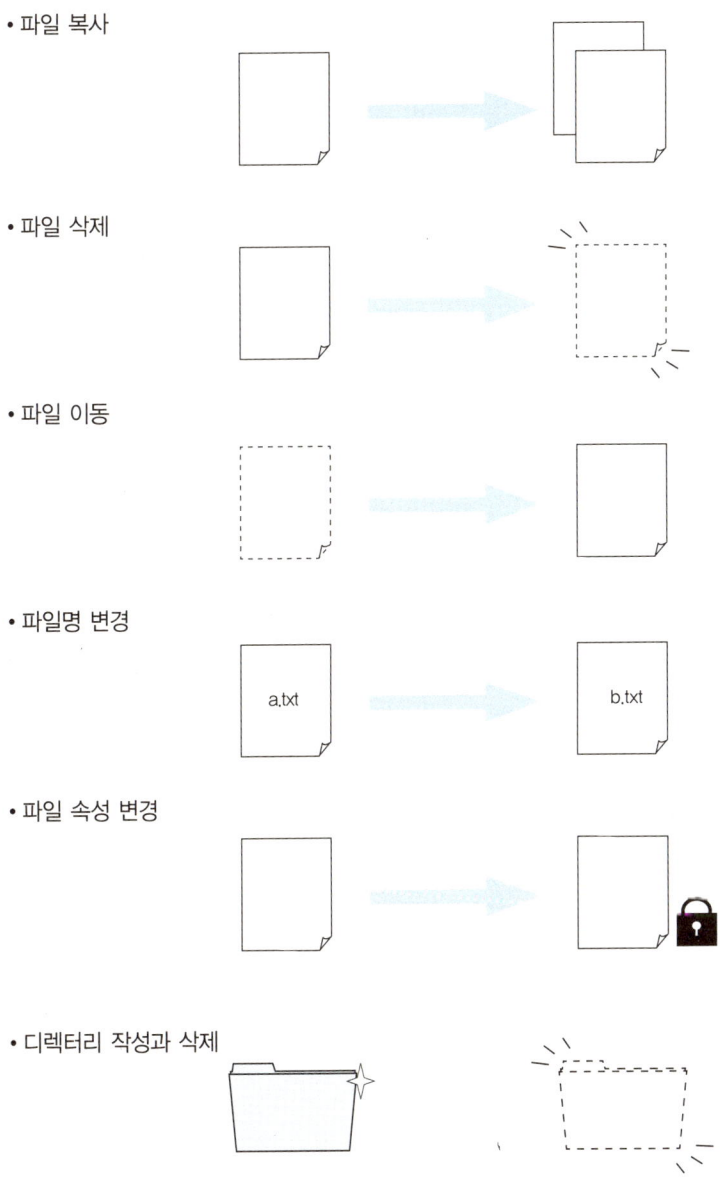

프래그먼테이션

Lesson 07

디스크를 계속 사용하면 기억 영역이 단편화(조각화)됩니다.

프래그먼테이션

하드디스크와 같은 기억 장치의 기억 영역에 단편적인 데이터가 저장되어 있는 상태를 '프래그먼테이션(Fragmentation : 단편화)'이라고 합니다. 프래그먼테이션이 있으면 OS가 데이터를 읽어들이는 작업이 느려집니다.

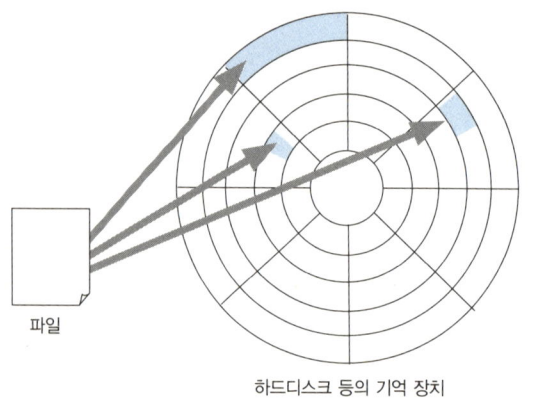

하나의 파일이 여러 트랙에 분할되어 기록되어 있기 때문에 시크 횟수가 증가하여 액세스하는 데 시간이 걸려요.

디프래그

프래그먼테이션을 해소하기 위해 단편화된 디스크의 기억 영역을 연속된 영역으로 다시 기록하는 것을 '디프래그(Defrag)'라고 합니다. 디프래그는 용량이 적은 파일일수록 효과적입니다.

시크 횟수를 줄이고 OS의 부담을 적게 만들어요.

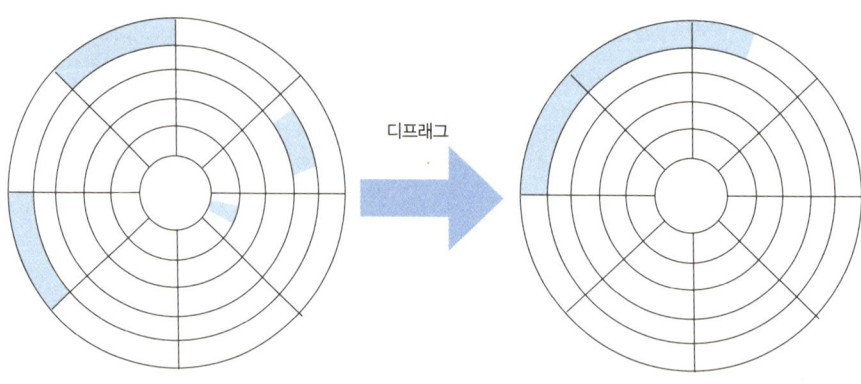

디스크의 액세스 시간

디스크의 액세스 시간은 다음과 같이 계산합니다.

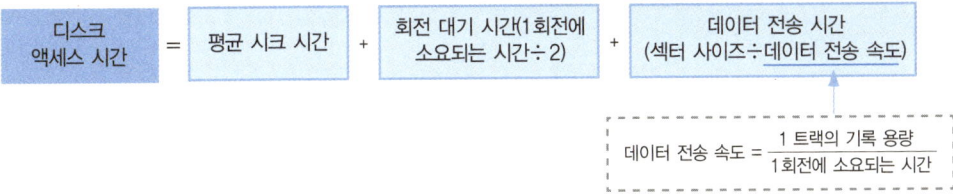

예) 다음과 같은 성능을 가진 하드디스크가 한 블록(블록=연속된 섹터)의 데이터를 전송하는 경우

회전 속도	2,000[회전/분](=1/30[회전/ms])
평균 시크 시간	10[ms]
1 트랙당 기억 용량	9,000[byte]
섹터 사이즈	3,000[byte]

← 1회전에 소요되는 시간=30ms

회전 대기 시간 = 30÷2 = 15[ms]
데이터 전송 속도 = 9,000[byte]÷30 = 300[byte/ms]
데이터 전송 시간 = 3,000[byte]÷300[byte/ms] = 10[ms]
액세스 시간 = 10+15+10 = 35[ms]

메모리의 단편화 해소 → 컴팩션
디스크의 단편화 해소 → 디프래그

메모리와는 용어가 다르므로 주의합시다!

사용자별 파일 관리

Lesson 08

액세스 권한에 따라 보호되는 파일에 대해 살펴봅시다.

액세스 권한

파일에는 읽기나 쓰기와 같은 액세스를 허가하는 정보가 정의되어 있으며, 특정 사용자나 그룹으로 액세스 권한을 설정할 수 있습니다. 이 권한을 '퍼미션(Permission)'이라고 합니다.

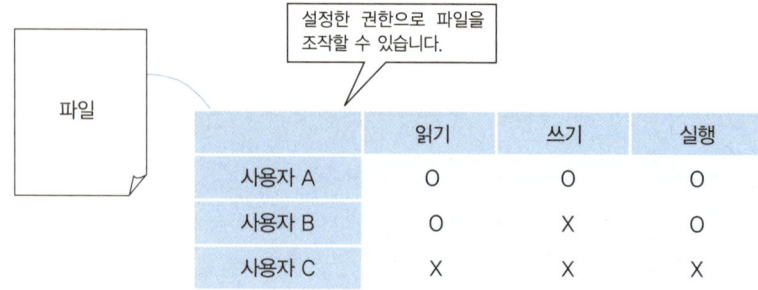

파일 시스템에서 관리하는 퍼미션 목록을 '액세스 제어 목록'이라고 해요.

쿼터

여러 사용자가 OS를 공유할 때 각 사용자가 사용할 수 있는 하드디스크 용량의 상한값을 설정할 수 있는데, 이를 '쿼터(Quota)'라고 합니다. 쿼터 이상으로 데이터를 쓰려고 하면 OS가 쓰기를 거부합니다.

사용자 A의 쿼터

사용자 B의 쿼터

쿼터를 '방의 넓이', 데이터를 '가구'로 생각하면 이해하기가 쉬워요.

Lesson 09 디스크 캐시

데이터 처리를 고속화하는 장치인 캐시에 대해 살펴봅시다.

 고속화 장치

하드디스크의 처리 능력은 CPU나 메모리에 비해 매우 느립니다. 이런 하드디스크의 결점을 보완하기 위해 하드디스크에는 읽어들인 데이터를 일시적으로 저장하기 위한 전용 메모리가 마련되어 있는데, 이를 '디스크 캐시(Disk Cache)'라고 합니다.

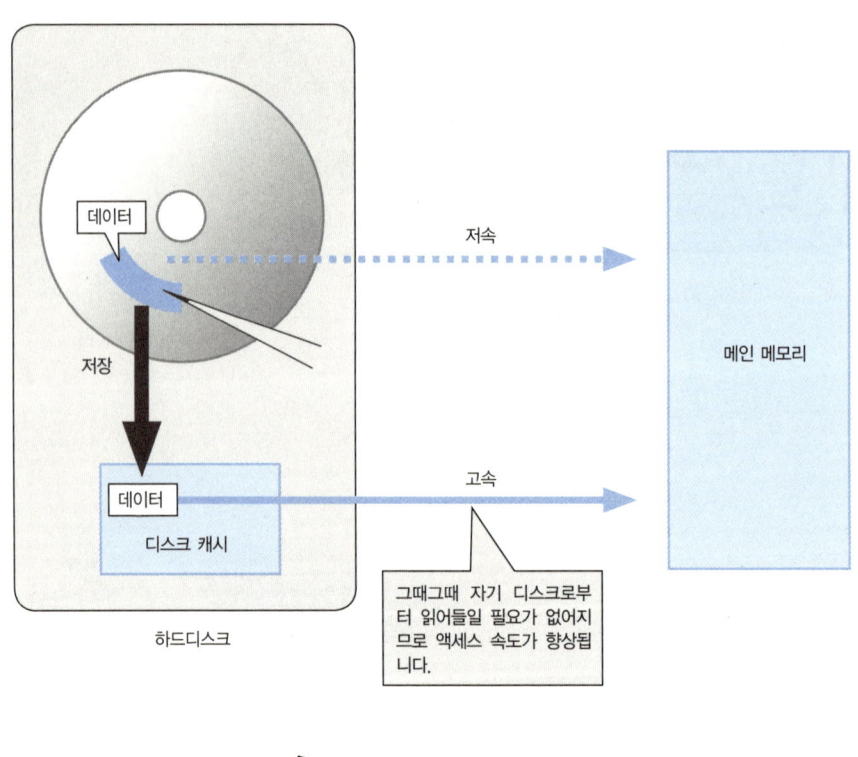

RAM 디스크

RAM 디스크는 RAM을 디스크 드라이브로 사용할 수 있도록 한 것입니다. 기계적인 동작이 없기 때문에 보통의 디스크에 비해 고속으로 액세스할 수 있지만 전원을 끄면 내용이 사라집니다.

예) Windows 32비트판에서는 최대 4GB까지 탑재할 수 있는 컴퓨터에서도 메인 메모리로 3GB 이상은 사용할 수 없지만, 나머지 약 1GB의 영역을 RAM 디스크로 이용할 수 있습니다.

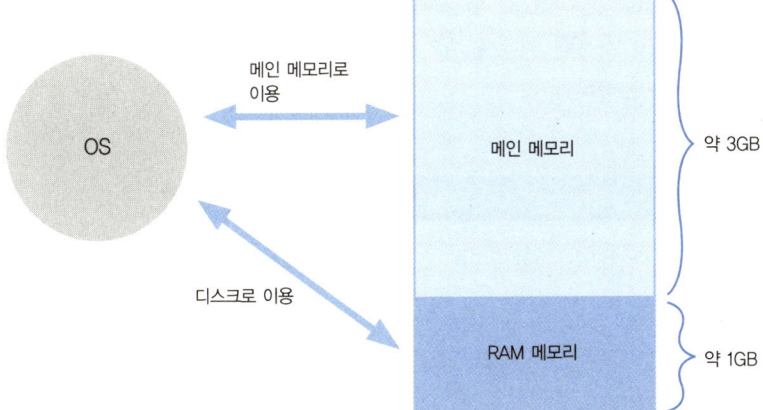

최근에는 캐시 메모리나 SSD로 충분한 성능을 얻고 있기 때문에 별로 사용하지 않아요.

Lesson 10 압축

파일을 압축하면 크기가 줄어들어 데이터 전송 시 부담을 덜 수 있습니다.

압축의 구조

압축이란, 데이터를 숫자적으로 변환하여 내용을 유지한 채 크기를 줄이는 것을 말합니다. 파일을 실제로 사용할 때는 원래의 형식으로 복원해야 하는데, 이를 '압축 해제(또는 압축 풀기)'라고 합니다.

RLE(Run Length Encoding : 런 렝스 인코딩) 방식

동일한 요소가 몇 개 있는지를 세어서 그 수를 데이터로 하는 방법입니다.

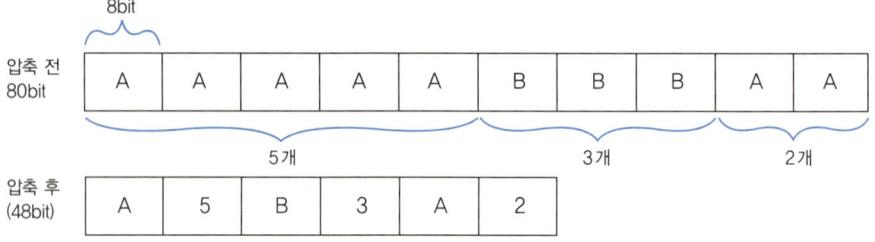

Huffman(허프만) 방식

출현 빈도가 높은 요소에는 짧은 문자열을, 출현 빈도가 낮은 요소에는 긴 문자열을 치환하는 방법입니다.

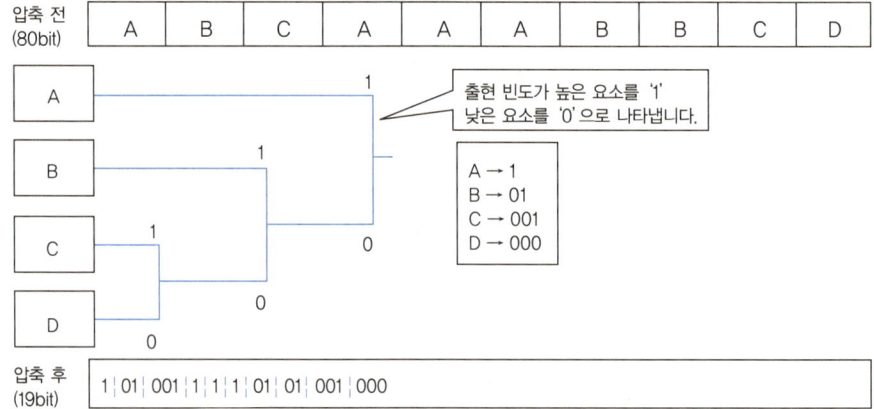

비가역 압축

파일 내용이 다소 손실되는 것을 허용하는 압축을 '비가역 압축'이라고 합니다. 주로 크기가 커지기 쉬운 그림, 음성, 동영상 분야에서 활용되는데, 사람이 느끼기 힘들 정도의 미세한 정보를 삭제하므로 그냥 봐서는 화질(음질)의 열화를 느낄 수 없습니다.

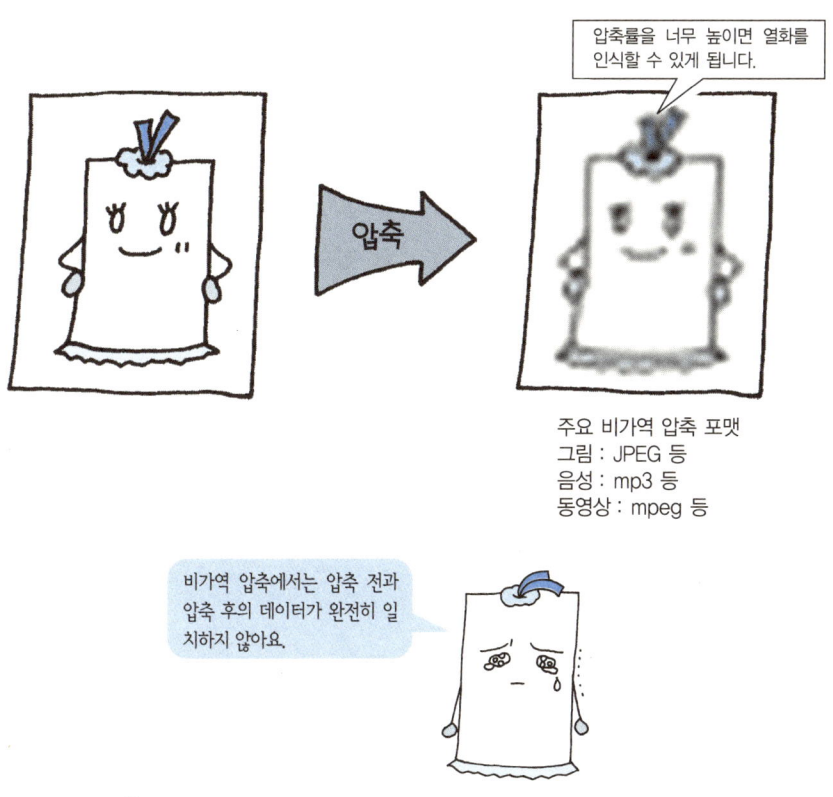

가역 압축

왼쪽 페이지와 같이 파일 내용이 손실되지 않는 압축을 '가역 압축'이라고 합니다. 프로그램이나 금융 데이터와 같이 압축으로 인해 내용이 변하면, 곤란한 파일은 가역 압축을 수행합니다.

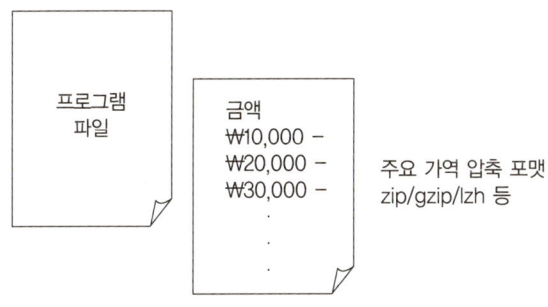

검색

디스크 안에서 파일을 찾거나 파일에 포함된 내용을 찾습니다.

파일 검색

OS에는 파일이나 디렉터리(폴더)의 저장 장소를 검색하는 기능이 마련되어 있습니다. OS가 관리하는 파일의 종류가 늘어나면 검색 기능의 중요성도 높아집니다.

검색 결과는 캐시로 저장되어 다음 검색부터는 빠르게 검색할 수 있어요.

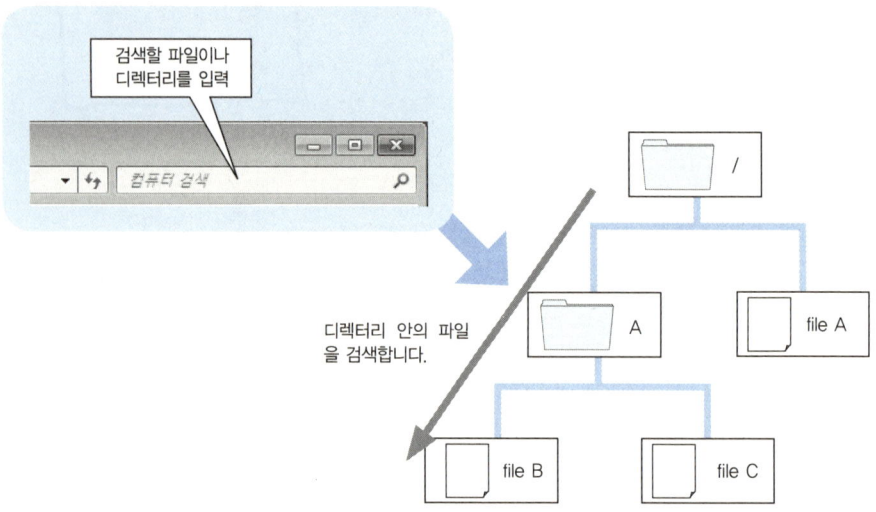

인덱스화

인덱스(Index)란, 파일의 목차입니다. 파일에 독자적인 번호를 붙여서 관리함으로써 디스크상의 모든 파일을 직접 조사할 필요가 없어지며, 검색 속도도 향상됩니다.

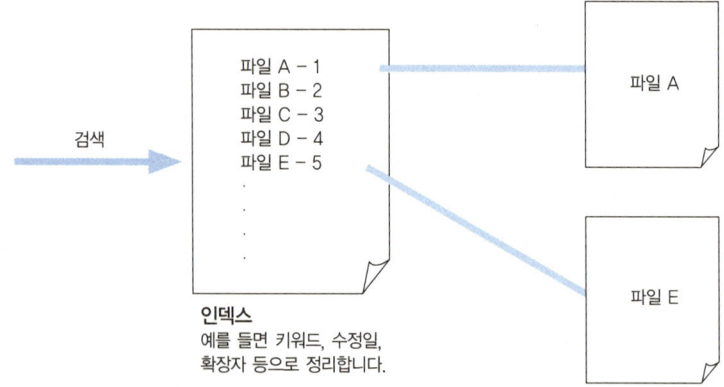

풀텍스트 검색

여러 파일의 내용을 조사하여 특정 문자열을 검색하는 것을 '풀텍스트 검색(Fulltext Search)'이라고 합니다. 풀텍스트 검색에는 다음과 같은 검색 방법이 있습니다.

순차 주사 검색

여러 개의 파일을 순차적으로 주사(走査)하여 검색 대상이 되는 문자열을 찾습니다. 파일 수가 많을수록 검색 속도는 느려집니다.

인덱스 검색

사전에 파일을 조사하여 색인을 준비해 두고 그 안에서 검색합니다. 검색 대상 파일 수가 방대할 때 고속으로 검색할 수 있습니다.

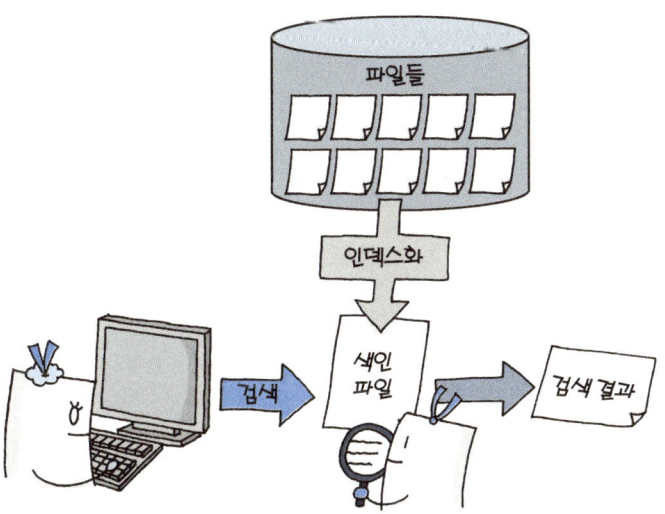

리던던시

Lesson 12

중요한 시스템의 설계에는 '리던던시(Redundancy)'를 지니게 하는 것이 상식입니다.

 시스템의 리던던시

시스템에 장애가 발생해도 큰 손실이 나지 않도록 기기를 최소 필요한 것 이상으로 마련하여 시스템 전체에 여유를 가지게 하는 것을 '시스템의 리던던시(여유도)'라고 합니다. 시스템의 리던던시 방법에는 다음과 같은 종류가 있습니다.

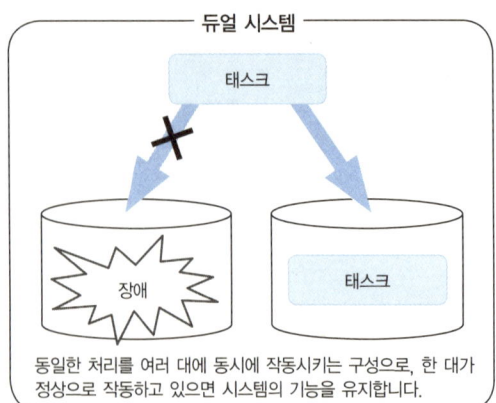
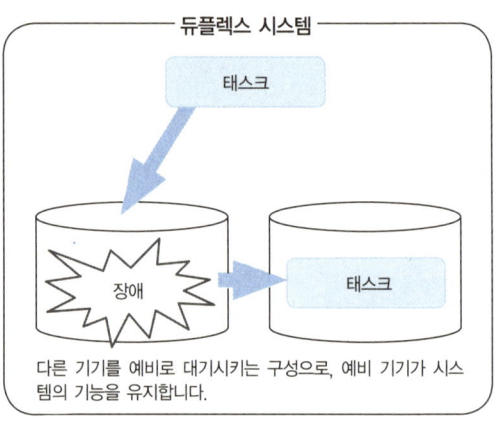

 데이터의 리던던시

통신 등에서 다루는 데이터 안에 실질적으로 의미가 없는 여분의 데이터가 있는 상태를 데이터의 '리던던시(중복성)'이라고 합니다. 또 데이터의 정당성을 검증하기 위해 확인을 위한 값을 추가하는 것을 '리던던시를 지닌다'라고 합니다.

통신 등에 의한 데이터 오류 체크 방법에는 다음과 같은 것이 있습니다.

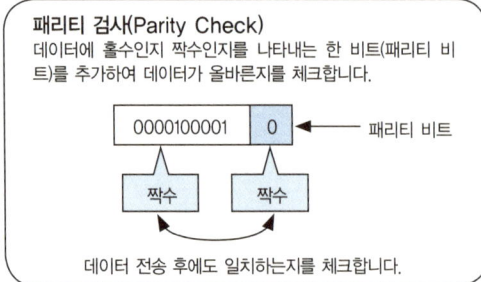
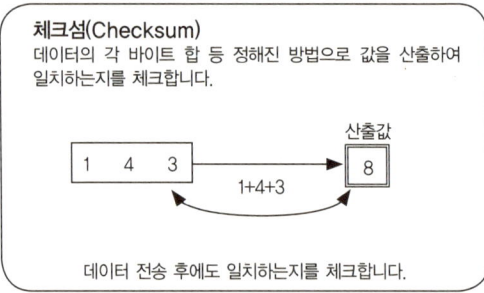

RAID

여러 개의 하드디스크를 연결하여 동시에 여러 개의 하드디스크에 액세스하는 방식을 'RAID(Redundant Array of Inexpensive Disks)'라고 합니다. RAID를 사용하면 CPU나 메모리의 부담이 줄어들며, OS에도 부담이 적어집니다.

RAID의 종류

RAID는 신뢰성 레벨에 따라 RAID0~RAID5가 있으며, RAID5가 가장 신뢰성이 뛰어납니다.

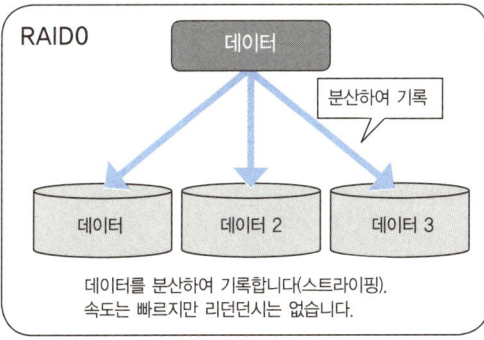

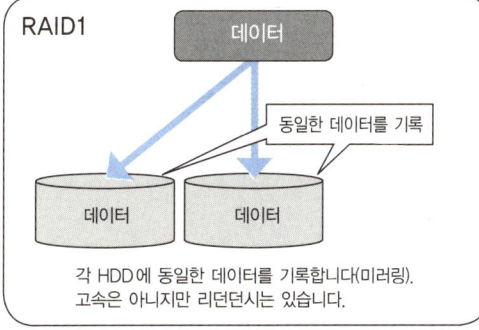

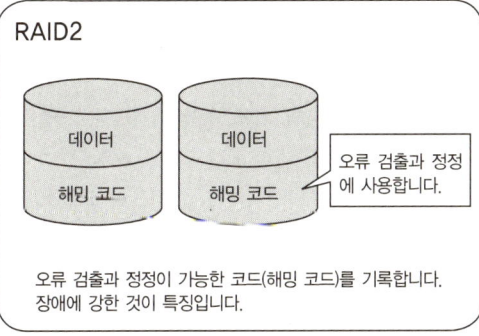

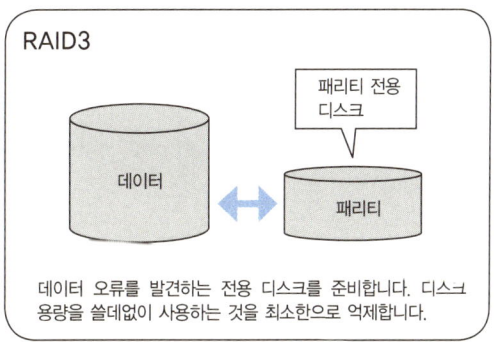

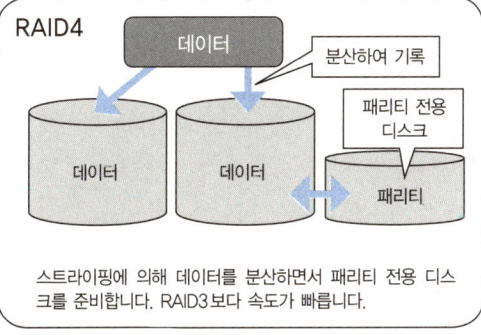

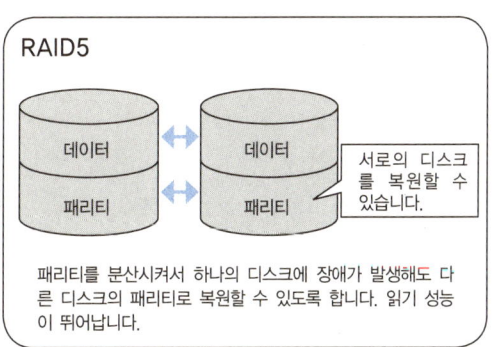

도전! OS

'백문이 불여일견'이라는 말이 있습니다. 이는 백 번 듣는 것보다 한 번 보는 것이 낫다는 말로, 어떤 개념이든 백 번 읽는 것보다 테스트를 통해 한 번 확인해보는 것이 좋을 수도 있습니다. 여기에서는 앞 장에서 배운 내용을 확인해보겠습니다. 각 문제들을 풀어 가면서 OS의 개념을 확실히 익힌다면 많은 도움이 될 것입니다.

문제

01_ 다음 외부 기억 장치의 액세스 방법에 대한 설명 중 틀린 것은 무엇입니까?

① 디스크를 읽고 쓰는 자기 헤드가 목적하는 기억 영역 장소로 이동하는 것을 '시크'라고 한다.
② 기억 영역상에 있는 목적 데이터에 직접 액세스하는 방식을 '랜덤 액세스'라고 한다.
③ 랜덤 액세스에서는 기억 영역의 뒷쪽에 있는 데이터에 액세스하는 데 시간이 걸린다.
④ 기억 영역의 맨 처음부터 데이터를 순서대로 검색하여 액세스해 나가는 방법을 '시퀀셜 액세스'라고 한다.

02_ 다음 보기에 있는 파일 확장자에 대한 설명을 올바르게 연결하십시오.

| 가. com | 나. txt | 다. exe |
| 라. bmp | 마. htm | 바. jpg |

① Windows의 실행 파일 (   )
② 텍스트 파일 (   )
③ 그림 파일 (   )
④ HTML로 기술된 도큐먼트 파일 (   )

03_ 1섹터의 크기가 512byte, 1클러스터는 4섹터인 경우, 1800byte의 파일이 실제 디스크상에서 차지하는 파일 크기는 얼마입니까?

04_ 다음 중 Windows OS에서 사용하는 파일 시스템이 아닌 것은 무엇입니까?

① NTFS
② HFS Plus
③ FAT32
④ ISO9660

05_ 다음 디스크에 관한 설명 중 틀린 것은 무엇입니까?

① 기억 장치에 단편적인 데이터가 저장되어 있는 상태를 '프래그먼테이션'이라고 한다.
② 단편화된 디스크의 기억 영역을 연속된 영역으로 다시 기록하는 것을 '디프래그'라고 한다.
③ 다중 사용자가 사용할 수 있는 하드디스크 용량의 상한값을 설정하는 것을 '쿼터'라고 한다.
④ 하드디스크에는 하드디스크의 결점을 보완하기 위해 읽어들인 데이터를 일시적으로 저장하기 위한 전용 메모리가 있는데, 이를 'RAM 디스크'라고 한다.

06_ 압축 전 파일이 다음과 같을 때 RLE 방식으로 압축한 데이터는 어떻게 됩니까?

A A A A B B

정답 및 해설

01 ③

랜덤 액세스는 데이터에 직접 액세스하는 방식입니다. 기억 영역의 뒷쪽에 데이터에 액세스하는 데 시간이 걸리는 것은 시퀀셜 액세스의 특징입니다.

02 ① 가, 다   ② 나   ③ 라, 바   ④ 마

03 2KB(2048byte)

OS가 파일을 취급할 때는 섹터 단위가 아니라 섹터를 몇 개 모은 클러스터 단위로 관리하므로, 1,800byte의 파일은 1 클러스터(4섹터=512byte×4=2,048byte)를 차지하게 됩니다.

04 ②

- HFS Plus는 Mac OS에서 사용하는 파일 시스템입니다.
- ISO9660은 CD-ROM의 파일 시스템으로 다양한 OS에서 읽을 수 있습니다.

05 ④

- 디스크 캐시라고 합니다. 디스크 캐시는 동일한 데이터를 자주 읽어들일 때 효과적입니다.
- RAM 디스크는 RAM을 디스크 드라이브로 사용할 수 있도록 한 것입니다.

06 A 4 B 2

RLE 방식은 동일한 요소의 개수를 데이터로 하는 압축 방식입니다.

알아 두면 도움이 되는
OS 상식

백업과 복원

컴퓨터에 저장된 데이터가 디스크 파손이나 바이러스 감염과 같은 장애에 의해 소실되거나 읽어들일 수 없는 상태가 되지 않도록 다른 기억 매체에 데이터를 보존해 두는 것을 '백업'이라고 합니다. 또 백업으로 저장한 데이터로부터 원래의 상태로 되돌리는 것을 '복원'이라고 합니다. 백업 방법에는 '전체 백업'과 '부분 백업'이 있습니다.

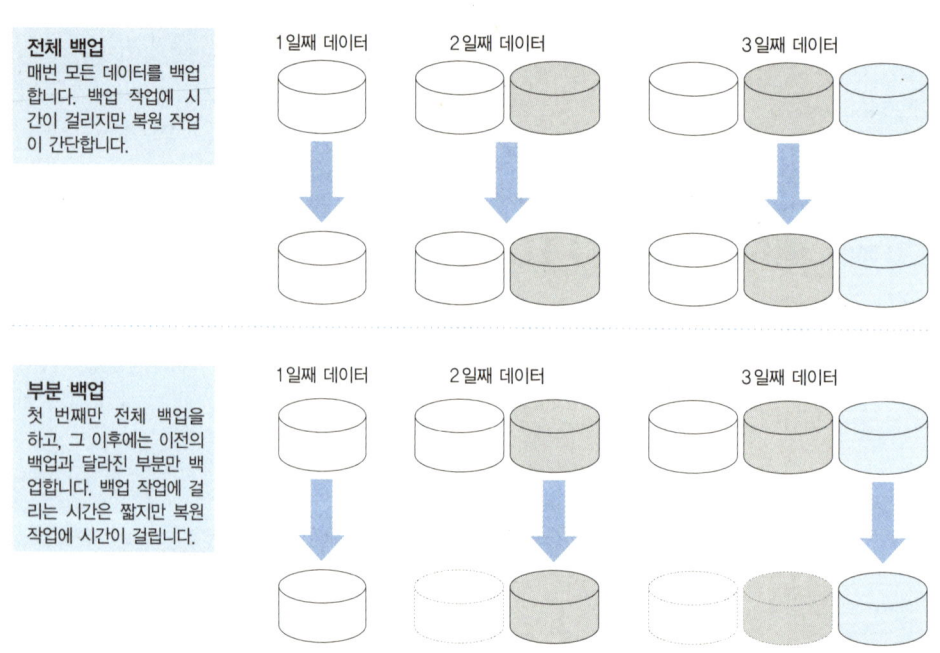

전체 백업
매번 모든 데이터를 백업합니다. 백업 작업에 시간이 걸리지만 복원 작업이 간단합니다.

부분 백업
첫 번째만 전체 백업을 하고, 그 이후에는 이전의 백업과 달라진 부분만 백업합니다. 백업 작업에 걸리는 시간은 짧지만 복원 작업에 시간이 걸립니다.

백업 작업은 업무와 관련된 중요한 데이터의 소실을 막기 위해서 정기적으로 수행해야 할 중요한 작업입니다.

제 5장
네트워크 관리

Key Point	네트워크 구성
	컴퓨터 보안
Lesson 01	OS와 네트워크
Lesson 02	서버
Lesson 03	서버 OS
Lesson 04	네트워크 연결 구조
Lesson 05	네트워크 보안
<< Exercise	도전! OS
OS 상식	다양한 서비스

네트워크 구성

이 장에서는 컴퓨터를 네트워크에 접속하여 통신하는 경우 OS의 기능에 대해 살펴봅니다.
컴퓨터는 'LAN(Local Area Network)'이라는 단위로 연결됩니다. 또한 LAN은 광역 WAN(Wide Area Network)이나 인터넷에 연결됩니다. 네트워크상의 컴퓨터끼리 통신을 하기 위해서는 프로토콜이라는 정해진 규칙이 필요합니다. 인터넷에서는 TCP/IP나 HTTP와 같은 프로토콜이 사용되는데, 프로토콜의 지원도 OS의 역할입니다.
네트워크에는 웹이나 메일과 같은 서비스별로 서버가 마련되어 있고, 각각 컴퓨터와 같은 클라이언트 컴퓨터와 데이터를 주고받습니다. 서버에는 서버용 OS가 마련되어 있으므로 그 특징에 대해서도 살펴보겠습니다.

LAN(Local Area Network)
근거리 통신망으로, 집이나 학교, 회사 등과 같이 비교적 가까운 지역을 하나로 묶는 컴퓨터 네트워크를 말한다.

WAN(Wide Area Network)
광역 통신망으로, 먼 거리의 지역을 하나로 묶는 컴퓨터 네트워크를 말한다.

꼭 알아야 할 Key Point

컴퓨터 보안

네트워크에 연결한다는 것은 항상 보안상의 위험에 놓여 있다는 것을 의미합니다. 가장 먼저 떠오르는 것은 '컴퓨터 바이러스'이겠지요. 바이러스는 메일의 첨부 파일이나 웹 브라우저의 보안 취약성을 타고 침투합니다. 이런 침투를 막으려면 '바이러스 대책 소프트웨어(백신 소프트웨어)'를 도입하는 것이 효과적입니다. 바이러스 대책 소프트웨어는 OS가 기동된 상태에서는 항상 상주해 있으며, 네트워크 송수신을 실시간으로 감시해 줍니다. 그리고 바이러스로 여겨지는 데이터가 수신되면 바로 다른 장소로 격리시킵니다.

요즘은 특히 OS 레벨에서 방화벽 기능을 지원하고 있는 경우가 많습니다. 방화벽을 사용하면 불필요한 포트(예를 들어, FTP나 TELNET과 같은 프로토콜이 사용하는 포트)를 차단하여 사용할 수 없게 만들거나 특정 주소로부터의 액세스를 금지할 수 있습니다.

편리함과 안정성은 동전의 양면과 같지만 만일의 사태에 대비한다는 의미에서도 보안에 관한 올바른 지식을 몸에 익혀 두어야 합니다.

- **프로토콜(Protocol)**
  컴퓨터 통신 시 통일된 데이터 송수신 방법이나 데이터 구성 등과 같은 것을 정해 놓은 규약을 말한다.

- **클라이언트(Client) 컴퓨터**
  네트워크를 통해 서버(Server)에게 서비스를 요청하고 응답을 받는 컴퓨터를 말한다.

- **방화벽(Firewall)**
  인터넷 접속 시 외부 네트워크로부터의 액세스에 대해 보안을 확보하기 위해 특정한 액세스를 제한하는 소프트웨어를 말한다.

OS와 네트워크

Lesson 01

OS를 통해 여러 대의 컴퓨터가 연결되며, 데이터를 주고받습니다.

 네트워크상에서 OS의 역할

대부분의 OS는 LAN이나 WAN에 접속하는 네트워크 기능을 갖고 있습니다.

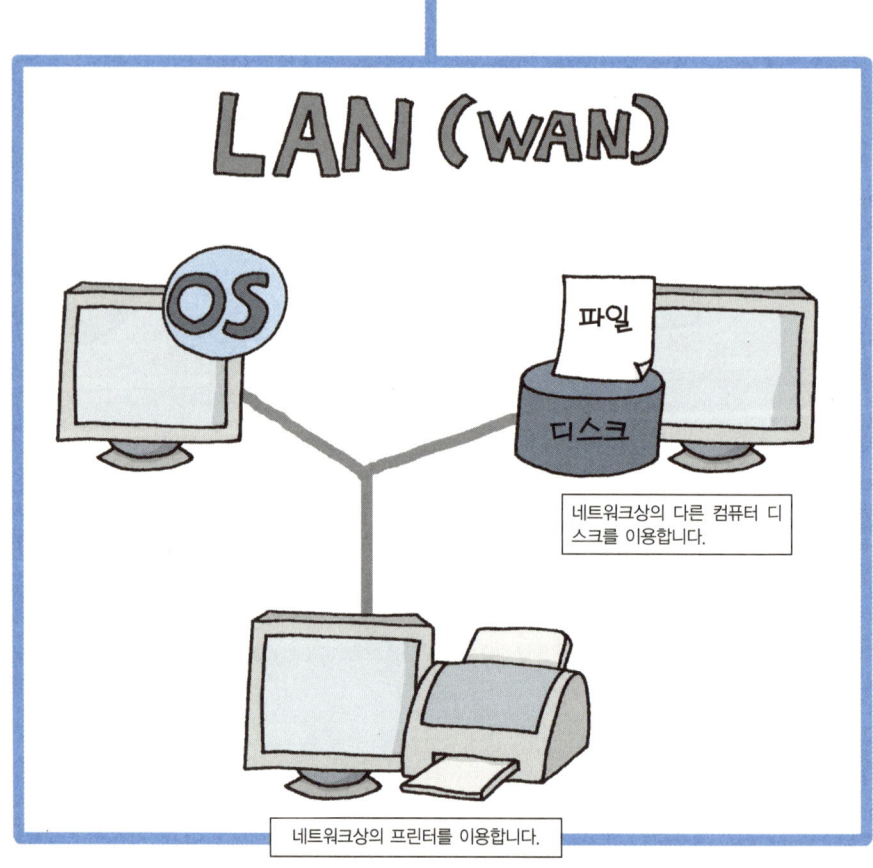

프로토콜

컴퓨터끼리 통신을 할 때는 데이터 송수신 방법이나 데이터 구성 등이 양쪽 모두 통일되어야 하기 때문에 프로토콜이라는 공통된 약속에 따라 통신을 수행합니다.

TCP/IP 프로토콜

TCP는 데이터를 일정한 크기로 분할하고, IP는 TCP가 분할한 데이터에 송신처를 붙여서 네트워크로 보냅니다. OS가 TCP/IP(TCP와 IP) 프로토콜을 지원합니다.

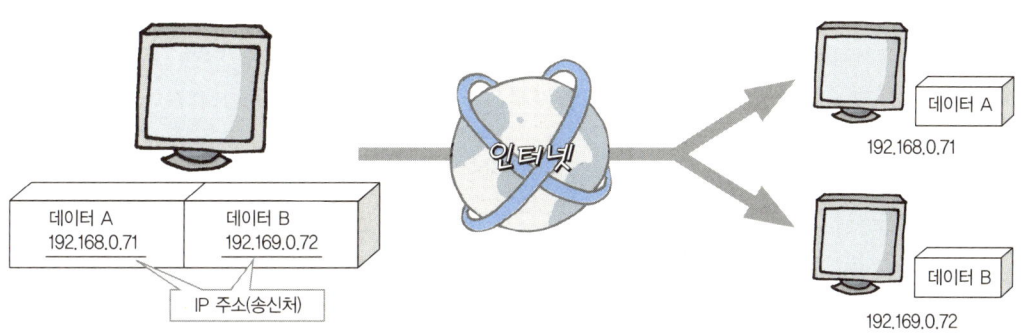

HTTP 프로토콜

웹 브라우저로부터의 요청에 따라 HTML 파일이나 그림을 보내고 받습니다. 각 애플리케이션 레벨에서 지원합니다.

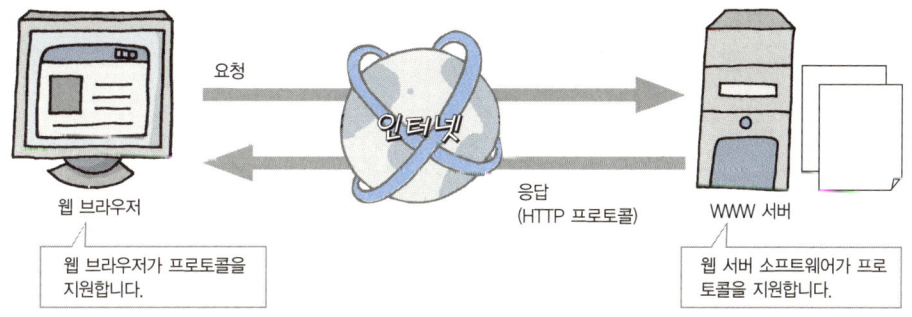

이 밖에 애플리케이션 레벨에서 지원되는 프로토콜에는 다음과 같은 것이 있습니다.

FTP 프로토콜	컴퓨터끼리 파일을 전송합니다.
Telnet 프로토콜	네트워크상의 컴퓨터에 접속하여 명령 입력으로 컴퓨터를 조작합니다.
SMTP 프로토콜	메일을 전송합니다.
POP3 프로토콜	메일 서버상의 메일 수신함으로부터 메일을 읽어들입니다.

서버

서버의 종류에 대해 살펴봅시다.

서버

서버는 사용자의 요청에 따라 서비스를 제공하는 컴퓨터입니다. 일반 PC에 서버 기능을 가지게 하는 것도 가능하지만 보통은 서버 OS(148쪽)를 사용합니다.

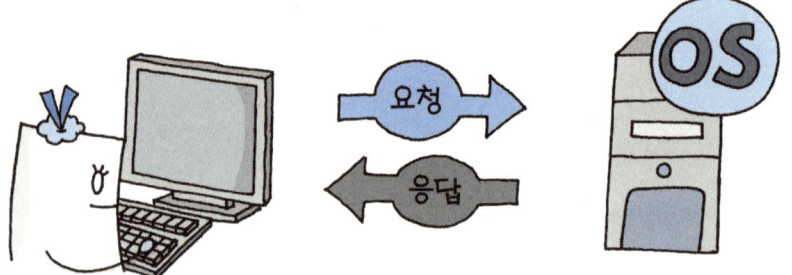

대표적인 서버

서버 OS에 소프트웨어를 설치하면 컴퓨터를 특정 서버로 만들 수 있습니다. 서버에는 다음과 같은 것이 있습니다.

웹 서버

웹 정보의 발신을 목적으로 한 서버입니다. HTML 문서나 그림, 음성, 동영상 등의 정보를 저장해 두고, 웹 브라우저로부터 요청이 있을 때 필요한 정보를 송신합니다.

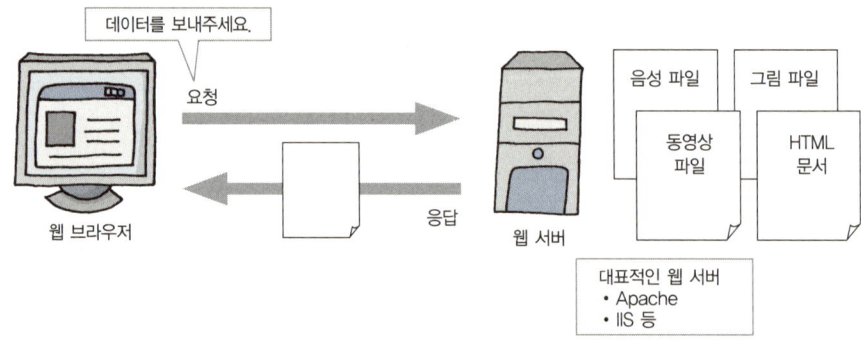

데이터베이스 서버

데이터베이스 관리를 전문으로 하는 서버입니다. 데이터베이스는 사용자나 다른 서버로부터 명령을 처리하여 결과를 반환합니다.

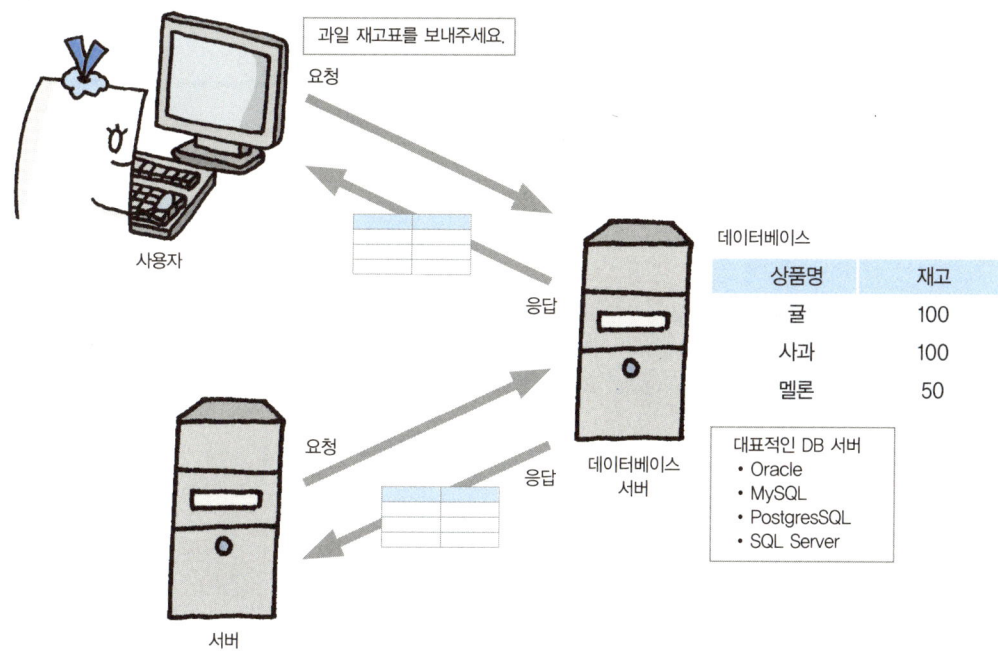

이 밖에도 다음과 같은 것이 있습니다.

파일 서버	네트워크상에서 파일을 공유하기 위한 서버
프린터 서버	네트워크상의 프린터를 관리하고 있는 서버
DNS 서버	도메인명(cyber.co.kr 등)과 IP 주소의 변환을 수행하는 서버로, 사용자가 URL을 지정하면 도메인명이 IP 주소로 변환된 후 IP 주소에 의한 통신을 수행한다.
FTP 서버	네트워크상에서 파일의 송수신을 수행하는 서버로, 대량의 파일을 전송할 때 이용하는 경우가 많으며, FTP 프로토콜을 사용한다.
메일 서버	메일을 전송하기 위한 서버로, SMTP 프로토콜을 사용한다.
DHCP 서버	인터넷에 컴퓨터를 접속할 때 비어 있는 IP 주소를 일시적으로 할당하는 서버
스트리밍 서버	영상이나 음성을 스트리밍(수신하면서 동시에 재생) 형식으로 배포하는 서버

서버 OS

Lesson 03

서버 OS의 종류와 역할에 대해 살펴봅시다.

서버 OS

서버용 OS는 클라이언트 OS(PC용 OS)에 비해 성능이 높으며, 클라이언트 OS에는 없는 다양한 관리 기능을 겸비하고 있습니다.

장시간 가동
계속해서 가동해도 안정적으로 작동합니다.

서버 OS의 관리 기능

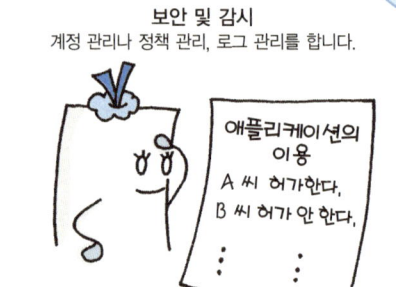

보안 및 감시
계정 관리나 정책 관리, 로그 관리를 합니다.

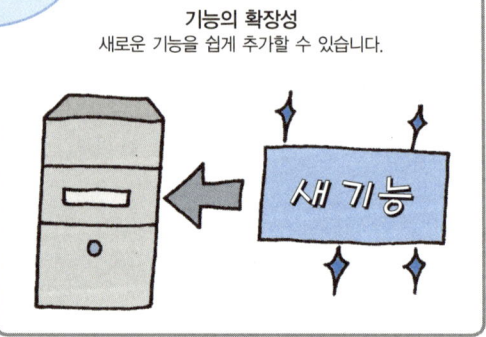

기능의 확장성
새로운 기능을 쉽게 추가할 수 있습니다.

정책(Policy)은 컴퓨터의 액세스나 애플리케이션 이용에 관한 제한을 사용자별로 정한 것이에요.

대표적인 서버 OS에는 다음과 같은 것들이 있습니다.

Windows 계열	Windows Server(Microsoft)
UNIX 계열	Mac OS X Server(Apple) Solaris(오라클) HP-UX(HP) AIX(IBM)
Linux 계열	Red Hat Enterprise Linux(Red Hat) CentOS Fedora
BSD 계열	FreeBSD NetBSD

용도나 관리의 편리성, 비용 대비 성능에 따라 OS를 선택해요.

네트워크 연결 구조

Lesson 04

OS가 프로토콜을 어떻게 지원하고 있는지에 대해 자세히 살펴봅시다.

OSI 참조 모델

OSI(Open System Interconnection)는 서로 다른 기종 간에 통신을 수행하기 위해 국제표준화기구(ISO)가 작성한 프로토콜의 국제 규격입니다. OS는 트랜스포트층부터 데이터링크층까지를 지원합니다.

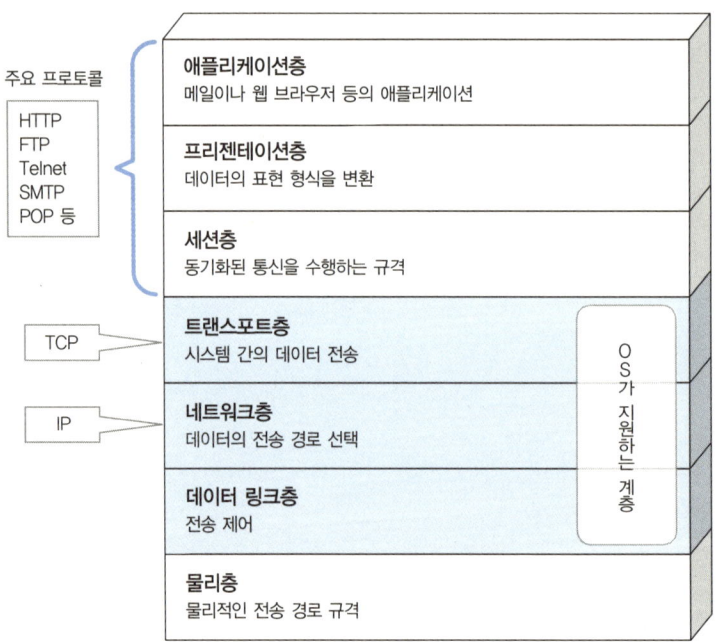

네트워크 액세스를 지원하는 프로그램

웹 브라우저와 같은 애플리케이션이 LAN이나 인터넷에 접속할 때는 OS 안에서 다음과 같은 프로그램이 작동합니다.

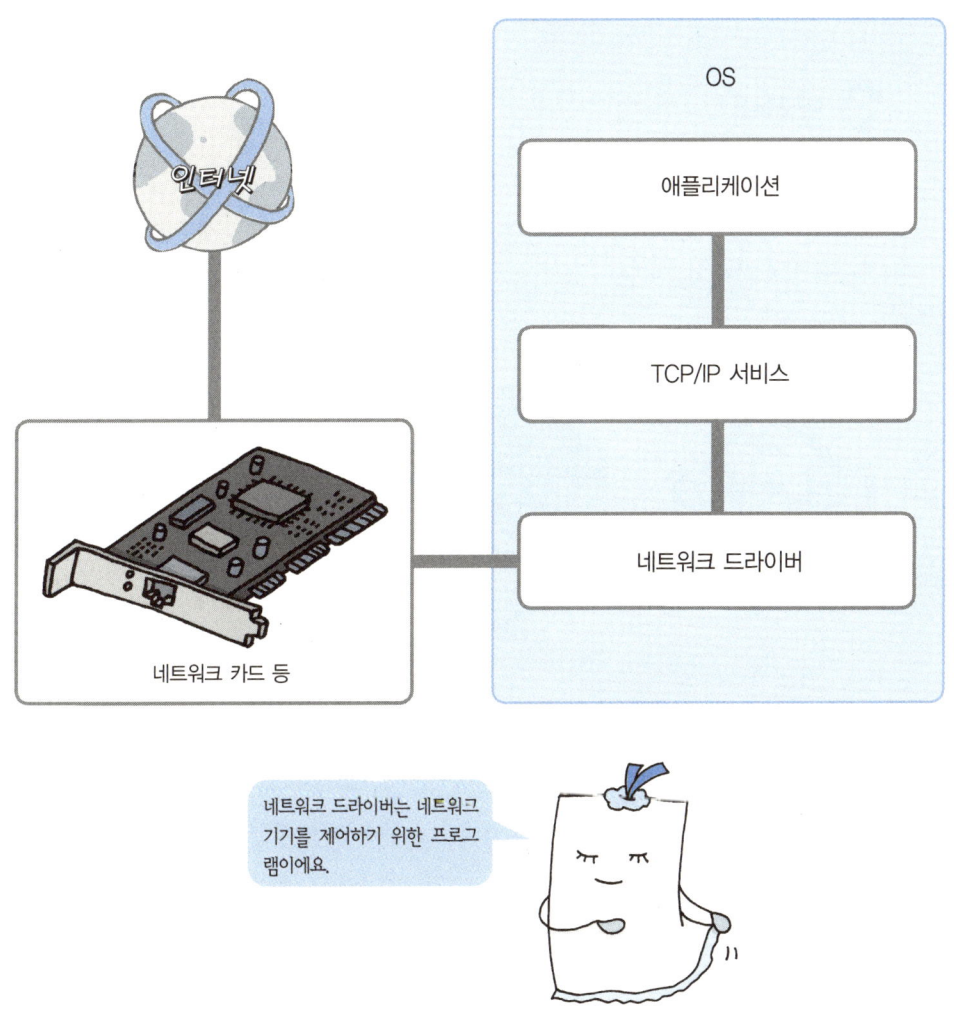

네트워크 드라이버는 네트워크 기기를 제어하기 위한 프로그램이에요.

네트워크 보안

Lesson 05

외부 네트워크로부터 안전성을 확보합니다.

 방화벽

방화벽(Firewall)이란, 인터넷 접속 시 외부 네트워크로부터의 액세스에 대해 보안을 확보하기 위해 특정한 액세스를 제한하는 소프트웨어를 말합니다. 대부분의 OS에는 이 기능이 탑재되어 있습니다.

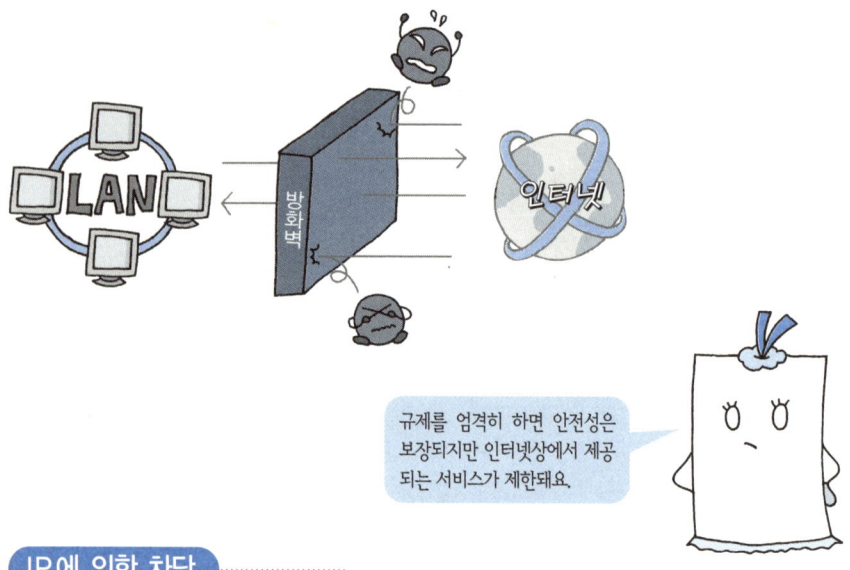

규제를 엄격히 하면 안전성은 보장되지만 인터넷상에서 제공되는 서비스가 제한돼요.

IP에 의한 차단

특정한 IP 주소의 액세스를 허가할지 거부할지에 대한 규칙을 정할 수 있습니다.

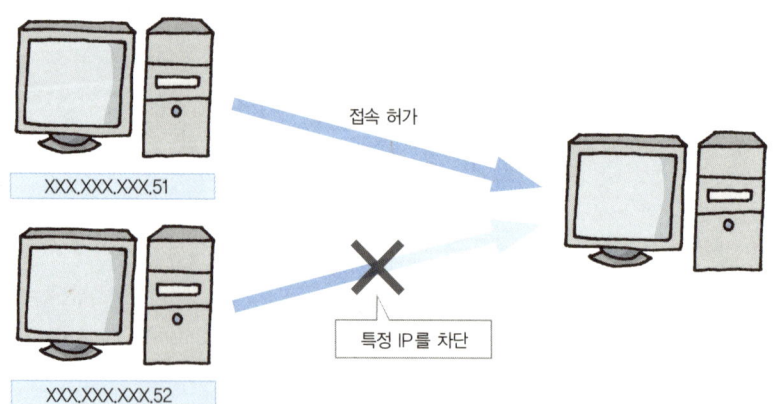

> **포트에 의한 차단**

컴퓨터가 통신할 때는 송신처(IP 주소)와 함께 포트 번호도 지정합니다. 포트 번호별로 다른 프로토콜이 사용되는데, 방화벽을 사용하면 특정 번호로부터 오는 액세스를 거부할 수도 있습니다.

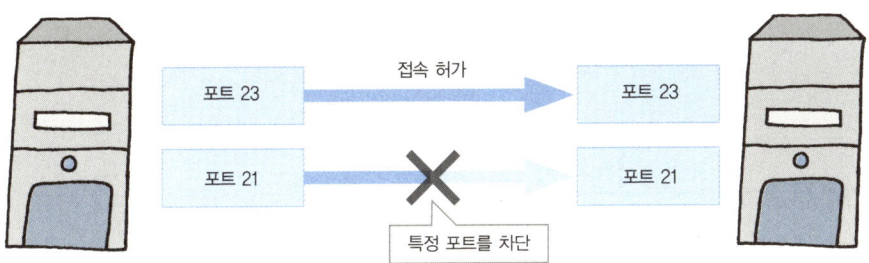

대표적인 포트 번호는 다음과 같습니다.

포트 번호	서버 기능
13	날짜 서비스
20, 21	FTP의 파일 전송
23	Telnet 서비스
25	SMTP(메일 전송)
53	DNS
80	HTTP(웹 서버에 접속)
110	POP3(메일 수신)
443	HTTPS(보안 서버에 접속)
587	인증된 메일 송신

비어 있는 포트를 통해 들어오는 부정 침투를 막는 데에는 포트 봉쇄가 효과적이에요.

인증에 의한 액세스 제한

OS에 로그인할 때 사용하는 계정(ID)과 비밀번호를 사용하여 인증되지 않은 액세스를 금지합니다.

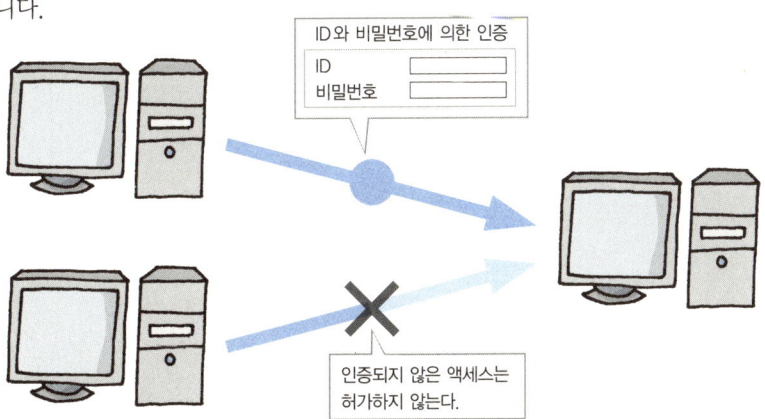

'백문이 불여일견'이라는 말이 있습니다. 이는 백 번 듣는 것보다 한 번 보는 것이 낫다는 말로, 어떤 개념이든 백 번 읽는 것보다 테스트를 통해 한 번 확인해보는 것이 좋을 수도 있습니다. 여기에서는 앞 장에서 배운 내용을 확인해보겠습니다. 각 문제들을 풀어 가면서 OS의 개념을 확실히 익힌다면 많은 도움이 될 것입니다.

문제

01_ 다음 중 컴퓨터 통신을 할 때 데이터의 송수신 방법이나 구성을 정해놓은 규칙을 무엇이라고 합니까?

① 네트워크
② LAN
③ WAN
④ 프로토콜

02_ 다음 프로토콜에 대한 설명을 올바르게 연결하십시오.

| 가. TCP/IP | 나. FTP |
| 다. SMTP | 라. POP3 |

① 메일 서버의 메일을 읽어들인다. (   )
② 컴퓨터끼리 파일을 전송한다. (   )
③ 메일을 전송한다. (   )
④ 인터넷에서 표준적으로 사용되는 통신 프로토콜 (   )

03_ 다음 중 서버용 OS의 특징으로 틀린 것은 무엇입니까?

① 장시간 가동해도 안정적으로 작동한다.
② 바이러스의 침투를 막을 수 있다.
③ 계정 관리나 정책 관리가 뛰어나다.
④ 새로운 기능을 쉽게 추가할 수 있다.

04_ 다음 OSI 참조 모델의 계층에서 OS가 지원하지 않는 층은 무엇입니까?

① 세션층
② 트랜스포트층
③ 네트워크층
④ 데이터 링크층

05_ 다음 중 네트워크 보안과 관련되지 않은 것은 무엇입니까?

① 방화벽
② IP 주소 차단
③ 포트 차단
④ 네트워크 드라이버

정답 및 해설

LAN은 Local Area Network, WAN은 Wide Area Network로 네트워크에 연결되는 단위입니다.

  ① 라   ② 나   ③ 다   ④ 가

이 밖에 웹 브라우저부터의 요청에 따라 HTML 파일이나 그림을 보내고 받는 HTTP 프로토콜이 있습니다.

바이러스의 침투를 막는 것은 바이러스 대책 소프트웨어의 역할입니다.

OS는 트랜스포트층부터 데이터 링크층까지를 지원합니다.

네트워크 드라이버는 네트워크 기기를 제어하기 위한 프로그램입니다.

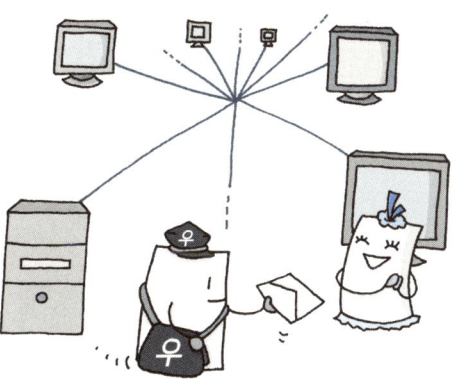

알아 두면 도움이 되는 OS 상식

다양한 서비스

인터넷을 활용하여 전화를 걸거나 메시지를 송신하는 서비스를 소개합니다.

일반 전화회선이 아니라 인터넷이나 케이블 TV와 같은 독자적인 네트워크를 사용하여 IP 프로토콜로 통신하는 전화 서비스를 'IP 전화'라고 합니다. IP 전화에서는 아날로그 신호인 음성을 디지털 데이터로 변환하여 브로드밴드 회선(통신 속도가 빠른 인터넷 회선)을 통해 실시간으로 상대에게 전송합니다. IP 전화끼리는 먼 거리라도 통화 요금이 비싸지 않습니다. 전화기도 일반 가입 전화에서 사용하던 것과 똑같은 것을 사용할 수 있습니다.

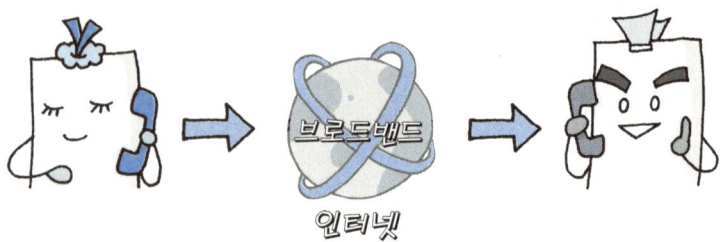

또한 미리 등록한 멤버에 대해 메시지를 송신, 그룹 채팅, 파일 송수신을 실시간으로 할 수 있는 서비스를 인스턴스 메신저(IM)라고 합니다. IM 서버는 항상 사용자의 상태를 체크하여 해당 사용자가 통신할 수 있는 상태인지 아닌지를 확인합니다. Windows Live Messenger나 네이트온 메신저, Google Talk 등이 대표적인 예입니다.

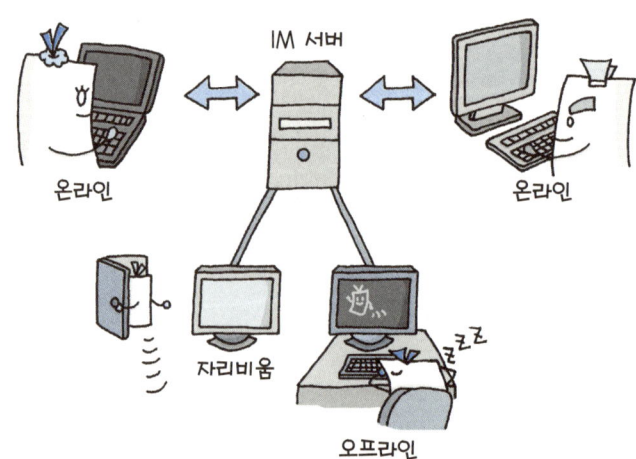

제 6장

Windows

Key Point	Windows에 대해
	Windows의 보급
Lesson 01	Windows의 개요
Lesson 02	Windows의 UI
Lesson 03	파일의 종류
Lesson 04	특별한 폴더
Lesson 05	사용자 관리
Lesson 06	.NET Framework
Lesson 07	Windows 서비스
Lesson 08	명령 프롬프트
Lesson 09	특징적인 기술
<< Exercise	도전! OS
OS 상식	안전 모드

Windows 에 대해

Windows는 Microsoft사가 개발한 OS의 시리즈명입니다. 최신 클라이언트판은 Windows 7, 서버판은 Windows Server 2008 R2 입니다.

1985년에 처음 등장한 Windows는 엄밀히 말하면 OS가 아니라 CUI OS인 MS-DOS상에서 작동하여 윈도우 환경을 제공하기 위한 소프트웨어였습니다. 그후 여러 차례의 버전업을 거쳐 1995년에 발매된 Windows 95부터 MS-DOS가 필요없는 독립된 OS가 되었습니다. Windows는 당시 이미 보급되어 있던 AT 호환기에서 작동하는 실용적인 OS로 크게 히트를 치고, 전 세계적으로 보급되었습니다. 그후 Windows 98, Windows 98 Second Edition, Windows Me가 차례로 발매되었는데, 이를 'Windows 9x 계열'이라 부릅니다.

최근의 Windows는 Windows 95 무렵부터 동시에 개발이 진행되었던 Windows NT 계열입니다. Windows NT 시리즈는 Windows 9x 계열과는 완전히 다른 커널을 가지고 있으며, 좀 더 높은 안전성과 신뢰성을 갖추고 있습니다. 높은 사양이 필요하다는 단점이 있었지만 PC의 고성능화로 인해 이 문제는 어느 정도 해결되었습니다. 2001년에 Windows XP가 발매된 이후로는 일반 가정용 시장으로 더욱 확대되었습니다.

 용어 설명

MS-DOS
Microsoft사가 개발한 IBM-PC용 운영체제(OS)이다. CUI 기반의 OS로 Windows OS의 전신이다.

AT 호환기
IBM 호환 PC로, 1980년대부터 가정용 컴퓨터로 널리 보급되었다.

꼭 알아야 할 Key Point

Windows의 보급

Windows는 이 책을 집필할 당시 데스크탑용 OS의 90%의 쉐어를 점유하고 있다고 합니다. 시판되는 대부분의 PC에는 Windows가 미리 들어가 있습니다. 특히, PC 초보자 입장에서 볼 때 컴퓨터를 구입함과 동시에 Windows를 사용할 수 있다는 것은 커다란 장점일 것입니다. 하지만 다른 시각에서 보면 컴퓨터 가격 안에 Windows의 라이선스 비용도 포함되어 있다고 할 수 있습니다. 최근에는 Linux를 이용하기 위해 OS 없이 컴퓨터를 구입하는 사람도 늘고 있습니다.

다른 OS와 비교해서 Windows는 주변 기기에 대한 지원이 좋으며, 사용자나 개발자를 위한 정보도 많이 제공하고 있습니다. 또 과거 버전과의 호환성이 높은 것도 특징입니다. 이런 점들이 Windows가 지금까지 널리 보급되어 온 이유일 것입니다.

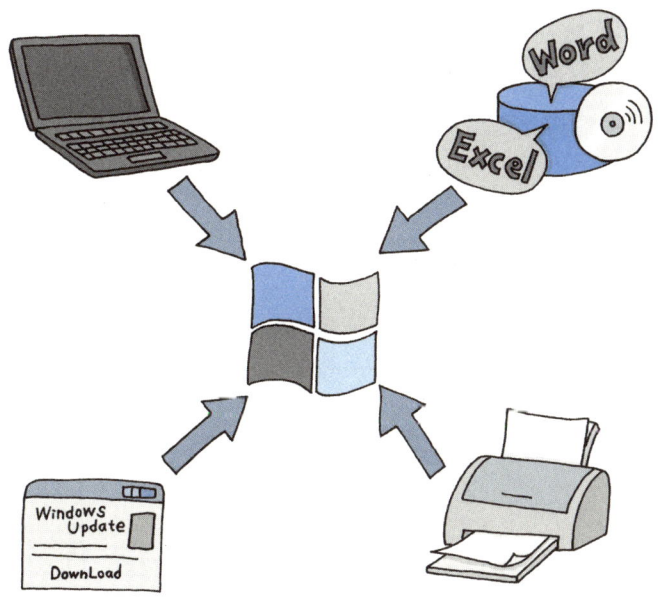

Linux
1991년에 Linus Torvalds가 개발한 PC용 UNIX(PC-UNIX) 중 하나로, 오픈 소스의 개념을 도입하여 사용자에 의해 개선 및 신기능의 개발이 이루어진다.

라이선스
소프트웨어 제품을 이용하기 전에 이용 허가를 받는 것으로, 라이선스 인증을 하면 모든 기능을 사용할 수 있다.

호환성
어떤 소프트웨어를 다른 기종의 컴퓨터에서 사용할 수 있거나 과거의 소프트웨어의 기능을 최신 버전에서도 계속 지원해주는 것을 말한다.

Windows의 개요

Lesson 01

Windows는 현재 가장 많이 보급되어 있는 OS입니다.

Windows란

Windows는 Microsoft사가 릴리즈한 OS의 이름입니다. 용도별로 몇 가지 종류가 있습니다.

이 책에서는 Windows 7을 다룰 거예요.

Windows Server 2008
서버용

Windows 7
개인 PC용

현재 시판 중인 컴퓨터의 대부분은 처음부터 Windows가 설치되어 있으며, 사용자는 컴퓨터 구입과 동시에 Windows 라이선스의 사용권도 구입하게 됩니다.

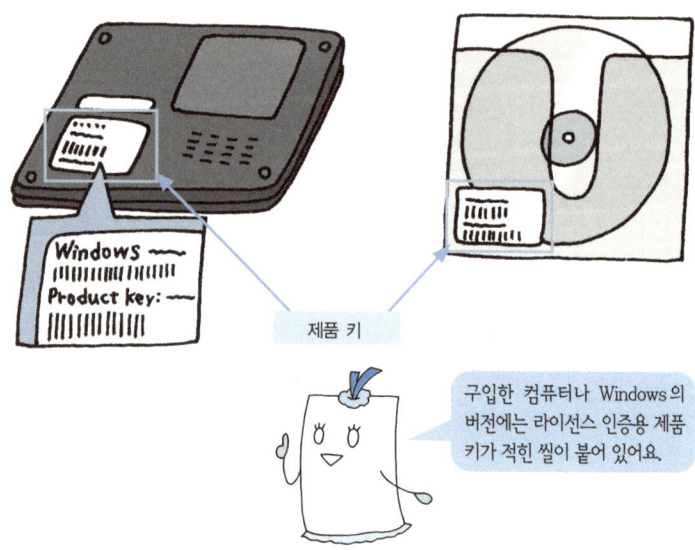

제품 키

구입한 컴퓨터나 Windows의 버전에는 라이선스 인증용 제품 키가 적힌 씰이 붙어 있어요.

라이선스 인증

Windows를 이용하기 전에 먼저 라이선스 인증을 해야 합니다. Windows의 라이선스 인증을 하면 모든 기능을 사용할 수 있습니다.

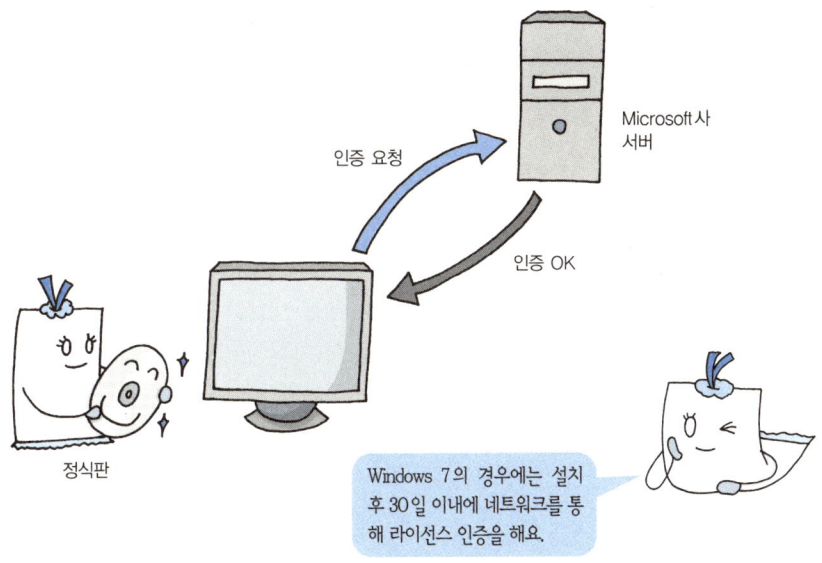

이로써 컴퓨터에 들어 있는 OS를 다른 컴퓨터에 설치해서 사용할 수 없게 됩니다.

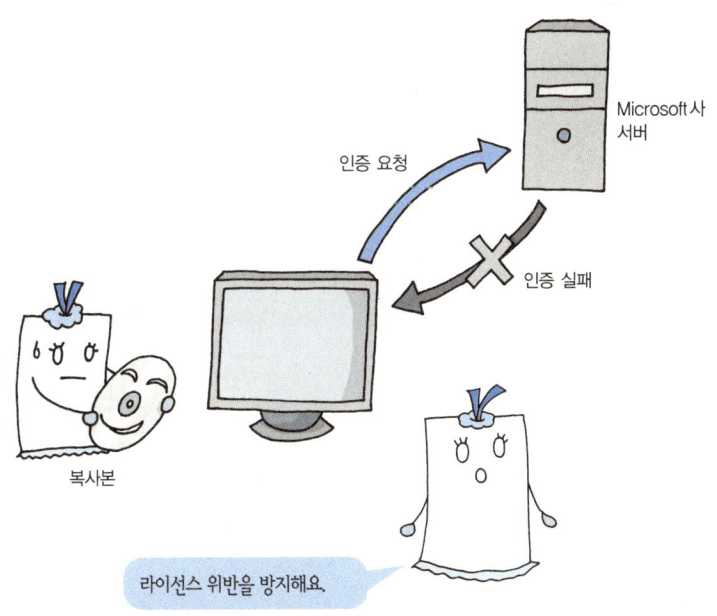

Lesson 02 Windows의 UI

Windows의 사용자 인터페이스를 소개합니다.

Windows 조작 환경

Windows는 GUI 환경으로 된 OS로, 바탕화면은 다음과 같이 이루어져 있습니다.

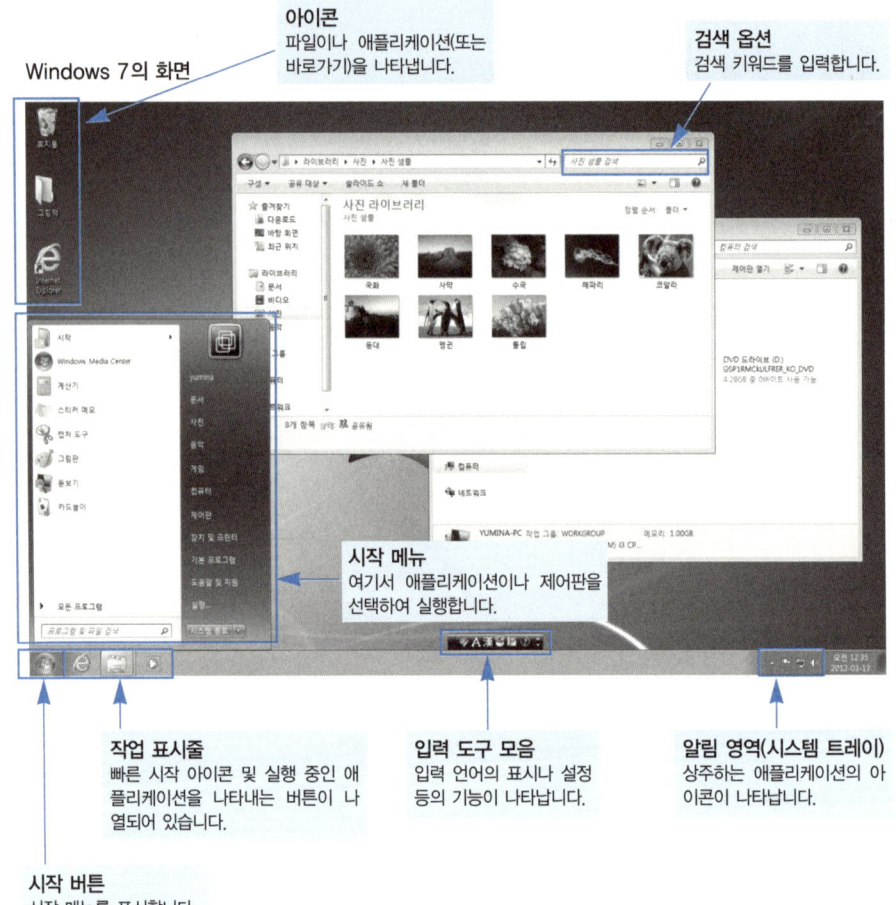

Windows 7의 화면

아이콘
파일이나 애플리케이션(또는 바로가기)을 나타냅니다.

검색 옵션
검색 키워드를 입력합니다.

시작 메뉴
여기서 애플리케이션이나 제어판을 선택하여 실행합니다.

작업 표시줄
빠른 시작 아이콘 및 실행 중인 애플리케이션을 나타내는 버튼이 나열되어 있습니다.

입력 도구 모음
입력 언어의 표시나 설정 등의 기능이 나타납니다.

알림 영역(시스템 트레이)
상주하는 애플리케이션의 아이콘이 나타납니다.

시작 버튼
시작 메뉴를 표시합니다.

바탕화면의 배경은 사용자 취향에 맞게 바꿀 수 있어요.

Windows의 한국어 입력

미리 설정된 한국어 시스템으로는 Windows 내장 'Microsoft IME'가 사용되고 있습니다. 단, 'Microsoft Office'가 설치되어 있는 경우에는 애플리케이션 내장 한국어 시스템이 기본으로 설정됩니다.

Microsoft IME 아이콘

Windows Update

Windows Update란, 정기적으로 Microsoft 서버에 액세스한 후 추가 및 수정 모듈을 자동으로 다운로드하여 사용자에게 설치를 권장하는 기능입니다.

[시작]-[모든 프로그램]-[Windows Update]

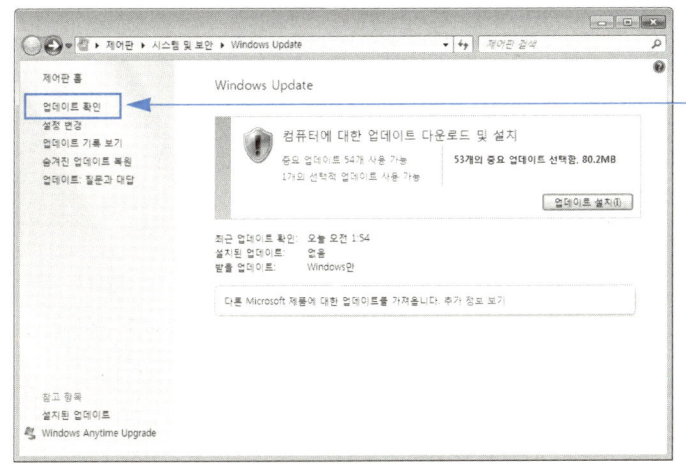

[업데이트 확인]을 클릭하면 최신 정보가 나타납니다.

정기적으로 갱신하여 Windows를 최신 상태로 만들어 둡시다.

파일의 종류

Lesson 03

Windows에서 취급하는 파일에 대해 살펴봅시다.

파일의 종류

다음은 Windows에서 취급하는 파일의 예입니다. 파일의 종류는 확장자 또는 아이콘 모양으로 식별할 수 있습니다. 또한 Windows에서는 파일명의 대소문자 구분을 하지 않습니다.

확장자	아이콘 모양	파일 종류
.exe	애플리케이션에 따라 다름	애플리케이션
.com		MS-DOS 애플리케이션
.txt		텍스트 문서
.docx		Microsoft Word 문서
.xlsx		Microsoft Excel 문서
.jpg	※	JPEG 이미지

※ 그림이나 동영상 파일의 아이콘은 해당 미리보기 그림이 나타납니다.

설치한 애플리케이션에 따라 아이콘이 바뀌는 경우도 있어요.

Windows에서의 파일 확장자는 특정 애플리케이션과 연결되어 있습니다. 데이터 파일을 더블 클릭하면 연결된 애플리케이션이 실행됩니다.

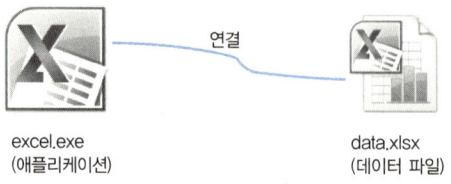

excel.exe (애플리케이션) — 연결 — data.xlsx (데이터 파일)

확장자 표시 및 숨기기

Windows 7의 표준 상태에서는 연결된 파일의 확장자가 보이지 않도록 되어 있습니다.
확장자를 표시할 것인지 말 것인지는 폴더 옵션에서 설정할 수 있습니다.

[시작]-[제어판]-[모양 및 개인 설정]-[폴더 옵션]

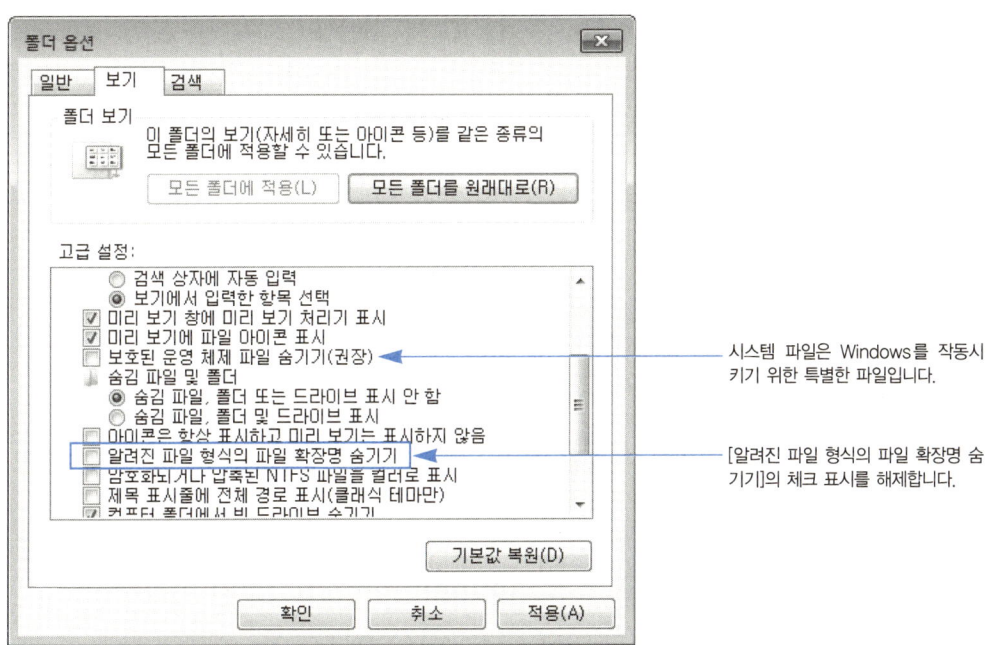

바로가기

바로가기(Shortcut)는 파일이나 폴더를 참조하는 기능을 가진 파일과 같은 것입니다.
바로가기 아이콘에는 참조하는 원본 아이콘에 ◢마크가 붙어 있습니다.

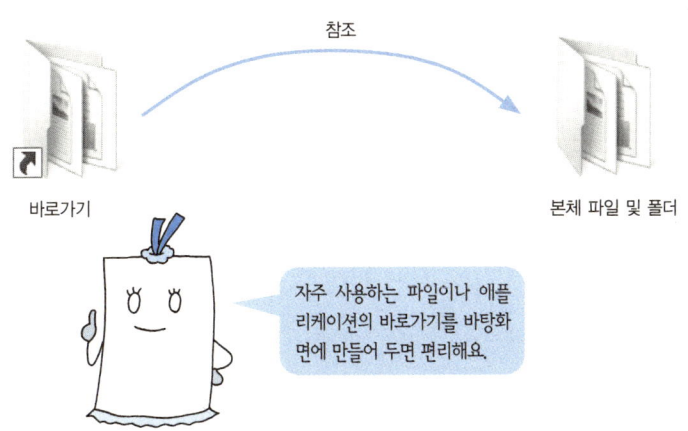

특별한 폴더

Lesson 04

'문서'나 '휴지통'과 같이 특별한 의미를 가진 폴더에 대해 살펴봅시다.

사용자 폴더

Windows는 여러 사람이 로그인하여 이용할 수 있는데, Windows 7에서 각 사용자용 폴더는 '사용자' 폴더 아래에 만들어집니다.

각 사용자의 폴더 아래에는 다음과 같은 폴더가 미리 만들어져 있습니다.

내 문서	문서 파일을 저장합니다(애플리케이션에서 취급하는 데이터의 저장 위치로도 자주 사용됩니다).
내 사진	그림 파일을 저장합니다.
내 비디오	영상 파일을 저장합니다.
내 음악	음악 파일을 저장합니다.

라이브러리

라이브러리는 다른 장소에 있는 폴더의 내용을 모아서 다루는 기능으로, 그 아래에 문서, 사진, 비디오, 음악과 같은 폴더가 마련되어 있습니다.

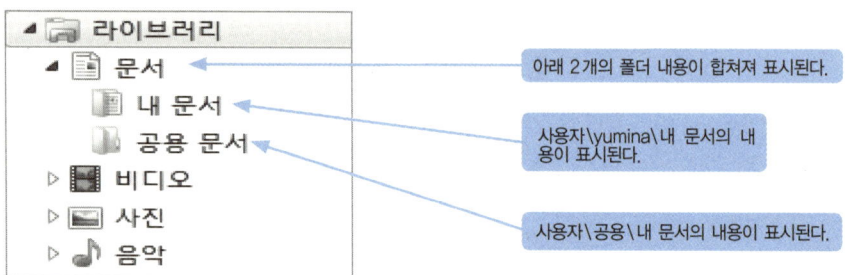

Windows 폴더

Windows 폴더는 OS 자체가 들어 있는 폴더로, 표준 설정에서는 로컬 디스크(C:) 아래에 위치합니다. 특히 System32 안에는 중요한 파일이 들어 있습니다.

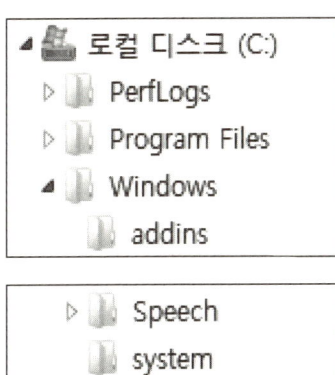

이런 파일들을 함부로 변경해서는 안 돼요.

 ## 휴지통

Windows에서 파일이나 폴더 등을 삭제하면 일단 휴지통으로 이동합니다.

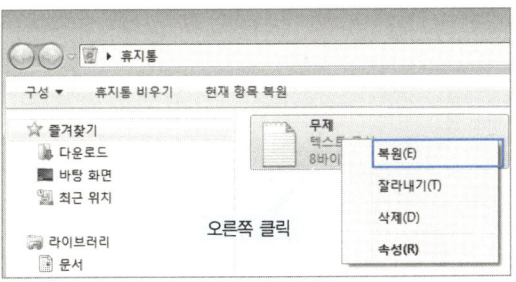

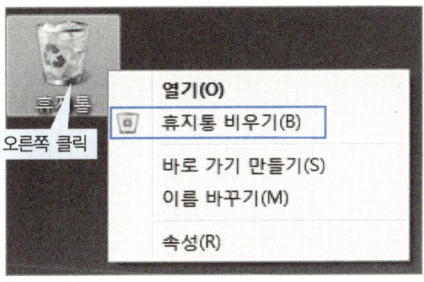

[복원]을 선택하면 휴지통에 들어 있는 파일을 원래의 위치로 되돌릴 수 있습니다.

[휴지통 비우기]를 선택하면 휴지통 안의 모든 파일이 완전히 삭제됩니다.

사용자 관리

Lesson 05

Windows에서는 보통 로그온을 한 후에 컴퓨터를 조작합니다.

사용자 계정

사용자가 비밀번호를 설정한 경우, Windows를 시작하면 다음과 같은 로그온 화면이 나타납니다. 단, 자동 로그온 기능이 유효한 경우에는 다음 화면이 나타나지 않습니다.

Windows의 사용자 계정에는 다음 세 종류가 있습니다.

관리자 계정
소프트웨어의 설치 및 시스템 설정의 변경 등과 같은 모든 조작을 할 수 있습니다.

표준 계정
관리자 계정에 비해 시스템에 영향을 주는 조작 등이 제한되어 있습니다.

Guest 계정
일시적인 이용을 생각한 계정으로 가장 권한이 약합니다. 표준 설정에서는 오프로 되어 있습니다.

사용자 관리

제어판에서 계정을 추가하거나 변경할 수 있습니다.

[제어판]-[사용자 계정 및 가족 보호]-[사용자 계정]

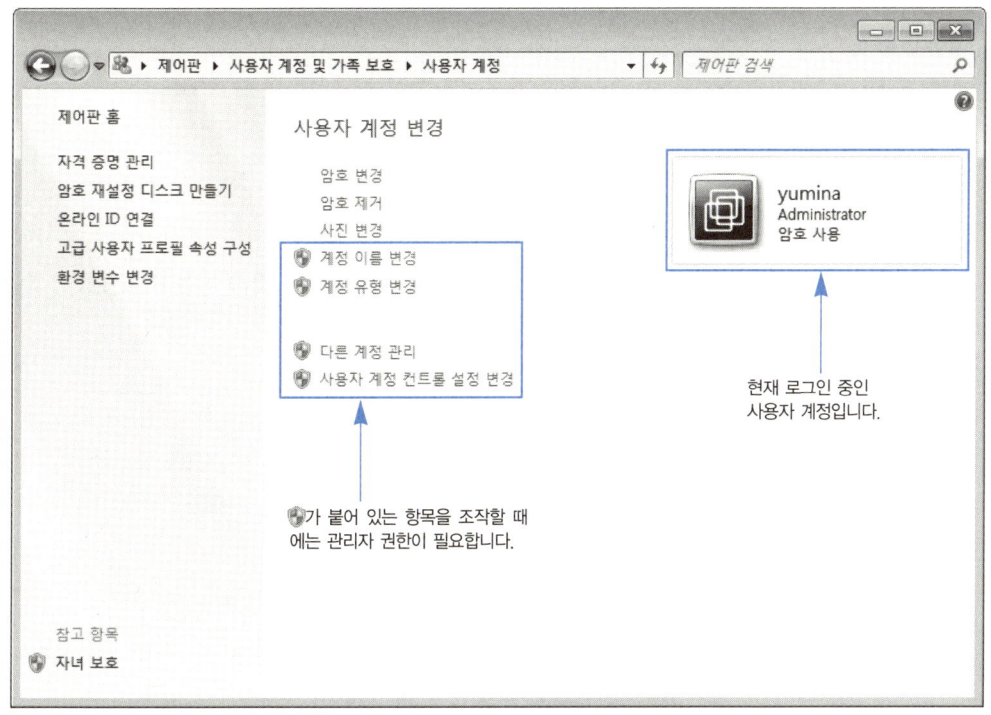

적절한 사용자 계정을 설정하면 보안 강화에 도움이 돼요.

.NET Framework

.NET Framework 는 애플리케이션의 실행 및 개발 환경입니다.

Microsoft .NET

Microsoft 사는 2000년에 Microsoft .NET을 발표했습니다. 이것은 인터넷을 포함한 네트워크상에 있는 다양한 데이터와 애플리케이션을 데스크탑과 똑같이 취급할 수 있도록 하는 개념입니다.

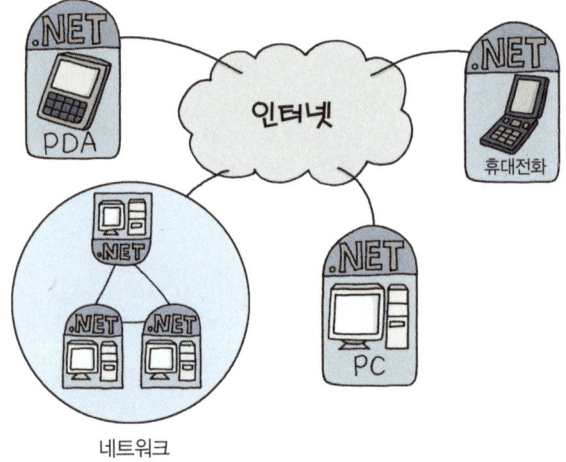

Microsoft .NET의 개념을 바탕으로 애플리케이션을 개발 및 실행하기 위해 마련한 플랫폼이 .NET Framework 입니다.

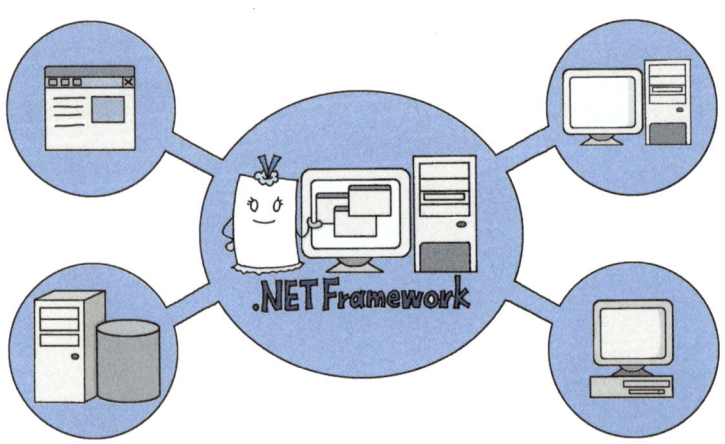

.NET Framework

.NET 애플리케이션은 .NET Framework에 포함되어 있는 공통 언어 런타임(CLR=Common Language Runtime)이라는 가상의 실행 시스템상에서 작동합니다. 그래서 어떤 CPU나 OS에서도 동일한 프로그램을 실행시킬 수 있습니다.

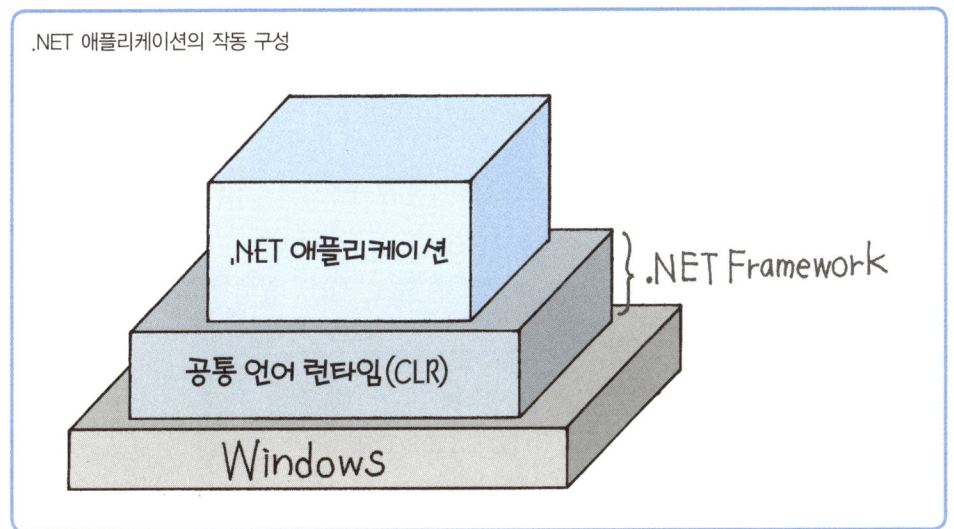

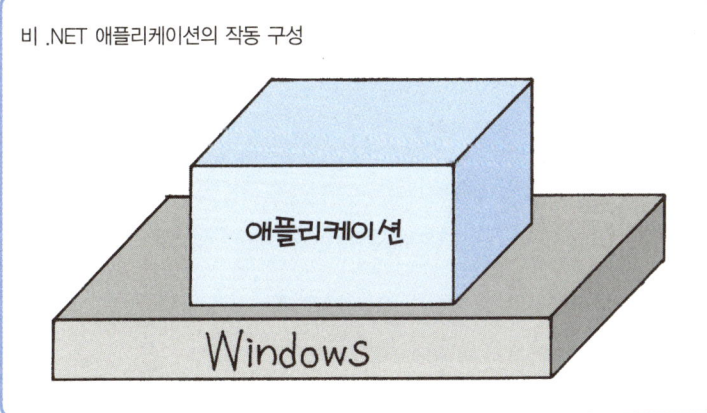

.NET 애플리케이션은 OS가 직접 실행할 수 있는 코드로 구성되어 있는 것이 아니에요.

Windows 서비스

Lesson 07

Windows 서비스는 OS에 상주하고 있는 프로그램입니다.

서비스란

Windows에 있어서 서비스란, OS의 시작과 함께 실행되어 OS 전체에 기능을 제공하는 프로그램을 말합니다.

서비스 시작 및 정지

서비스의 실행 상태는 제어판에서 제어합니다.

[제어판]-[시스템 및 유지 관리]-[관리 도구]-[서비스]

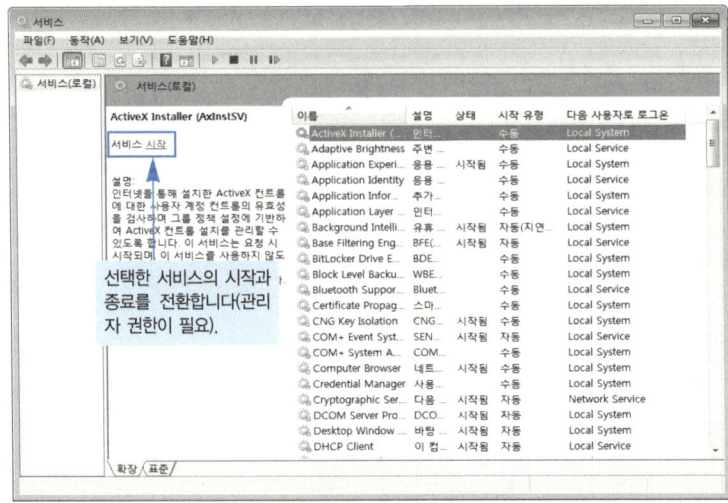

Windows 작업 관리자

Windows에서 실행 중인 프로그램과 퍼포먼스에 관한 정보는 'Windows 작업 관리자'에서 확인할 수 있습니다. 작업 관리자는 Ctrl + Shift + Esc 를 누르면 나타납니다.

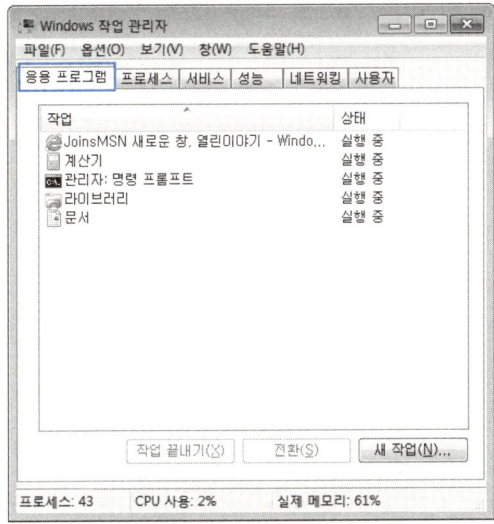

현재 실행 중인 애플리케이션을 표시합니다.

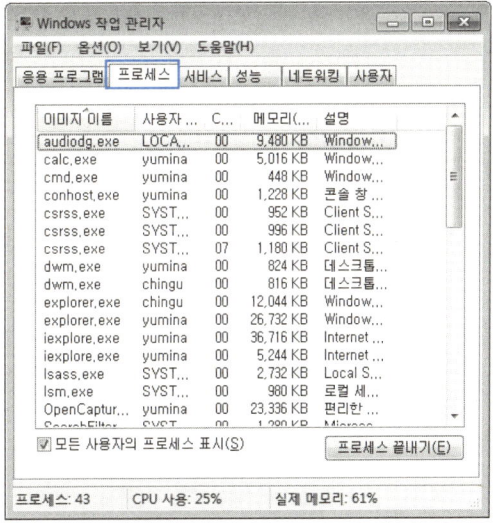

현재 실행 중인 프로세스를 표시합니다.

서비스 목록과 상태를 표시합니다.

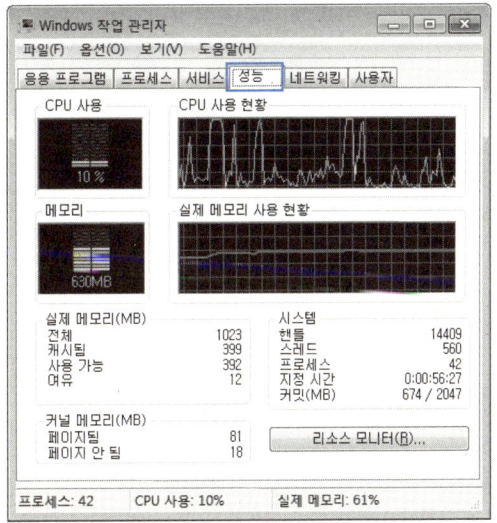

프로세스의 통계 및 CPU 사용률 등을 표시합니다.

명령 프롬프트

Lesson 08

명령 프롬프트로 명령을 실행해봅시다.

명령 프롬프트란

명령 프롬프트는 Windows의 CUI 환경입니다. 명령 프롬프트를 실행하려면 [모든 프로그램]-[보조프로그램]-[명령 프롬프트]를 선택해야 합니다.

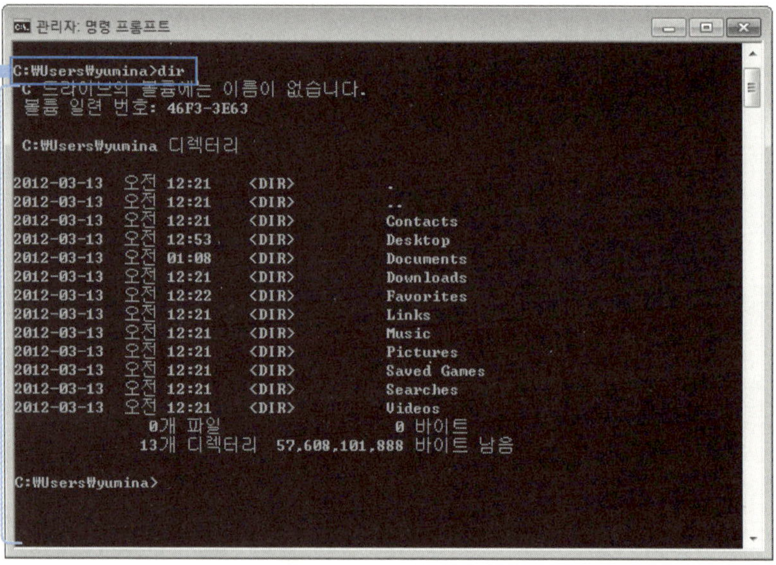

실행 결과

여기서 Enter 를 누르면 명령이 실행되고 결과가 표시됩니다.

프롬프트
입력을 기다리는 신호입니다.
'>' 앞에는 현재 디렉터리가 표시됩니다.

dir
현재 디렉터리의 내용을 표시하는 명령입니다.

한글 을 누르면 명령 프롬프트에서도 한글을 입력할 수 있어요.

대표적인 명령

자주 사용되는 명령으로는 다음과 같은 것이 있습니다. 명령어는 대소문자 구분을 하지 않습니다. 'help 명령어'라고 입력하면 자세한 정보가 나타납니다.

명령어	용도
cd	현재 디렉터리를 변경합니다.
dir	현재 디렉터리의 내용을 표시합니다.
md	디렉터리를 작성합니다.
rd	디렉터리를 삭제합니다.
copy	지정한 파일을 다른 장소에 복사합니다.
ren	지정한 파일의 이름을 변경합니다.
del	지정한 파일을 삭제합니다.
cls	화면을 지웁니다.
type	지정한 텍스트 파일의 내용을 표시합니다.

배치 파일

배치 파일(Batch File)은 명령 프롬프트에서 실행할 명령을 텍스트 파일에 모아서 작성한 파일을 말합니다. 확장자는 '.bat'로 지정하며, 배치 파일은 명령 프롬프트에서 실행할 수 있습니다.

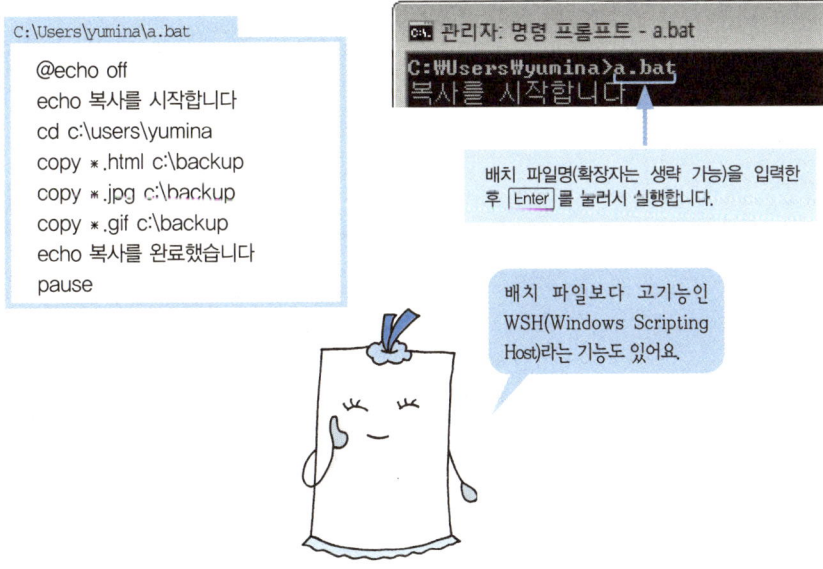

C:\Users\yumina\a.bat
```
@echo off
echo 복사를 시작합니다
cd c:\users\yumina
copy *.html c:\backup
copy *.jpg c:\backup
copy *.gif c:\backup
echo 복사를 완료했습니다
pause
```

배치 파일명(확장자는 생략 가능)을 입력한 후 Enter 를 눌러서 실행합니다.

배치 파일보다 고기능인 WSH(Windows Scripting Host)라는 기능도 있어요.

특징적인 기술

Lesson 09

Windows의 특징적인 기술에 대해 살펴봅시다.

DLL(Dynamic Link Library)

DLL(확장자는 .dll)은 각 프로그램에서 사용할 수 있는 처리를 모아 둔 파일로, 프로그램 실행 중에 필요에 따라 기능을 호출하여 이용할 수 있습니다.

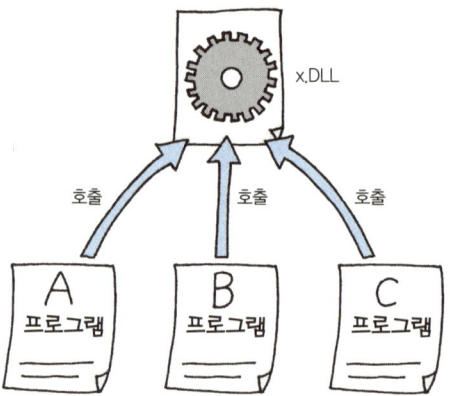

ActiveX

ActiveX는 웹 브라우저인 인터넷 익스플로러(Internet Explorer) 등에서 사용할 수 있는 인터넷과 관련된 기술의 총칭입니다. 대표적인 예로는 콘텐츠를 인터넷 익스플로러 상에서 재생하는 Flash Player를 들 수 있습니다.

HTML 문서에 포함된 ActiveX 컴포넌트가 클라이언트 측에서 콘텐츠를 실행합니다.

도메인과 Active Directory

Windows에서 도메인이란 네트워크상의 리소스나 사용자 계정을 관리하는 단위입니다. 서버 측에 도메인 컨트롤러를 설치해 두면 도메인에 참가한 서버나 컴퓨터의 리소스를 일괄적으로 관리할 수 있습니다.

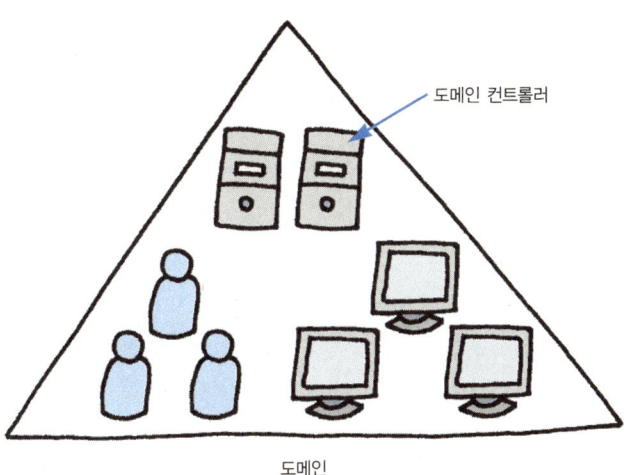

도메인

그런데 도메인은 대규모 네트워크의 관리에는 적합하지 않기 때문에 여러 개의 도메인을 계층 형태로 관리하는 Active Directory가 개발되었습니다. 이로 인해 조직 내에 서버나 클라이언트, 사용자 등 다양한 정보 및 자원을 하나로 모아 관리할 수 있게 되었습니다.

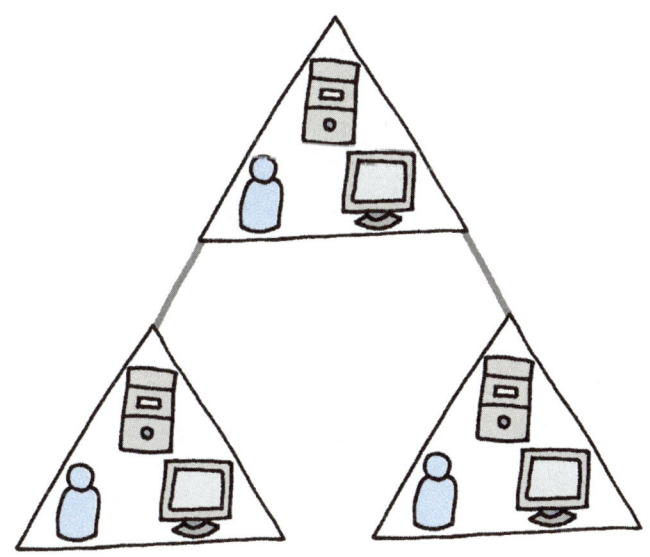

Active Directory

도전! OS

'백문이 불여일견'이라는 말이 있습니다. 이는 백 번 듣는 것보다 한 번 보는 것이 낫다는 말로, 어떤 개념이든 백 번 읽는 것보다 테스트를 통해 한 번 확인해보는 것이 좋을 수도 있습니다. 여기에서는 앞 장에서 배운 내용을 확인해보겠습니다. 각 문제들을 풀어 가면서 OS의 개념을 확실히 익힌다면 많은 도움이 될 것입니다.

문제

01_ Windows OS에 대한 설명으로 틀린 것은 무엇입니까?

① 한 컴퓨터에 Windows 이용에 대한 라이선스 인증을 하면 다른 컴퓨터에서는 설치할 수 없다.
② 바로가기를 삭제하면 연결된 파일이나 폴더도 같이 삭제된다.
③ Windows에서는 파일명의 대소문자를 구분하지 않는다.
④ Windows는 GUI 환경을 지원한다.

02_ 다음 중 Windows OS의 사용자 계정이 아닌 것은 무엇입니까?

① 표준 계정
② Guest 계정
③ root 계정
④ 관리자 계정

03_ 다음 Microsoft .NET에 관한 설명 중 맞는 것은 무엇입니까?

① 네트워크상의 데이터와 애플리케이션은 데스크탑과 다르게 취급된다.
② 실제 실행 시스템상에서 작동한다.
③ .NET 애플리케이션은 OS가 직접 실행할 수 있는 코드로 되어 있다.
④ 어떤 CPU나 OS에서도 동일한 프로그램을 실행시킬 수 있다.

04_ 명령 프롬프트에서 현재 디렉터리의 바로 위 디렉터리(부모 디렉터리)로 이동하려면 어떤 명령을 입력해야 합니까?

05_ 다음 중 Windows OS의 특징적인 기술이 아닌 것은 무엇입니까?

① ActiveX
② DLL
③ 오픈 소스
④ Active Directory

정답 및 해설

 ②

바로가기는 파일이나 폴더를 참조하는 기능을 가진 것으로, 삭제해도 실제 파일이나 폴더는 삭제되지 않습니다.

 ③

root 계정은 Linux의 관리자 계정으로, '슈퍼 유저'라고 합니다.

 ④

- .NET은 네트워크상의 데이터와 애플리케이션을 데스크탑과 똑같이 취급하기 위해 만들어진 개념입니다.
- .NET 애플리케이션은 중간 언어로 만들어져 있기 때문에 공통 언어 런타임이라는 가상의 실행 시스템상에서 작동합니다.

 cd..

- cd는 현재 디렉터리를 변경하는 명령입니다.
- '..'은 부모 디렉터리를 나타내는 것입니다.

'cd\'를 입력하면 최상위 루트 디렉터리로 이동할 수 있습니다.

 ③

오픈 소스는 소스 코드를 일반에게 공개하는 것으로, Linux의 특징입니다.

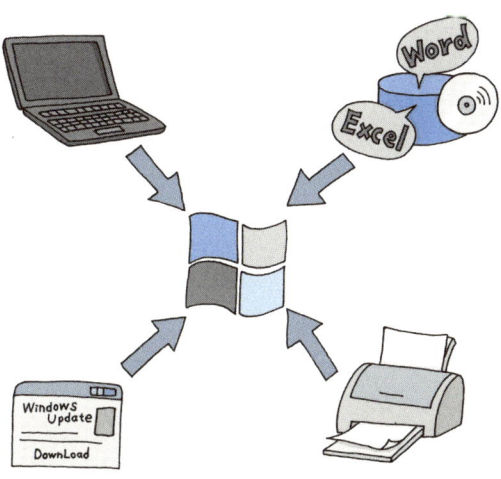

알아 두면 도움이 되는
OS 상식

안전 모드

Windows 에는 어떤 이유로 인해 OS가 기동되지 않는 경우를 대비해 최소한의 시스템 파일과 드라이버만을 사용하여 컴퓨터를 시작하는 기능이 있습니다. 이것을 안전 모드(Safe Mode)라고 합니다. 안전 모드로 OS를 기동시키면 시스템을 복원해서 정상적으로 시작할 수 있습니다. 예를 들어 새로 추가한 디바이스가 원인인 경우에는 안전 모드를 사용하여 디바이스 드라이버를 삭제합니다. 단, 시스템 파일에 이상이 있는 경우에는 안전 모드로 시작할 수 없습니다.

안전 모드로 시작한 경우 화면이나 조작 방법은 달라지지 않지만 화면의 해상도를 변경할 수 없거나 일부 주변 기기를 사용할 수 없는 등과 같은 제한이 있습니다. 안전 모드는 어디까지나 OS의 설정을 확인하고 기동할 수 없는 원인을 조사 및 복원하기 위한 모드입니다.

안전 모드에도 몇 가지 레벨이 있는데, Windows 7에서는 '안전 모드', '안전 모드(네트워킹 사용)', '안전 모드(명령 프롬프트 사용)'의 세 가지 종류가 있습니다. '안전 모드'에서는 네트워크에 접속할 수 없지만 '안전 모드(네트워킹 사용)'를 선택하면 네트워크에 접속할 수 있습니다. '안전 모드(명령 프롬프트 사용)'는 명령 프롬프트 형식으로 시작됩니다.

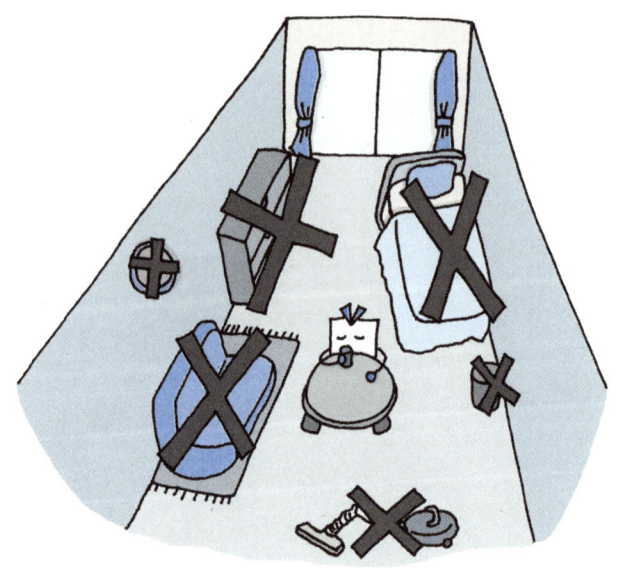

제 7장

Linux

Key Point	UNIX에 대해
	UNIX의 발전
Lesson 01	Linux의 개요
Lesson 02	Linux의 조작 환경
Lesson 03	파일의 종류
Lesson 04	파일 조작
Lesson 05	텍스트 에디터
Lesson 06	프로세스와 데몬
Lesson 07	Linux의 GUI
<< Exercise	도전! OS
OS 상식	쉘

UNIX에 대해

UNIX는 미국의 AT&T사의 벨 연구소에서 개발되었습니다. UNIX는 하나의 OS를 가리키는 말이 아니라 UNIX 표준에 준거하여 만들어진 OS의 총칭입니다. 예전에는 워크스테이션(업무용 고성능 컴퓨터) 등에서 사용하던 것이었지만 최근에는 개인용 컴퓨터(PC)에서 작동하는 이른바 PC-UNIX가 증가하고 있습니다. 이 장에서 소개할 Linux도 PC-UNIX 중의 하나입니다.

UNIX(Linux)는 원래 명령을 직접 입력함으로써 관리나 조작을 하는 CUI 환경이 중심입니다. 또한 서버로서의 실적이 많아 기업이나 학교 등 대규모 네트워크에 도입하는 경우가 많습니다. 개인 컴퓨터용 OS로는 별로 사용되지 않았지만 최근에는 Windows나 Mac과 같이 직관적으로 조작할 수 있는 환경(GUI)도 마련되어 있습니다.

용어 설명

UNIX
벨 연구소에서 만든 OS로, 다양한 시스템에서의 이식성, 멀티태스킹과 다중 사용자를 지원하도록 설계되었다.

워크스테이션
과학 기술 연산 및 공학 설계 등 전문 분야의 작업을 고려한 고성능 컴퓨터이다.

꼭 알아야 할 Key Point

UNIX의 발전

Linux는 1991년 당시 핀란드의 대학생이었던 Linus Torvalds가 개발했습니다. 처음에는 단순한 커널이었지만 무료로 이용할 수 있는 OS의 수요에 대처하는 형태로 널리 보급되었습니다. 또한 소스 코드가 공개(오픈 소스)되어 있기 때문에 뜻이 맞는 사람끼리 많은 기능을 추가해 왔습니다. 현재는 초보자도 다루기 쉬운 Linux 디스트리뷰션(제품)이 몇 가지 개발되었습니다. 또한 Windows와 같은 OS에 비해 저비용으로 도입할 수 있기 때문에 Linux의 도입을 결정하거나 검토하는 기업이나 자치 단체도 증가하고 있습니다.
현재 Linux는 손쉽게 접할 기회가 가장 많은 PC-UNIX 계열 OS입니다.

CUI(Character User Interface)
문자 기반 사용자 인터페이스로, 명령 프롬프트에서 명령을 직접 입력하여 실행한다.

오픈 소스
소스 코드를 일반에게 공개하고 있는 상태를 말한다.

디스트리뷰션
기업이나 단체가 독자적인 도구나 지원 등의 서비스를 추가하여 패키지로 만들어 배포하는 형태를 말한다.

Lesson 01 Linux의 개요

컴퓨터의 대표적인 OS 중 하나인 Linux에 대해 살펴봅시다.

Linux란

Linux는 1991년에 Linus Torvalds가 개발한 PC용 UNIX(PC-UNIX) 중 하나입니다. Windows나 Mac과 같이 개인 사용 OS로 이용하기보다는 주로 웹 서버와 같은 서버로 많이 이용합니다.

Linux는 개발자의 이름을 따서 붙여졌어요.

Linux의 특징

Windows나 Mac OS와 같은 기업이 개발한 OS와는 달리 Linux는 오픈 소스의 개념을 도입하여 사용자에 의해 개선 및 신기능의 개발이 이루어집니다.

오픈 소스란, 소스 코드를 일반에게 공개하고 있는 상태를 말합니다.

디스트리뷰션

Linux 자체는 오픈 소스이지만 실제로는 기업이나 단체가 독자적인 도구나 지원 등의 서비스를 추가해서 패키지로 만들고 있습니다. 이것을 디스트리뷰션(Distribution : 배포 형태)이라고 하는데, 다음과 같은 것이 대표적입니다.

Linux 디스트리뷰션	주요 용도
Arch Linux	범용
CentOS	서버
Fedora	범용
Red Hat Enterprise Linux	서버, 메인 프레임
Ubuntu	데스크탑, 서버
TurboLinux	데스크탑, 서버

디스트리뷰션에는 유료와 무료가 있으며, 그 배포 형태도 다양합니다.

다운로드 형태

패키지 형태

잡지 등의 부록 CD-ROM

대부분의 디스트리뷰션은 무료 또는 저가로 제공돼요.

Lesson 02 Linux의 조작 환경

Linux의 UI 및 사용자에 대해 살펴봅시다.

Linux 시스템의 구성

Linux는 서버로 이용하는 경우가 많기 때문에 대부분 CUI 환경에서 사용합니다. 즉, 단말(터미널)에 명령을 입력하여 작업을 수행합니다.

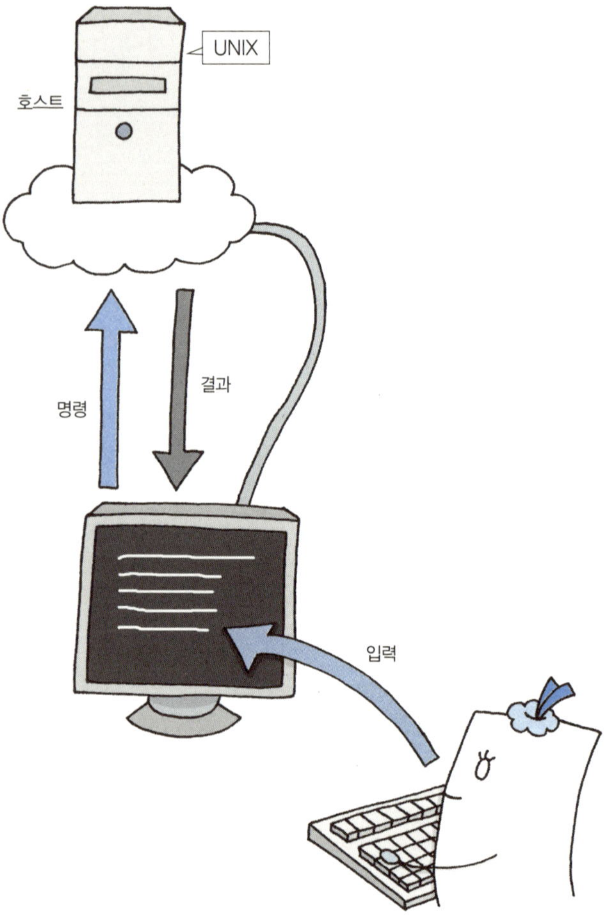

X Window 시스템(196쪽)을 이용하면 GUI로 조작할 수 있어요.

로그인과 로그아웃

Linux의 각 기능을 이용하려면 미리 주어진 사용자 계정과 비밀번호를 사용하여 로그인을 해야 합니다. 또한 모든 작업을 종료하면 로그아웃합니다.

로그인

시작 후 'Login:'이라고 표시되면 사용자 계정을 입력하고 Enter 를 누릅니다.
'Password:'가 표시되면 비밀번호를 입력하고 Enter 를 누릅니다.

```
localhost login: yumina
Password:
Welcome to Turbolinux.
[yumina@localhost ~]$
```

환경에 따라 표시 내용이 조금 다를 수 있어요.

로그아웃

exit(또는 logout) 명령을 입력하고 Enter 를 누릅니다.

```
[yumina@localhost ~]$ exit
```

로그인 중인 사용자를 조사한다

who 명령을 사용하면 현재 로그인해 있는 사용자를 확인할 수 있습니다.

```
[yumina@localhost ~]$ who
yumina    pts/0        Mar 15 16:40
hemin     pts/1        Mar 15 16:41
```

yumina와 hemin이 로그인하고 있어요.

※ localhost는 서버명, ~는 현재 디렉터리를 나타내는 기호입니다. 밑줄 친 부분이 키보드로 입력한 문자입니다.

슈퍼 유저

Linux에서는 일반 사용자 외에 관리자 권한을 가지고 있는 슈퍼 유저(계정명은 root)가 정해져 있습니다. 슈퍼 유저는 소프트웨어의 설치나 삭제, 환경 설정 등 시스템 전체를 조작할 수 있습니다.

파일의 종류

Lesson 03

Linux에서 취급하는 파일에 대해 살펴봅시다.

 파일의 종류

Linux에서 취급하는 파일은 일반 파일, 디렉터리, 특수 파일 세 종류로 나눌 수 있습니다.

대표적인 디스크 구성

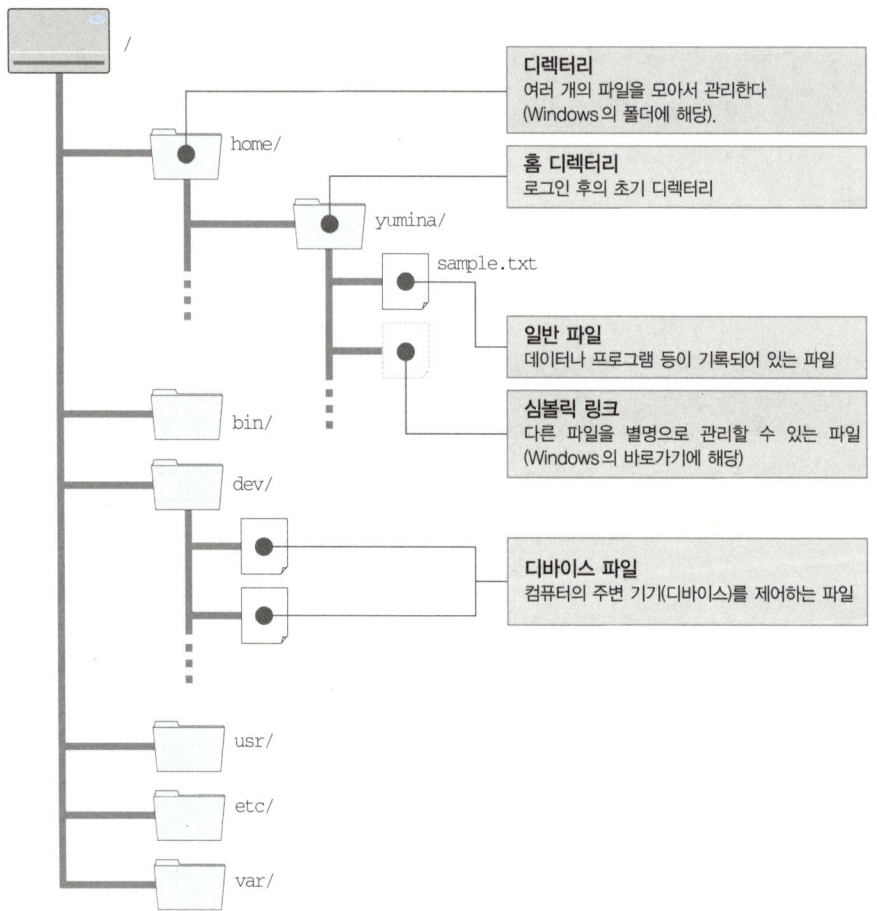

디렉터리
여러 개의 파일을 모아서 관리한다 (Windows의 폴더에 해당).

홈 디렉터리
로그인 후의 초기 디렉터리

일반 파일
데이터나 프로그램 등이 기록되어 있는 파일

심볼릭 링크
다른 파일을 별명으로 관리할 수 있는 파일 (Windows의 바로가기에 해당)

디바이스 파일
컴퓨터의 주변 기기(디바이스)를 제어하는 파일

퍼미션

퍼미션(Permission)이란, 파일이나 디렉터리에 대해 사용자나 그룹이 갖고 있는 읽기, 쓰기, 실행 권한을 말합니다.

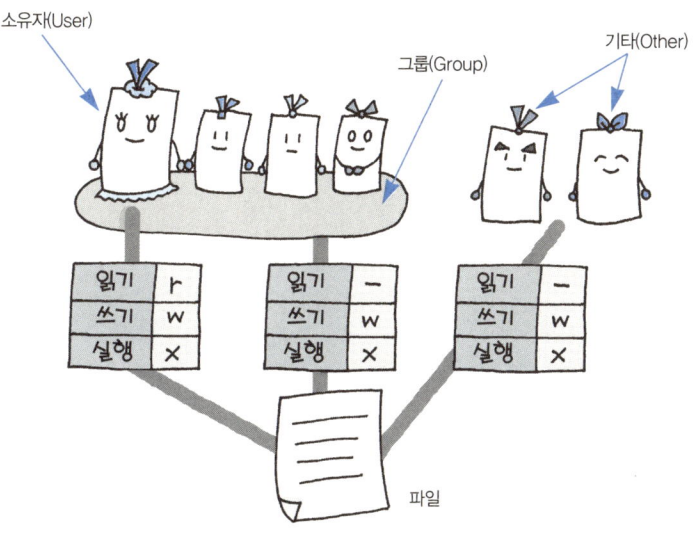

 ## 퍼미션 확인

명령 'ls -l'(190쪽)을 입력하면 파일 목록이 표시되면서 퍼미션과 관련된 정보를 확인할 수 있습니다.

파일의 종류와 퍼미션을 표시합니다.

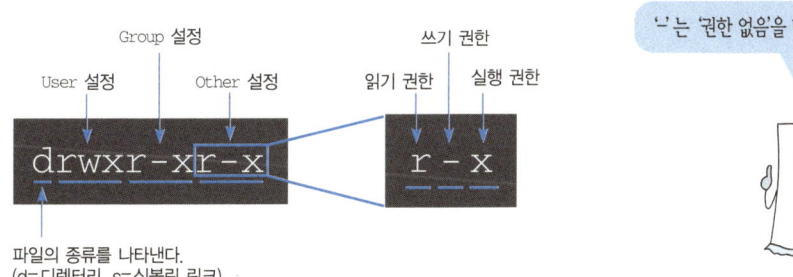

'-'는 '권한 없음'을 나타내요.

파일 조작

디렉터리의 이동이나 파일의 표시 등 파일을 조작하는 방법에 대해 살펴봅시다.

파일 조작에 사용하는 명령

Linux에서 기본적인 파일 조작은 명령으로 수행합니다. 주요 파일 조작 명령에는 다음과 같은 것이 있습니다.

명령어	용도
cd	현재 디렉터리를 변경합니다.
pwd	현재 디렉터리의 절대 경로를 나타내거나 홈 디렉터리로 돌아갑니다.
ls	디렉터리의 정보 목록을 나타냅니다.
mv	파일명을 변경하거나 파일을 이동합니다.
cp	파일을 복사합니다.
mkdir	새로운 디렉터리를 작성합니다.
rm	파일이나 디렉터리를 삭제합니다.
cat	파일의 내용을 열람합니다.

자주 사용하는 cd 명령과 ls 명령의 사용법을 살펴봅시다.

이동할 디렉터리명을 cd 명령 다음에 지정합니다. 디렉터리명을 지정하지 않으면 홈 디렉터리(로그인 시 디렉터리)로 되돌아갑니다.

조사하고 싶은 디렉터리명을 ls 명령 다음에 지정합니다. 디렉터리명을 지정하지 않으면 현재 디렉터리(위의 경우에는 Desktop)의 내용을 표시합니다.

파이프

명령과 명령을 '|'로 연결하여 앞 명령에서 얻어지는 결과를 뒷 명령에 전달하는 것을 파이프(Pipe)라고 합니다.

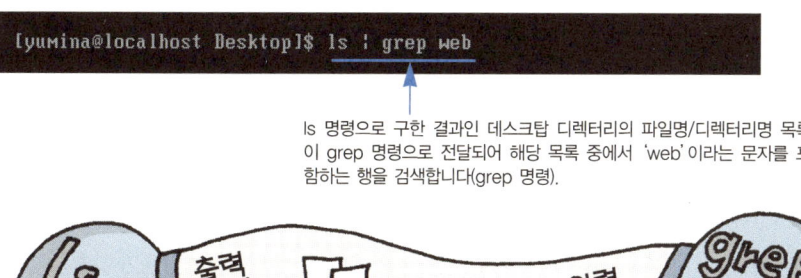

ls 명령으로 구한 결과인 데스크탑 디렉터리의 파일명/디렉터리명 목록이 grep 명령으로 전달되어 해당 목록 중에서 'web'이라는 문자를 포함하는 행을 검색합니다(grep 명령).

 ## 리다이렉트

리다이렉트(Redirect)란, 표준 입력, 표준 출력, 오류 출력의 입출력 위치를 변경하는 기능을 말합니다. 입력원을 지정하려면 '<'를, 출력처를 지정하려면 '>'(다음의 경우에는 '>>')를 사용해야 합니다.

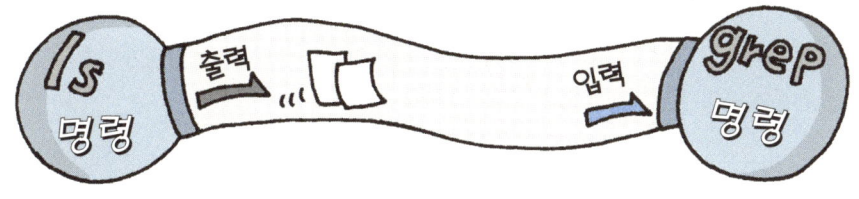

ls 명령으로 조사한 Maildir 디렉터리의 파일명/디렉터리명 목록의 정보를 'sample.txt'라는 파일에 출력(저장)합니다.

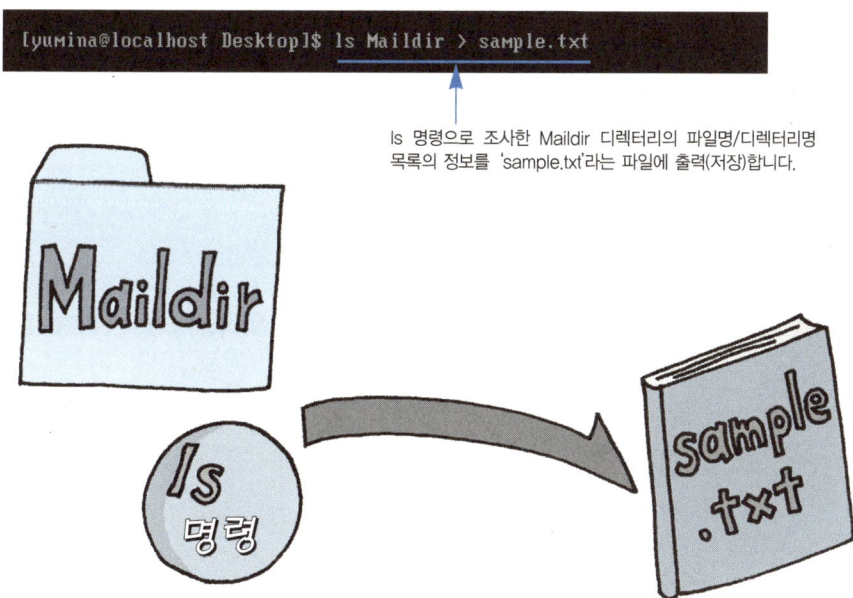

텍스트 에디터

Linux에서 텍스트 에디터는 아주 중요한 애플리케이션입니다.

 텍스트 에디터란

텍스트 에디터(Text Editor)란, 텍스트 파일을 편집하기 위한 애플리케이션입니다. Linux에서 사용하는 텍스트 에디터에는 다음과 같은 것들이 있습니다.

vi는 대부분의 Linux 환경에서 처음부터 이용할 수 있습니다.

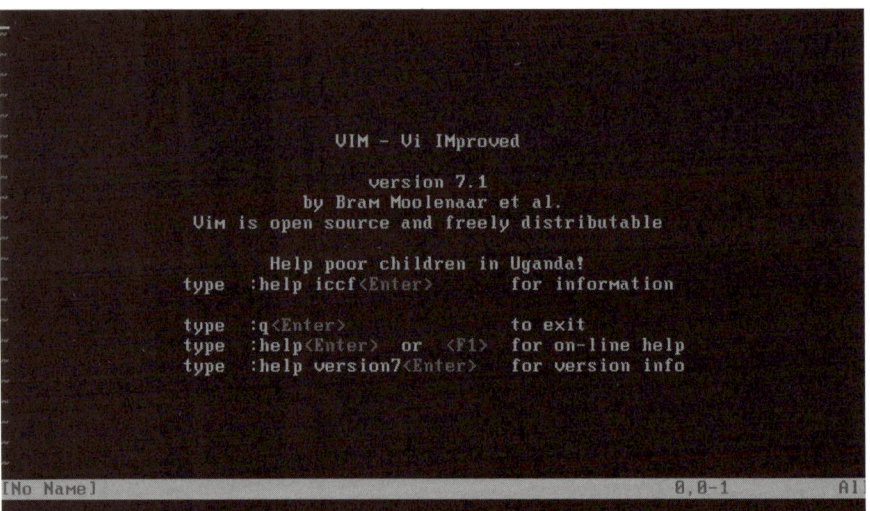

위 그림은 vi에서 파생된 Vim의 화면이에요.

Emacs

Emacs는 단순한 에디터가 아니라 소스 코드의 편집이나 메일 등의 풍부한 기능을 갖고 있습니다.

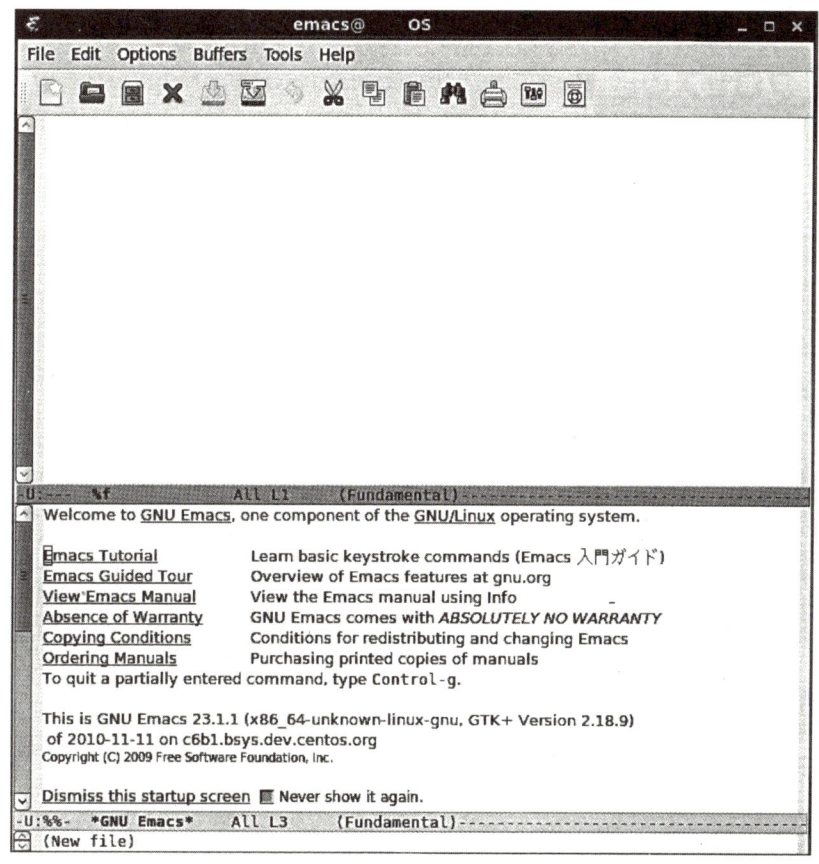

확장성이 높은 것이 Emacs의 특징이에요.

프로세스와 데몬

Lesson 06

실행하고 있는 프로그램에 대해 살펴봅시다.

프로세스의 확인

ps 명령은 현재 시스템상에서 작동하고 있는 프로세스의 목록을 표시하는 명령입니다. 'ps -aux'라고 입력하면 모든 프로세스를 확인할 수 있습니다.

```
사용자명    프로세스 번호              단말              프로세스의 커맨드명

[yumina@localhost ~]$ ps -aux
USER     PID  %CPU %MEM  VSZ  RSS TTY STAT  START  TIME  COMMAND
root      65   0.0  1.5 1872  996  ?   S    Jun25  0:00  bash/etc/rc.d/rc
root     196   0.0  0.7 1048  464  ?   S    Jun25  0:00  /usr/sbin/apmd -p
root     206   0.3  1.1 1384  744  ?   S    Jun25  369:26 syslogd -m 0
root     214   0.0  1.1 1456  760  ?   S    Jun25  0:00  klogd
daemon   224   0.0  0.7 1092  484  ?   S    Jun25  0:00  /usr/sbin/atd
root     234   0.0  0.9 1284  620  ?   S    Jun25  0:00  crond
root     254   0.0  0.7 1088  492  ?   S    Jun25  0:00  inetd
```

프로세스의 강제 종료

'kill -9 프로세스_번호'라고 입력하면 프로세스를 강제로 종료할 수 있습니다.

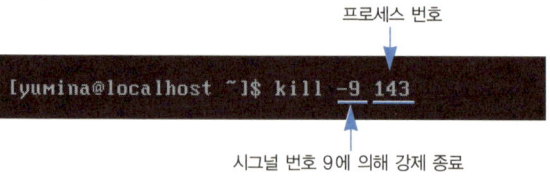

프로세스 번호

시그널 번호 9에 의해 강제 종료

일반 사용자가 종료할 수 있는 것은 자신이 실행시킨 프로세스뿐이에요.

데몬

Linux에서는 시스템을 유지하기 위해 필요한 프로세스를 상주시키고 있는데, 이런 상주 프로그램을 '데몬(Daemon)'이라고 합니다. 일반 사용자는 특별히 어떻게 작동하고 있는지 의식할 필요가 없습니다.

 데몬(Daemon)은 '수호신'을 뜻해요.

데몬 프로그램의 이름 끝에는 보통 Daemon의 'd'가 붙어 있습니다. 예를 들면 다음과 같은 데몬이 대표적입니다.

대표적인 데몬	동작
syslogd	시스템 로그를 기록합니다.
devfsd	하드웨어를 설정합니다.
crond	프로세스를 정기적으로 실행합니다.
inetd	인터넷 서비스를 제공합니다.
httpd	웹 서버 서비스를 제공합니다.
ftpd	ftp 서버 서비스를 제공합니다.

Lesson 07
Linux의 GUI

Linux 환경에서 GUI를 이용하는 방법에 대해 살펴봅시다.

X Window 시스템

X Window 시스템은 UNIX상에서 윈도우 환경을 제공하는 프로토콜로, 1987년부터 널리 이용되어 왔습니다.

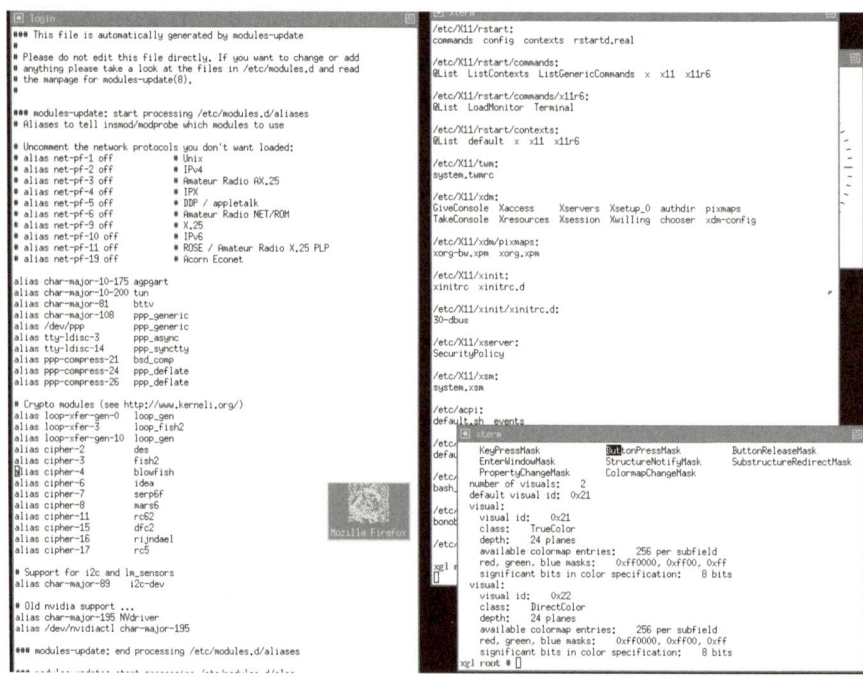

윈도우는 GUI의 기본이에요.

기타 GUI 환경

최근에는 대부분의 Linux 디스트리뷰션에서 GUI의 데스크탑 환경을 채택하고 있습니다. 그중에서 주로 사용되는 것이 'GNOME'과 'KDE'입니다.

GNOME

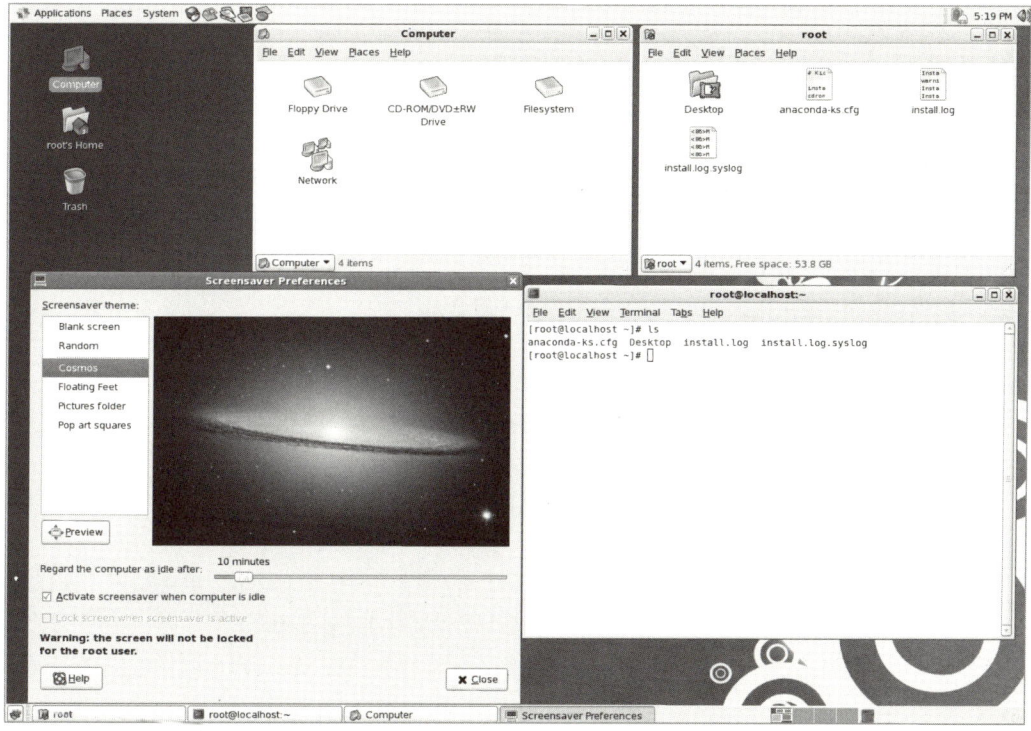

KDE

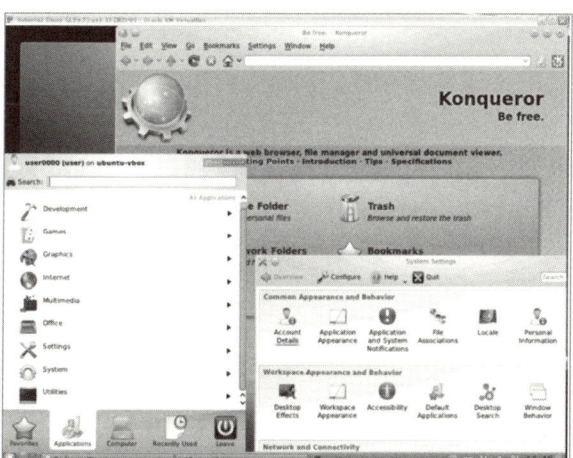

이런 데스크탑 환경은 X Window 시스템상에서 작동시킬 수 있어요.

'백문이 불여일견'이라는 말이 있습니다. 이는 백 번 듣는 것보다 한 번 보는 것이 낫다는 말로, 어떤 개념이든 백 번 읽는 것보다 테스트를 통해 한 번 확인해보는 것이 좋을 수도 있습니다. 여기에서는 앞 장에서 배운 내용을 확인해보겠습니다. 각 문제들을 풀어 가면서 OS의 개념을 확실히 익힌다면 많은 도움이 될 것입니다.

문제

01_ 다음 중 Linux에 대한 설명으로 틀린 것은 무엇입니까?

① 웹 서버로 많이 이용된다.
② 오픈 소스의 개념을 도입했다.
③ CUI 환경으로만 사용한다.
④ PC-UNIX 계열 OS다.

02_ 다음 중 Linux에서 현재 로그인해 있는 사용자를 확인하는 명령은 무엇입니까?

① who
② root
③ exit
④ kill

03_ Linux에서 퍼미션을 확인하려면 어떻게 해야 합니까?

04_ 다음 Linux의 파일 조작 명령을 올바르게 연결하십시오.

가. pwd	나. mv	다. cp
라. mkdir	마. rm	바. cat

① 파일을 복사한다. ( )
② 새로운 디렉터리를 작성한다. ( )
③ 현재 디렉터리의 절대 경로를 나타낸다. ( )
④ 파일의 내용을 열람한다. ( )
⑤ 파일이나 디렉터리를 삭제한다. ( )
⑥ 파일명을 변경하거나 파일을 이동한다. ( )
⑦ 홈 디렉터리로 돌아간다. ( )

05_ 현재 디렉터리에서 'dog'라는 문자를 포함하는 파일 및 하위 디렉터리의 목록을 구하려면 어떻게 해야 합니까?

정답 및 해설

 ③

최근에는 X Window 시스템을 이용하여 GUI로 조작할 수 있습니다.

 ①

- root는 Linux의 슈퍼 유저의 계정명입니다.
- exit는 로그아웃, kill은 프로세스 종료 명령입니다.

03 ls -l

'ls' 명령을 사용하면 파일 목록과 함께 퍼미션 정보를 확인할 수 있습니다.

① 다 ② 라 ③ 가
④ 바 ⑤ 마 ⑥ 나
⑦ 가

 ls | grep dog

명령과 명령을 '|'(파이프)로 연결하면 앞 명령에서 얻어지는 결과를 뒷 명령에 전달할 수 있습니다. ls는 파일 및 디렉터리의 목록을 구하는 명령이며, grep은 문자열을 검색하는 명령입니다.

알아 두면 도움이 되는 OS 상식

쉘

1장에서 설명했듯이 쉘(shell)은 프로그램을 실행하기 위한 인터페이스입니다. UNIX 서버에 주로 사용하는 명령줄 환경에서는 서버가 입력한 명령을 쉘이 해석하여 커널에 지시를 내립니다. UNIX의 쉘에는 다양한 종류가 있으며, 각각 갖고 있는 기능이 다릅니다.

대표적인 쉘에는 다음과 같은 것들이 있습니다.

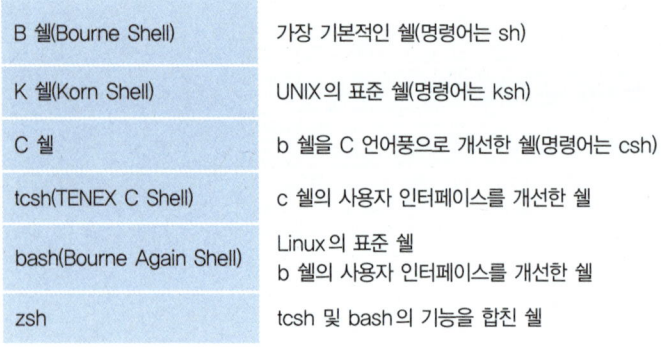

B 쉘(Bourne Shell)	가장 기본적인 쉘(명령어는 sh)
K 쉘(Korn Shell)	UNIX의 표준 쉘(명령어는 ksh)
C 쉘	b 쉘을 C 언어풍으로 개선한 쉘(명령어는 csh)
tcsh(TENEX C Shell)	c 쉘의 사용자 인터페이스를 개선한 쉘
bash(Bourne Again Shell)	Linux의 표준 쉘 b 쉘의 사용자 인터페이스를 개선한 쉘
zsh	tcsh 및 bash의 기능을 합친 쉘

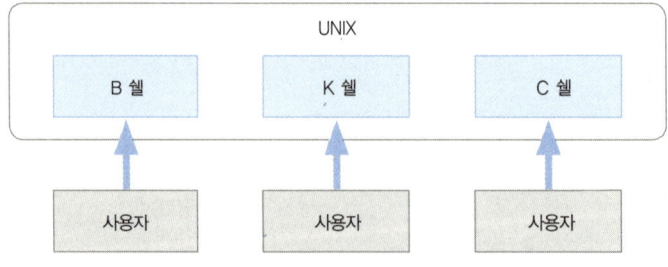

사용자는 자신의 취향에 맞춰 쉘을 바꿀 수 있습니다.

GUI를 갖고 있는 쉘을 '그래피컬 쉘(Graphical Shell)'이라고 합니다. Windows의 탐색기나 Mac OS의 Finder는 모두 그래피컬 쉘입니다.

제 8장 Max OS와 기타 OS

Key Point	Mac OS에 대해
	스마트폰의 인기
Lesson 01	Macintosh와 Mac OS ①
Lesson 02	Macintosh와 Mac OS ②
Lesson 03	iPhone과 iOS
Lesson 04	Android
Lesson 05	임베디드 OS
<< Exercise	도전! OS
OS 상식	라이선스

Mac OS에 대해

Mac OS는 애플사의 컴퓨터인 Macintosh의 전용 OS입니다. 현재 최신판은 2010년에 발매된 Mac OS X Lion입니다.

Mac OS가 등장한 초기에는 단순히 'System'이라 불렸지만 1990년대 후반 무렵부터 다른 OS와 구별한다는 의미에서 Mac OS라고 부르게 되었습니다. 그때까지 Macintosh는 전용 하드웨어에 전용 OS로 구성되어 있었는데, 독립된 OS 패키지로 제공하기 시작한 것은 1998년부터입니다. 2001년에 발매가 시작된 Mac OS 시리즈는 그 이전의 독자적인 사양인 Mac OS와는 달리 UNIX 기술을 기반으로 개발되어 상당히 안정된 OS가 되었습니다.

Mac OS의 최대 특징은 우수한 조작성입니다. 지금은 당연시되는 마우스로 아이콘을 클릭하는 것과 같은 GUI 조작을 맨 처음 도입한 것이 Macintosh였습니다. 제품 센스도 좋으며, 특히 DTP나 이미지, 음악 분야를 중심으로 많은 사용자를 확보하고 있습니다.

Mac OS
애플사가 개발한 Macintosh 전용 OS로, 현재 최신 버전은 Mac OS X Lion이다.

GUI(Graphic User Interface)
창이나 아이콘과 같은 그래픽 환경에서 사용자 조작을 수행하는 인터페이스를 말한다.

꼭 알아야 할 Key Point

스마트폰의 인기

요즘 스마트폰이라는 고성능 휴대전화가 시장을 석권하고 있습니다. 스마트폰은 휴대전화의 기능 뿐만 아니라 컴퓨터에 가까운 기능을 갖고 있습니다. 예를 들면 넓은 화면을 갖고 있으며, 애플리케이션의 설치, 인터넷에 직접 접속하는 일들이 가능해졌습니다.

현재 스마트폰의 도화선이 된 것은 2007년에 발매된 애플사의 iPhone입니다. 그후 iPhone 이용자는 전 세계적으로 계속 증가하고 있으며, 한국에서도 스마트폰 소유자 중 많은 수가 iPhone을 갖고 있다고 합니다.

이 밖에 다른 대부분의 스마트폰은 Android를 채택하고 있습니다. Android는 Google사가 UNIX를 기반으로 개발한 모바일용 OS입니다. 애플사를 제외한 대부분의 기업이 Android 스마트폰을 제조하고 있으며, 현재는 새로운 기능이나 디자인을 가진 스마트폰이 많이 등장하고 있습니다. 앞으로도 스마트폰의 인기는 점점 높아질 것입니다.

DTP(DeskTop Publishing)
컴퓨터에서 출판물의 원고 작성 및 편집, 디자인, 레이아웃 등의 작업을 하여 출판하는 것을 말한다.

iOS
애플사가 발매한 스마트폰(iPhone) 및 태블릿형 컴퓨터(iPad)에 탑재되는 OS이다.

Android
Google사가 개발한 Linux를 기반의 모바일용 오픈 소스 OS이다.

Macintosh와 Mac OS ①

Lesson 01

Macintosh 컴퓨터와 그에 탑재되는 OS를 소개합니다.

Macintosh

Macintosh는 애플사가 발매하고 있는 컴퓨터의 시리즈명으로, 줄여서 'Mac'이라고도 합니다. 초대 Macintosh는 1984년에 발매되었습니다. 최근에는 다음과 같은 제품이 있습니다.

iMac　　　　　Mac Book　　　　　Mac Mini

> Macintosh는 사과의 품종명인 McIntosh의 철자를 바꿔서 만든 거예요.

Macintosh의 역사는 크게 CPU의 종류에 따라 나눌 수 있습니다. 초기에는 CPU로 모토롤라 680x0 계열을 탑재했습니다. 1991년부터 PowerPC로 변경되었고, 2006년부터는 인텔 x86 계열로 서서히 전환시켜왔습니다.

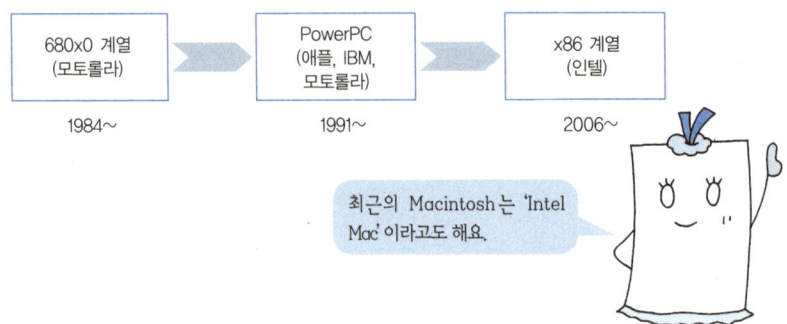

> 최근의 Macintosh는 'Intel Mac'이라고도 해요.

Mac OS

Mac OS는 Macintosh 전용 OS입니다. 현재 사용되고 있는 Mac OS X(ten)는 10번째 OS로 2001년에 발매를 시작했습니다.

발매	버전	코드명
2001년 3월	버전 10.0	Cheetah
2001년 9월	버전 10.1	Puma
2002년 8월	버전 10.2	Jaguar
2003년 10월	버전 10.3	Panther
2005년 4월	버전 10.4	Tiger
2007년 10월	버전 10.5	Leopard
2009년 8월	버전 10.6	Snow Leopard
2010년 7월	버전 10.7	Lion
2012년 6월	버전 10.8	Mountain Lion

코드명이 모두 고양이과 동물이군요.

Mac OS X Lion의 화면

Mac OS X에는 HFS Plus라는 파일 시스템을 사용하고 있어요.

Macintosh와 Mac OS ②

Lesson 02

Mac OS의 기능과 애플리케이션을 소개합니다.

Finder

Finder는 Mac OS의 쉘로 파일의 복사 및 이동과 같은 파일 관리를 할 수 있습니다.

메뉴줄
내용은 애플리케이션에 따라 바뀝니다.

Dock
애플리케이션과 같은 아이콘이 나열되어 있습니다. 아이콘을 클릭하면 애플리케이션이 시작됩니다.

한글 입력 시스템

Mac OS X에 기본적으로 설치되어 있는 한글 입력 시스템입니다. 기본 글꼴은 애플 고딕체로 Lion부터는 나눔체가 추가되었습니다.

입력 모드를 보여줍니다.

Mac 파일의 구조

예전 Mac OS의 파일은 데이터 본체(데이터 포크 : Data Fork)와 그 부속 정보(리소스 포크 : Resource Fork)가 결합된 형식으로 되어 있었습니다. 그래서 파일을 Windows 와 같은 컴퓨터에 복사하면 제대로 볼 수가 없었습니다.

Mac OS X는 파일의 구성 요소를 폴더로 관리하고, 그것을 하나의 파일처럼 취급하는 구조(번들)를 채택했습니다.

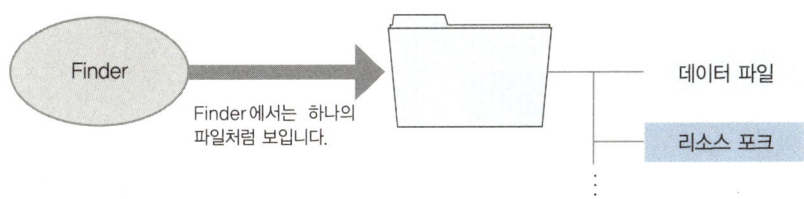

 ## Safari

Safari는 Mac OS X에 표준으로 내장되어 있는 웹 브라우저입니다. 표시 속도 및 화려한 화면이 장점입니다.

Safari 아이콘

애플사가 개발했어요.

iPhone과 iOS

Lesson 03

iPhone과 그 OS인 iOS에 대해 살펴봅시다.

iPhone과 iOS

iPhone은 애플사가 2007년에 발매를 시작한 스마트폰입니다. 스마트폰은 '네트워크 이용', '스케줄 관리 기능', '애플리케이션 추가'와 같은 다양한 기능을 갖고 있는 휴대전화입니다. iPhone에는 iOS라는 OS가 탑재되어 있습니다.

iPhone 4S

iPhone의 최신판은 2011년에 발매된 iPhone 4S예요.

터치 패널

iPhone의 대부분의 조작은 탑재되어 있는 터치 패널로 수행합니다. 또한 iPhone에는 멀티 터치라는 기능이 있어서 여러 지점을 동시에 만져서 조작할 수 있습니다.

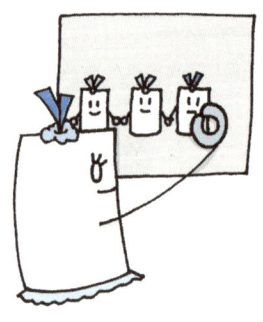  

손가락의 폭에 맞춰 그림도 확대돼요.

iPhone 어플

iPhone에서 작동하는 애플리케이션을 'iPhone 어플'이라고 합니다. iPhone 어플은 현재도 수없이 개발되고 있으며, AppStore(앱 스토어)를 통해 구입할 수 있습니다.

iPhone 어플은 Objective-C 라는 프로그래밍 언어를 사용하여 개발해요.

 ## iPad

iPad는 애플사가 개발한 태블릿형 컴퓨터입니다. 여기에도 iOS가 OS로 사용되고 있습니다.

'보다 얇게, 보다 가볍게, 보다 빠르게'가 뉴아이패드의 판매 전략이에요.

Android

Android는 많은 스마트폰 제품의 OS로 사용되고 있습니다.

Android

Android는 Linux를 기반으로 개발된 모바일용 오픈 소스 OS로, 2007년에 Google 사가 개발했습니다. 최신판은 Android 4.0입니다.

Android를 탑재한 휴대전화

Android의 라이선스

Android는 누구나 자유롭게 소스 코드를 바꿀 수 있습니다. 또한 일부 코드를 변경하여 자사 제품에 넣어서 판매할 수 있습니다.

Android 어플

Android용으로 개발된 애플리케이션을 'Android 어플'이라고 합니다. Android Market을 통해 구입할 수 있습니다.

Android 어플은 Java라는 프로그래밍 언어를 사용하여 개발해요.

 ## 휴대전화 이외의 기기

스마트폰 이외에도 Android를 탑재한 태블릿형 컴퓨터나 노트북형 컴퓨터가 발매되고 있습니다.

임베디드 OS

Lesson 05

임베디드 기기에 사용하는 OS에 대해 살펴봅시다.

임베디드 OS란

임베디드 OS란 가전 제품이나 기계 등에 특정 기능을 제공하는 OS를 말합니다.

대표적인 임베디드 OS

대표적인 임베디드 OS에는 다음과 같은 것이 있습니다.

임베디드 OS	특징
ITRON	비교적 경량으로, 전자 기기의 제어 등에 사용합니다.
VxWorks	안정성이 높으며, 항공·우주·방위 분야에서 사용합니다.
LynxOS	이식성이 높으며, 방위·프로세스 제어·전기 통신 분야에서 사용합니다.
QNX	고성능의 특징으로, 차량 탑재 시스템 등에 사용합니다.
Enea OSE	신뢰성이 높으며, 전기 통신·항공 등의 분야에서 사용합니다.

모두 응답성이 뛰어난 리얼타임 계열 OS예요.

임베디드 OS의 응용

보통은 의식할 일이 없지만 임베디드 OS는 다음과 같이 다양한 분야에 이용되고 있습니다.

원격 조종 무인 탐사기 배, 비행기 등	**산업 기계** 식품 기계 등
네트워크 가전 냉장고, 에어컨 등	**인공 지능 로봇** 자율 로봇 등
교통 관리 차량 내비게이션, 정체 관측 등	**전자 화폐** 자동 판매기, ATM 등

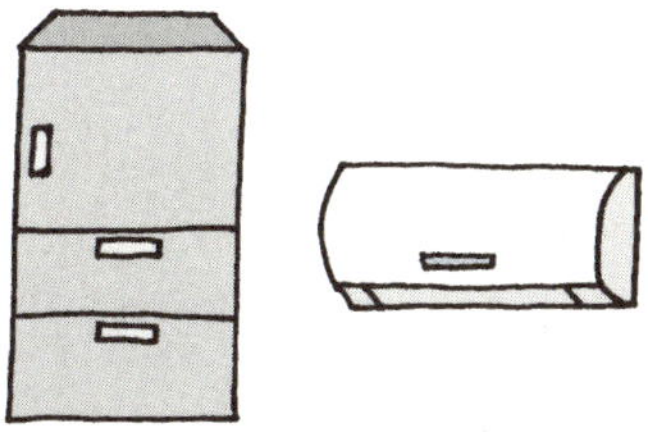

생소한 것부터 주변에 있는 것까지 두루 사용되고 있네요.

도전! OS

'백문이 불여일견'이라는 말이 있습니다. 이는 백 번 듣는 것보다 한 번 보는 것이 낫다는 말로, 어떤 개념이든 백 번 읽는 것보다 테스트를 통해 한 번 확인해보는 것이 좋을 수도 있습니다. 여기에서는 앞 장에서 배운 내용을 확인해보겠습니다. 각 문제들을 풀어 가면서 OS의 개념을 확실히 익힌다면 많은 도움이 될 것입니다.

문제

01_ 다음 중 Macintosh와 Mac OS에 관한 설명 중 틀린 것은 무엇입니까?

① Mac OS는 애플사가 만든 OS다.
② 최근 Macintosh는 x86 계열 CPU를 사용한다.
③ Mac OS X의 파일 시스템은 HFS Plus를 사용한다.
④ Mac OS는 어떤 컴퓨터에도 설치할 수 있다.

02_ 예전의 Mac OS에서 만든 파일을 Windows 등에서 볼 수 없었던 이유는 무엇입니까?

03_ 다음 중 Mac OS의 기능이 아닌 것은 무엇입니까?

① Finder
② Emacs
③ Safari
④ Dock

04_ 다음 보기 중 성질이 다른 하나를 고르십시오.

① iPhone
② iPad
③ Android
④ iOS

05_ 임베디드 OS가 무엇인지 간단히 설명하십시오.

정답 및 해설

 ④

Mac OS는 애플사의 Macintosh 전용 OS입니다.

 데이터 포크와 리소스 포크가 결합되어 있었기 때문

현재는 Mac OS X가 파일의 구성 요소를 폴더로 관리하고 그것을 하나의 파일처럼 취급하는 구조(번들)를 채택하고 있으므로 다른 OS에서 볼 수 있습니다.

 ②

Emacs는 Linux 등에서 사용하는 텍스트 에디터입니다. 확장성이 뛰어나며, 소스 코드의 편집이나 메일 등 풍부한 기능을 갖고 있습니다.

 ③

- Android는 Google사가 개발한 Linux를 기반으로 개발된 모바일용 오픈 소스 OS입니다.
- iPhone 및 iPad는 애플사가 개발한 스마트폰 및 태블릿형 기기로 iOS를 탑재하고 있습니다.

 가전 제품이나 기계 등에 특정 기능을 제공하는 OS

임베디드 OS는 산업 기계, 가전 제품, 로보트 등과 같은 다양한 분야에서 사용됩니다.

알아 두면 도움이 되는
OS 상식

라이선스

일반적으로 패키지 소프트웨어를 사용할 때는 저작권자(제조업체)와 사용자 사이에 설치 및 복사에 관한 제약이 정해져 있는 소프트웨어 사용 허락 계약에 동의함으로써 사용이 허가됩니다. 이때의 계약서를 사용 허락 계약서(EULA=End User License Agreement)라고 합니다. 하나의 패키지에 대해 한 사용자의 사용만을 허락하는 것이 보통이지만 업무 등에서 여러 명의 사용자가 사용할 경우는 사이트 라이선스 계약이나 동시 사용 라이선스 계약 등 여러 대의 컴퓨터에 설치하는 것을 허가하는 라이선스 계약을 체결하는 경우도 있습니다.

Linux 계열의 프리 소프트웨어에서 자주 사용되고 있는 라이선스로는 GPL(GNU 일반 공중 이용 허락 계약)이 있습니다. 이것은 한 번 공개된 소프트웨어는 누구나 복사, 개선, 재배포를 자유롭게 할 수 있다는 것(Copyleft)을 주장하는 라이선스입니다. 제품에 내장시키거나 변경한 경우는 해당 소스 코드를 공개할 것을 의무화하고 있습니다.

또한 프리 소프트웨어의 라이선스 계약 중 하나로 'BSD 라이선스'라는 것이 있습니다. 이것은 사용상의 동작 등을 보증하지 않는다는 것을 선언하고, 재배포 시에는 저작권을 표시할 것을 의무화한 것입니다. BSD 라이선스는 주로 BSD 계열 UNIX나 Apache에서 이용하고 있습니다. 요즘은 상용이 어려운 GPL보다 BSD 라이선스를 채택하는 제품도 늘어나고 있습니다.

이렇게 소프트웨어에는 거의 반드시 사용 허락 계약이 붙어 있으므로 잘 읽고 이해한 후에 이용하도록 합시다.

부록

좀 더 힘내 볼까요?

01 | OS의 가상화
02 | 기타 OS

부록 +1 for Power User

OS의 가상화

가상화의 의미와 OS의 가상화에 대해 살펴봅시다.

가상화란

컴퓨터에서 가상화란, CPU, 메모리, 하드디스크 등과 같은 물리적인 리소스를 추상화하는 것을 말합니다. 예를 들어, 가상화 기술을 사용하면 하나의 컴퓨터상에 다른 컴퓨터 환경을 마련할 수 있습니다.

1대의 기기에 Windows나 Linux 등 여러 개의 OS를 실행할 수 있습니다.

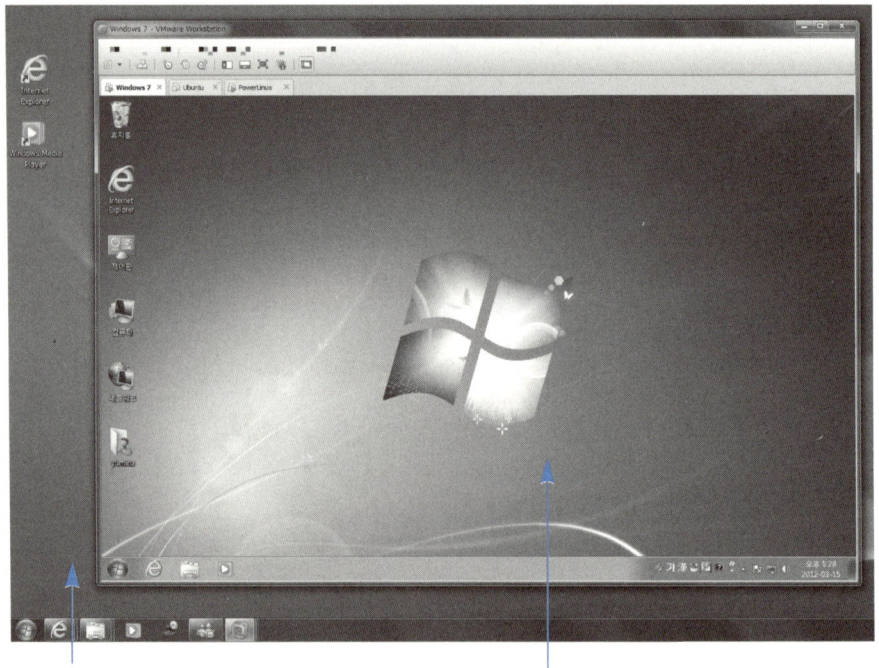

호스트 OS   게스트 OS

한 대의 컴퓨터 안에 여러 개의 OS가 움직이게 해줘요.

각종 가상화

가상화에는 용도 및 목적에 따라 하드웨어에 의한 가상화, 소프트웨어에 의한 가상화 등 다양한 기법이 있습니다. 여기서는 소프트웨어에 의한 가상화를 몇 가지 소개합니다.

종류	개요	예
에뮬레이터 (시뮬레이터)	컴퓨터의 하드웨어 사양을 완전히 모방하여 똑같은 동작을 재현하는 기법입니다. 아키텍처가 달라도 상관없습니다.	휴대전화, 게임 기기, 전용 기기 등의 에뮬레이터
동일 아키텍처에서의 가상화	네트워크 카드나 비디오 카드 등을 에뮬레이트하여 게스트 OS에도 마치 기기가 존재하는 것처럼 만드는 기법입니다. 기기에 액세스하려면 게스트 OS에서 보통의 컴퓨터와 똑같이 디바이스 드라이버를 설치할 필요가 있습니다.	Virtual Server (Microsoft), Vmware(VMware사) 등
하이퍼바이저 기반 가상화 (준가상화)	I/O를 일괄 관리하는 하이퍼바이저라는 프로그램을 통해 디바이스 드라이버를 거치지 않고 디바이스에 액세스하는 기법입니다. 디바이스의 에뮬레이트에 비해 빠른 퍼포먼스를 발휘합니다.	Xen Server(Citrix), Hyper-V(Microsoft) 등
OS 레벨의 가상화	OS의 기능에 따라 커널이나 드라이버 등을 공유하는 기법입니다. 게스트 OS의 OS는 호스트 OS와 똑같이 만들어집니다.	Linux-VServer 등

Appendix 부록
좀 더 힘내 볼까요?

기타 OS

그 밖의 다른 OS에 대해 살펴봅시다.

기타 OS/개발이 종료된 OS

OS에는 종류가 아주 많아서 이 책만으로 모든 OS를 다 소개할 수 없습니다. 여기서는 일반 사용자에게도 친숙한(또는 예전에 그러했던) OS를 몇 가지만 소개합니다.

종류	개요
Symbian OS	Nokia의 휴대 기기용 OS
Windows Mobile	Microsoft의 휴대 기기용 OS
Google Chrome OS	Google이 개발하고 있는 Linux 기반의 OS
MS-DOS	PC용 CUI 기반의 OS로 Windows의 명령 프롬프트의 전신
OS/2	예전에 IBM과 Microsoft가 공동으로 개발한 PC용 OS
BeOS	예전에 미국 Be사가 개발한 OS
NEXTSTEP	예전에 미국 Next가 개발한 OS

찾아보기

.NET Framework ... 170	dat ... 118	Garbage Collection ... 101
16진수 ... 93	Data Fork ... 207	gif ... 118
2진수 ... 110	dead lock ... 82	GNOME ... 197
32bit ... 96	Defrag ... 112, 126	Google Chrome OS ... 220
5대 장치 ... 28	del ... 175	GPL ... 216
64bit ... 96	Dequeue ... 102	grep ... 135
	Detach ... 86	GUI ... 16, 39
A ~ D	devfsd ... 195	
	DHCP 서버 ... 147	**H ~ L**
Active Directory ... 177	dir ... 175	
ActiveX ... 176	Disk Cache ... 130	Heap ... 97
AIX ... 149	Dispatch ... 71	HFS Plus ... 122, 205
Allocation ... 100	Distribution ... 185	htm/html ... 118
Android ... 210	DLL ... 176	HTTP ... 142
Android Market ... 211	DMA ... 107	HTTP 프로토콜 ... 145
API ... 29, 53	DNS 서버 ... 147	httpd ... 195
AppStore ... 209	docx ... 164	Huffman ... 132
Arch Linux ... 185	DRAM ... 94	
AT&T ... 182	Dynamic Relocation ... 100	I/O 주소 공간 ... 44
Attach ... 86		I/O 주소 방식 ... 45
ATX ... 20	**E ~ G**	I/O 포트 ... 44
		IM 서버 ... 156
B 쉘 ... 200	EEPROM ... 95	Index ... 134
bash ... 200	Emacs ... 193	inetd ... 195
BeOS ... 220	Enea OSE ... 212	IP 전화 ... 156
bin ... 118	Enqueue ... 102	IP 주소 ... 153
BIOS ... 20, 23, 32	EPROM ... 95	iPad ... 209
bmp ... 118	exe ... 164	iPhone ... 208
BSD 라이선스 ... 216	exe/com ... 118	IPL ... 31
	exec ... 78	ISO9660 ... 122
C 쉘 ... 200	exit ... 187	ITRON ... 212
cat ... 190	ext3 ... 122	
cd ... 175, 190		Java ... 211
CentOS ... 185	FAT32 ... 122	jpg ... 118, 164
cls ... 175	Fedora ... 185	
Cluster ... 121	FIFO ... 102	K 쉘 ... 200
com ... 164	Finder ... 206	KDE ... 197
Compaction ... 101	Firewall ... 152	kill ... 194
copy ... 175	fork ... 78	
cp ... 190	Fragment ... 112	LAN ... 142
CPU ... 20, 26, 28	Fragmentation ... 126	LIFO ... 102
crond ... 195	FTP 서버 ... 147	Light Weight Process ... 87
CUI ... 16, 39	FTP 프로토콜 ... 145	Linked List ... 103
Cylinder ... 120	ftpd ... 195	Linux ... 183, 184
	Fulltext Search ... 135	Login ... 187
Daemon ... 195		Loosely Coupled Multi-Processor 90

ls · · · · · · · · · · · · · · · 190
LynxOS · · · · · · · · · · · · 212

M ~ Z

Mac · · · · · · · · · · · · · · 204
Mac OS · · · · · · · · · 16, 205
Mac OS X · · · · · · · · · · · 206
Mac OS X Lion · · · · · · · 202
Mapping · · · · · · · · · · · 104
MBR · · · · · · · · · · · · · · · 31
md · · · · · · · · · · · · · · · 175
Microsoft · · · · · · · · · 15, 149
Microsoft .NET · · · · · · · 170
Microsoft IME · · · · · · · 163
MIMD · · · · · · · · · · · · · · 90
MIPS · · · · · · · · · · · · · · · 56
MISD · · · · · · · · · · · · · · 90
mkdir · · · · · · · · · · · · · 190
mpeg · · · · · · · · · · · · · 118
mpg · · · · · · · · · · · · · · 118
MS-DOS · · · · · · · · · · · 220
Multi-processor · · · · · · · 90
Mutex · · · · · · · · · · · · · 83
mv · · · · · · · · · · · · · · · 190
MySQL · · · · · · · · · · · · 147

NetBSD · · · · · · · · · · · · 149
NEXTSTEP · · · · · · · · · · 220
Non-Preemptive Multitasking 73
NTFS · · · · · · · · · · · · · 122

Objective-C · · · · · · · · · 209
Operating System · · · · · · 14
Oracle · · · · · · · · · · · · 147
OS · · · · · · · · · · · · · · · · 14
OS 레벨의 가상화 · · · · · · 219
OS/2 · · · · · · · · · · · · · 220
OSI · · · · · · · · · · · · · · 150

P 조작 · · · · · · · · · · · · · 81
Page Fault · · · · · · · · · · 65
Paging · · · · · · · · · · · · 104
PCB · · · · · · · · · · · · · · · 75
PC-UNIX · · · · · · · · · · · 184
pdf · · · · · · · · · · · · · · · 118
Permission · · · · · · · 128, 189
Pipe · · · · · · · · · · · · · · 191
Platter · · · · · · · · · · · · 120

POP · · · · · · · · · · · · · · 102
POP3 프로토콜 · · · · · · · 145
POST · · · · · · · · · · · · · · 23
Preemption · · · · · · · · · · 71
Preemptive Multitasking · · · 72
Process · · · · · · · · · · · · 68
PROM · · · · · · · · · · · · · · 95
ps · · · · · · · · · · · · · · · 194
PSW · · · · · · · · · · · · · · · 74
PUSH · · · · · · · · · · · · · 102
pwd · · · · · · · · · · · · · · 190

QNX · · · · · · · · · · · · · · 212
Queue · · · · · · · · · · · · 102
Quota · · · · · · · · · · · · · 129

RAID · · · · · · · · · · · · · 137
RAM · · · · · · · · · · · · 92, 94
RAM 디스크 · · · · · · · · · 131
RASIS · · · · · · · · · · · · · 58
rd · · · · · · · · · · · · · · · 175
Red Hat Enterprise Linux · 185
Redirect · · · · · · · · · · · 191
Redundancy · · · · · · · · · 113
register · · · · · · · · · · · · 46
Relocation · · · · · · · · · · 100
ren · · · · · · · · · · · · · · 175
Resource Fork · · · · · · · 207
RLE · · · · · · · · · · · · · · 132
rm · · · · · · · · · · · · · · · 190
ROM · · · · · · · · · · · · 92, 94
Round Robin Scheduling · · 77
rusume · · · · · · · · · · · · 51

Safari · · · · · · · · · · · · · 207
Scheduling · · · · · · · · · · 76
Screen Saver · · · · · · · · · 49
Sector · · · · · · · · · · · · 120
Seek · · · · · · · · · · · · · 114
Segmentation · · · · · · · · 105
Semaphore · · · · · · · · · · 81
shell · · · · · · · · · · · · · · 200
SIMD · · · · · · · · · · · · · · 90
SMTP 프로토콜 · · · · · · · 145
SRAM · · · · · · · · · · · · · 94
Stream · · · · · · · · · · 113, 124
Superviser Call · · · · · · · 65
Symbian OS · · · · · · · · · 220
sys · · · · · · · · · · · · · · 118

syslogd · · · · · · · · · · · · 195

Task · · · · · · · · · · · · · · 59
TCP/IP · · · · · · · · · · · · 142
TCP/IP 프로토콜 · · · · · · 145
tcsh · · · · · · · · · · · · · · 200
Telnet 프로토콜 · · · · · · · 145
Thrashing · · · · · · · · · · 104
Thread · · · · · · · · · · · · · 87
Tighty Coupled Multi-Processor 90
Trace · · · · · · · · · · · · · 65
Track · · · · · · · · · · 112, 120
TSS · · · · · · · · · · · · · · · 69
TurboLinux · · · · · · · · · 185
txt · · · · · · · · · · · · 118, 164
type · · · · · · · · · · · · · · 175

Ubuntu · · · · · · · · · · · · 185
UDF · · · · · · · · · · · · · · 122
UNIX · · · · · · · · · 16, 117, 182
Unmount · · · · · · · · · · · 117

V 조작 · · · · · · · · · · · · · 81
Virtual Server · · · · · · · · 219
VMware · · · · · · · · · · · 219
VRAM · · · · · · · · · · · · · 94
VxWorks · · · · · · · · · · · 212

wait · · · · · · · · · · · · · · 79
WAN · · · · · · · · · · · · · 142
who · · · · · · · · · · · · · · 187
Windows · · · · · · 15, 116, 160
Windows 7 · · · · · · · 15, 180
Windows Mobile · · · · · · 220
Windows NT · · · · · · · · 158
Windows Update · · · · · · 163
Windows 서비스 · · · · · · 172
Word · · · · · · · · · · · · · · 18
WSH · · · · · · · · · · · · · · 175

X Window 시스템 · · · · · · 196
x64 · · · · · · · · · · · · · · · 26
x86 · · · · · · · · · · · · · · · 26
Xen Server · · · · · · · · · · 219
xlsx · · · · · · · · · · · · · · 164

zip · · · · · · · · · · · · · · · 118
zsh · · · · · · · · · · · · · · · 200

Index

ㄱ ~ ㄹ

가비지 콜렉션 · · · · · · · 101
가상 메모리 · · · · · · 93, 98
가상화 · · · · · · · · · · 218
가역 압축 · · · · · · · · · 133
고급 언어 · · · · · · · · · · 53
공통 언어 런타임 · · · · · 171
광학 드라이브 · · · · · · · · 20
그래피컬 쉘 · · · · · · · · 200
글꼴 · · · · · · · · · · · · · 50
기계 체크 인터럽트 · · · · · 66
기계어 · · · · · · · · · · · · 52
기본 소프트웨어 · · · · · · · 14
기억 장치 · · · · · · · · · · 28

내부 인터럽트 · · · · · · · · 64
내부 클럭 · · · · · · · · · · 56
네트워크층 · · · · · · · · · 150
논리 볼륨 · · · · · · · · · 117
논프리엠티브 멀티태스킹 · · 73
니모닉 · · · · · · · · · · · · 52

다이내믹 리로케이션 · · · · 100
단말(터미널) · · · · · · · · 186
단편화 · · · · · · · · 112, 126
데드락 · · · · · · · · · 59, 82
데몬 · · · · · · · · · · · · 195
데이터 링크층 · · · · · · · 150
데이터 본체 · · · · · · · · 207
데이터베이스 서버 · · · · · 147
도메인 · · · · · · · · · · · 177
동일 아키텍처에서의 가상화 · · 219
디렉터리 · · · · · · · · · · 119
디렉터리 경로 · · · · · · · 119
디바이스 · · · · · · · · · · · 40
디바이스 드라이버 · · · 29, 42
디스크 캐시 · · · · · · · · 130
디스크 포맷 · · · · · · · · 112
디스트리뷰션 · · · · · 183, 185
디스패치 · · · · · · · · · · · 71
디큐 · · · · · · · · · · · · 102
디태치 · · · · · · · · · · · · 86
디프래그 · · · · · · · 112, 126

라운드 로빈 방식 · · · · · · 77
라이트 웨이트 프로세스 · · · 87
랜덤 액세스 · · · · · · · · 114

레지스터 · · · · · · · · · · · 46
로그아웃 · · · · · · · · · · · 34
로그오프 · · · · · · · · · · · 34
로그온 · · · · · · · · · · · · 34
로그인 · · · · · · · · · · · · 34
로드 · · · · · · · · · · · · · 30
루트 디렉터리 · · · · · · · 119
리다이렉트 · · · · · · · · · 191
리던던시 · · · · · · 90, 113, 136
리로케이션 · · · · · · · · · 100
리소스 포크 · · · · · · · · 207
리스폰스 타임 · · · · · · · · 63
리줌 · · · · · · · · · · · · · 51

ㅁ ~ ㅅ

마더보드 · · · · · · · · · · · 20
마스크 ROM · · · · · · · · · 95
마운트 · · · · · · · · · · · 117
매핑 · · · · · · · · · · · · 104
멀티 프로세서 · · · · · · · · 90
멀티스레드 · · · · · · · · · · 87
멀티태스킹 · · · · · · · 59, 69
메모리 · · · · · · · · · · · · 20
메모리 공간 · · · · · · · · · 96
메모리 맵 I/O · · · · · · · 106
메시지 큐 · · · · · · · · · · 84
메일 서버 · · · · · · · · · 147
명령 코드 이상 · · · · · · · 65
명령 프롬프트 · · · · · · · 174
물리 메모리 · · · · · · · · · 98
물리 볼륨 · · · · · · · · · 117
물리층 · · · · · · · · · · · 150
뮤텍스 · · · · · · · · · 59, 83
미디어 · · · · · · · · · · · · 41

바로가기 · · · · · · · · · · 165
바이트 · · · · · · · · · · · 110
방화벽 · · · · · · · · 143, 152
배치 파일 · · · · · · · · · 175
배타 제어 · · · · · · · · · · 80
백신 소프트웨어 · · · · · · 143
복원 · · · · · · · · · · · · 140
부모 프로세스 · · · · · · · · 78
부팅 · · · · · · · · · · · · · 30
부팅 로더 · · · · · · · · · · 31
비가역 압축 · · · · · · · · 133
비트 · · · · · · · · · · · · 110

사용자 계정 · · · · · · · · · 35
상대 경로 · · · · · · · · · 119
서브 디렉터리 · · · · · · · 119
서픽스 · · · · · · · · · · · 118
세그먼테이션 · · · · · · · · 105
세마포 · · · · · · · · · 59, 81
세션층 · · · · · · · · · · · 150
섹터 · · · · · · · · · · · · 120
소프트웨어 · · · · · · · · · · 17
순차 주사 검색 · · · · · · · 135
쉘(shell) · · · · · · 28, 38, 200
슈퍼 유저 · · · · · · · · · 187
슈퍼바이저 콜 · · · · · · · · 65
스래싱 · · · · · · · · · · · 104
스레드 · · · · · · · · · · · · 87
스루풋 · · · · · · · · · · · · 62
스왑 · · · · · · · · · · · · · 99
스왑 파일 · · · · · · · · · · 98
스케줄링 · · · · · · · · 59, 76
스택(Stack) · · · · · · · · · 97
스트리밍 서버 · · · · · · · 147
스트림 · · · · · · · · 113, 124
스풀 · · · · · · · · · · · · · 63
슬립 · · · · · · · · · · · · · 51
시분할 처리 시스템 · · · · · 69
시스템 콜(system call) · · · 37
시퀀셜 액세스 · · · · · · · 115
시크 · · · · · · · · · · · · 114
실린더 · · · · · · · · · · · 120

ㅇ ~ ㅈ

아키텍처 · · · · · · · · · · · 26
안전 모드 · · · · · · · · · 180
압축 해제 · · · · · · · · · 132
애플리케이션층 · · · · · · · 150
어드레스 · · · · · · · · · · · 93
어셈블리 언어 · · · · · · · · 52
어태치 · · · · · · · · · · · · 86
언마운트 · · · · · · · · · · 117
얼로케이션 · · · · · · · · · 100
에뮬레이터 · · · · · · · · · 219
여유도 · · · · · · · · · · · 136
연결 리스트 · · · · · · · · 103
연산 장치 · · · · · · · · · · 28
오버플로어 · · · · · · · · · · 65
외부 인터럽트 · · · · · 64, 66
외부 클럭 · · · · · · · · · · 56
웹 서버 · · · · · · · · · · 146

응용 소프트웨어 · · · · · · · 18	커널(kernel) · · · · · · 28, 36	페이지 폴트 · · · · · · · · 65
이름 붙은 파이프 · · · · · · · 85	컨텍스트 스위치 · · · · · · · 75	페이징 · · · · · · · · · 104
인덱스 · · · · · · · · · · 134	컴파일러 · · · · · · · · · 53	페이징 파일 · · · · · · · · 98
인덱스 검색 · · · · · · · · 135	컴팩션 · · · · · · · · · 101	푸시 · · · · · · · · · · 102
인큐 · · · · · · · · · · 102	컴퓨터 바이러스 · · · · · · 143	풀텍스트 검색 · · · · · · · 135
인터럽트 · · · · · · · · 58, 64	콘솔 인터럽트 · · · · · · · 67	프래그먼테이션 · · · · · · 126
인터프리터 · · · · · · · · · 53	쿼터 · · · · · · · · · · 129	프로그램 상태어 · · · · · · · 74
임베디드 OS · · · · · · · · 212	큐 · · · · · · · · · · · 102	프로그램 인터럽트 · · · · · · 65
입력 장치 · · · · · · · · · 40	크리티컬 섹션 · · · · · · · 81	프로세스 · · · · · · · · 58, 68
입출력 인터럽트 · · · · · · · 67	클러스터 · · · · · · · · · 121	프로세스 간 통신 · · · · · · 84
	클럭 주파수 · · · · · · · · 56	프로세스 제어 블록 · · · · · · 75
자식 프로세스 · · · · · · · 78	클립보드 · · · · · · · · · 48	프로토콜 · · · · · · · · · 145
잠금 · · · · · · · · · · 59		프리엠션 · · · · · · · · · 71
잡 · · · · · · · · · · · 60	타이머 인터럽트 · · · · · · · 66	프리엠티브 멀티태스킹 · · · · · 72
잡 스텝 · · · · · · · · · · 60	태스크 · · · · · · · · 59, 61	프리젠테이션층 · · · · · · 150
잡 제어 언어 · · · · · · · · 60	턴어라운드 타임 · · · · · · · 63	프린터 서버 · · · · · · · · 147
저급 언어 · · · · · · · · · 52	텍스트 에디터 · · · · · · · 192	플래시 메모리 · · · · · · · 95
절대 경로 · · · · · · · · · 119	트랙 · · · · · · · · 112, 120	플래터 · · · · · · · · · · 120
제어 장치 · · · · · · · · · 28	트랜스포트층 · · · · · · · 150	플러그 앤 플레이 · · · · · 29, 43
중복성 · · · · · · · · · · 136	트레이스 · · · · · · · · · 65	
	트리 구조 · · · · · · · · 119	하드디스크 · · · · · · · · 20
ㅊ ~ ㅎ		하드웨어 · · · · · · · · · 17
	파이프 · · · · · · · · 85, 191	하이퍼네이션 · · · · · · · · 51
체크섬 · · · · · · · · · · 136	파일 서버 · · · · · · · · 147	하이퍼바이저 기반 가상화 · · · 219
출력 장치 · · · · · · · · · 41	파일 시스템 · · · · · · 112, 122	화면 보호기 · · · · · · · · 49
칩셋 · · · · · · · · · · · 20	팝 · · · · · · · · · · · 102	힙 · · · · · · · · · · · 97
	패리티 검사 · · · · · · · · 136	
캐시 메모리 · · · · · · · 92, 93	퍼미션 · · · · · · · · 128, 189